국가철도공단

통합기본서

시대에듀

2026 최신판 시대에듀 All-New 국가철도공단 통합기본서

Always **with you**

사람의 인연은 길에서 우연하게 만나거나 함께 살아가는 것만을 의미하지는 않습니다.
책을 펴내는 출판사와 그 책을 읽는 독자의 만남도 소중한 인연입니다.
시대에듀는 항상 독자의 마음을 헤아리기 위해 노력하고 있습니다. 늘 독자와 함께하겠습니다.

머리말 PREFACE

빠르고 안전하고 쾌적한 철도로 국민과 함께 가는 국가철도공단은 2026년에 신입 직원을 채용할 예정이다. 국가철도공단의 채용절차는 「서류전형 ➡ 필기전형 ➡ 면접전형 ➡ 임용」 순서로 진행되며, 필기전형은 직업기초능력평가와 직무수행능력평가로 진행한다. 그중 직업기초능력평가의 경우 공통으로 의사소통능력, 수리능력, 문제해결능력, 자원관리능력을 평가하고, 사무직은 조직이해능력을 평가하며, 기술직은 기술능력을 평가한다. 직무수행능력평가의 경우 직무분야별로 출제과목이 다르므로 반드시 확정된 채용공고를 확인해야 한다. 또한, 필기전형 고득점자 순으로 채용예정인원의 2～3배수에게 면접전형 응시 기회가 주어지므로 다양한 유형에 대한 폭넓은 학습과 문제풀이능력을 높이는 등 철저한 준비가 필요하다.

국가철도공단 필기전형 합격을 위해 시대에듀에서는 국가철도공단 판매량 1위의 출간 경험을 토대로 다음과 같은 특징을 가진 도서를 출간하였다.

도서의 특징

❶ 기출복원문제를 통한 출제경향 확인!
- 2025년 주요 공기업 NCS 기출복원문제를 수록하여 공기업별 출제경향을 파악할 수 있도록 하였다.

❷ 국가철도공단 필기전형 출제영역 맞춤형 문제를 통한 실력 상승!
- 직업기초능력평가 대표기출유형&기출응용문제를 수록하여 유형별로 대비할 수 있도록 하였다.

❸ 최종점검 모의고사를 통한 완벽한 실전 대비!
- 실제 시험을 본 수험생들의 후기를 바탕으로 실제 유형과 유사한 최종점검 모의고사를 수록하여 자신의 실력을 점검하고 향상시킬 수 있도록 하였다.

❹ 다양한 콘텐츠로 최종까지!
- 국가철도공단 채용 가이드와 면접 기출질문을 수록하여 채용 전반에 대비할 수 있도록 하였다.
- 온라인 모의고사를 무료로 제공하여 필기전형을 준비하는 데 부족함이 없도록 하였다.

끝으로 본 도서를 통해 국가철도공단 채용을 준비하는 모든 수험생 여러분이 합격의 기쁨을 누리기를 진심으로 기원한다.

SDC(Sidae Data Center) 씀

국가철도공단 기업분석 INTRODUCE

◇ 미션

빠르고 안전하고 쾌적한 철도로
국민 행복을 실현하겠습니다.

◇ 비전

국민을 위한 철도, 세계를 여는 KR

◇ 핵심가치

S	안전	Safe Railways
A	소통	Active Communication
F	공정	Fair Management
E	혁신	Endless Innovation

◇ 2035 경영목표

빠르고 쾌적한 **국가 철도**	철도국가경쟁력 지수 Top 실현
고객이 행복한 **안전 철도**	철도시설 사고율 50% ↓
민간과 협력하는 **동행 철도**	민간협력사업 매출액 2배 ↑
세계를 선도하는 **기술 철도**	미래기술 적용률 100% 달성
지속 가능한 **혁신 조직**	대외평가 최우수 등급 달성

◇ 인재상

전문인재

Learner

안전을 우선하며, KR만의 업무지식과 경험을 활용하여 현장의 문제를 원활히 해결하며, 지속적으로 학습하는 프로의식이 강한 인재

혁신인재

Innovator

급변하는 기술 및 사업 환경 변화를 통찰하고 융합하여 업무 네트워크를 강화하며, 새로운 사업 영역에 도전하는 인재

소통인재

Networker

사회적 가치를 중시하며, 열린 마음으로 협력하며 원활하게 업무를 처리하여 상생의 가치를 창출하는 인재

열정인재

Enthusiast

주어진 일에 열정으로 최선을 다하여 자신의 일을 완수하며, 더불어 함께 KR 공동체 발전을 위해 적극적으로 노력하는 인재

신입 채용 안내 INFORMATION

◇ 지원자격(일반)

1. 국가철도공단 인사규정 제12조의 결격사유가 없는 자
2. 지정한 근무일에 정상근무가 가능한 자
3. 남성의 경우 병역법 제76조에서 정한 병역의무 불이행 사실이 없는 자
   ※ 단, 군복무 중인 경우 근무시작일 전에 전역한 자
4. 자격조건
   - **사무(일반)** : 제한 없음
   - **토목/건축/전기/통신/기계** : 해당 분야 산업기사 이상 자격증 보유자

◇ 필기전형

구분	직렬	내용
직업기초능력평가 (50%)	사무직	의사소통능력, 수리능력, 문제해결능력, 자원관리능력, 조직이해능력
	기술직	의사소통능력, 수리능력, 문제해결능력, 자원관리능력, 기술능력
직무수행능력평가 (50%)	사무직(일반)	경영, 법정 시험분야 중 택 1, 출제과목 통합시험
	사무직(부동산)	해당 직무 출제과목 통합시험
	기술직	해당 직렬(직무)별 출제과목 통합시험
	[고졸] 사무직	난이도를 고려하여 고졸 수준으로 출제

※ 기술직 : 토목직, 건축직, 전기직(전철전력, 신호), 통신직, 기계직

◇ 면접전형

구분	내용
직업기초능력 면접 (60%)	• 인성 등 직업인이 갖추어야 할 기초능력 평가 • 평가항목 : 의사소통능력, 직업윤리, 조직적응력, 자기개발능력, 문제해결능력 등
직무수행능력 면접 (40%)	• 직무수행에 요구되는 지식, 기술, 태도 평가 • 평가항목 : 직렬별 필요지식, 기술, 태도 등

❖ 위 채용 안내는 2025년 채용공고를 기준으로 작성하였으므로 세부사항은 확정된 채용공고를 확인하기 바랍니다.

2025년 기출분석 ANALYSIS

총평

국가철도공단 필기전형은 모듈형 문제의 비중이 높은 피듈형으로 출제되었으며, 난도가 평이했지만 시간은 부족했다는 후기가 많았다. 의사소통능력의 경우 보고서 작성법이나 경청에 대한 문제가 출제되었으므로 모듈 이론에 대한 대비가 필요하다. 수리능력의 경우 응용 수리 문제가 다수 출제되었기 때문에 다양한 응용 수리 문제들을 풀어보며 풀이법을 습득하는 것이 중요하다. 또한, 자료 이해 문제에서 대다수의 수험생들이 까다로웠고 시간이 오래 걸렸다고 한만큼 시간 안에 해당 유형을 빠르게 푸는 전략을 세우는 것이 필요하다.

◇ 영역별 출제 비중

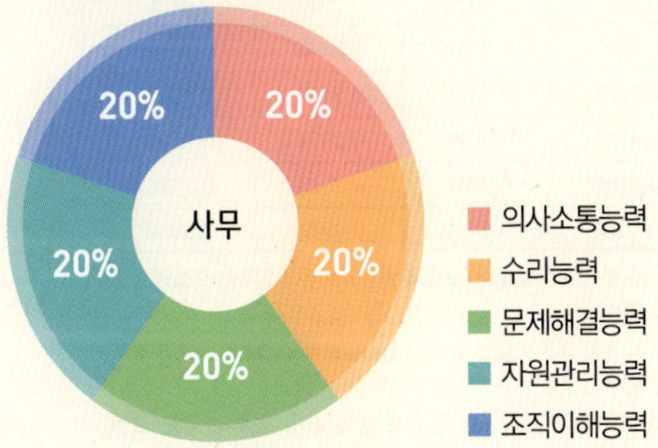

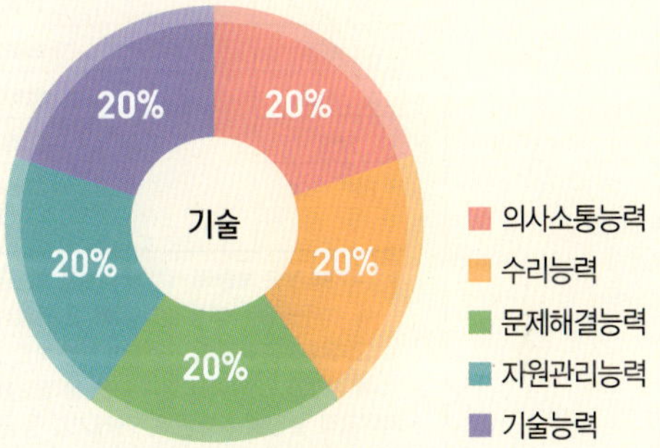

구분	출제 특징	출제 키워드
의사소통능력	• 모듈형 문제가 출제됨	• 보고서 작성, 경청 등
수리능력	• 응용 수리 문제가 출제됨 • 자료 이해 문제가 출제됨	• 일을 끝내는 데 걸리는 시간 등
문제해결능력	• 모듈형 문제가 출제됨 • 사고력 문제가 출제됨	• 주어진 직육면체에 붙일 타일의 수 등 • 퍼실리테이션, 브레인스토밍 등
자원관리능력	• 모듈형 문제가 출제됨 • 시간 관리 문제가 출제됨	• 부서별 비품 보유 현황, 조건에 맞추어 구매할 물건 등
조직이해능력(사무)	• 모듈형 문제가 출제됨 • 국제 동향 문제가 출제됨	• 국제 매너, 비즈니스 매너 등
기술능력(기술)	• 모듈형 문제가 출제됨 • 기술 이전 문제가 출제됨	• 후원, 챔피언 등

PSAT형

| 수리능력

04 다음은 신용등급에 따른 아파트 보증률에 대한 사항이다. 자료와 상황에 근거할 때, 갑(甲)과 을(乙)의 보증료의 차이는 얼마인가?(단, 두 명 모두 대지비 보증금액은 5억 원, 건축비 보증금액은 3억 원이며, 보증서 발급일로부터 입주자 모집공고 안에 기재된 입주 예정 월의 다음 달 말일까지의 해당 일수는 365일이다)

- (신용등급별 보증료)=(대지비 부분 보증료)+(건축비 부분 보증료)
- 신용평가 등급별 보증료율

구분	대지비 부분	건축비 부분				
		1등급	2등급	3등급	4등급	5등급
AAA, AA	0.138%	0.178%	0.185%	0.192%	0.203%	0.221%
A^+		0.194%	0.208%	0.215%	0.226%	0.236%
A^-, BBB^+		0.216%	0.225%	0.231%	0.242%	0.261%
BBB^-		0.232%	0.247%	0.255%	0.267%	0.301%
BB^+ ~ CC		0.254%	0.276%	0.296%	0.314%	0.335%
C, D		0.404%	0.427%	0.461%	0.495%	0.531%

※ (대지비 부분 보증료)=(대지비 부분 보증금액)×(대지비 부분 보증료율)×(보증서 발급일로부터 입주자 모집공고 안에 기재된 입주 예정 월의 다음 달 말일까지의 해당 일수)÷365

※ (건축비 부분 보증료)=(건축비 부분 보증금액)×(건축비 부분 보증료율)×(보증서 발급일로부터 입주자 모집공고 안에 기재된 입주 예정 월의 다음 달 말일까지의 해당 일수)÷365

- 기여고객 할인율 : 보증료, 거래기간 등을 기준으로 기여도에 따라 6개 군으로 분류하며, 건축비 부분 요율에서 할인 가능

구분	1군	2군	3군	4군	5군	6군
차감률	0.058%	0.050%	0.042%	0.033%	0.025%	0.017%

〈상황〉

- 갑 : 신용등급은 A^+이며, 3등급 아파트 보증금을 내야 한다. 기여고객 할인율에서는 2군으로 선정되었다.
- 을 : 신용등급은 C이며, 1등급 아파트 보증금을 내야 한다. 기여고객 할인율은 3군으로 선정되었다.

① 554,000원
② 566,000원
③ 582,000원
④ 591,000원
⑤ 623,000원

특징
▸ 대부분 의사소통능력, 수리능력, 문제해결능력을 중심으로 출제(일부 기업의 경우 자원관리능력, 조직이해능력을 출제)
▸ 자료에 대한 추론 및 해석 능력을 요구

대행사
▸ 엑스퍼트컨설팅, 커리어넷, 태드솔루션, 한국행동과학연구소(행과연), 휴노 등

모듈형

❙ 문제해결능력

41 문제해결절차의 문제 도출 단계는 (가)와 (나)의 절차를 거쳐 수행된다. 다음 중 (가)에 대한 설명으로 적절하지 않은 것은?

(가)		(나)
전체 문제를 개별화된 이슈들로 세분화	→	문제에 영향력이 큰 핵심이슈를 선정

① 문제의 내용 및 영향 등을 파악하여 문제의 구조를 도출한다.
② 본래 문제가 발생한 배경이나 문제를 일으키는 메커니즘을 분명히 해야 한다.
③ 현상에 얽매이지 말고 문제의 본질과 실제를 봐야 한다.
④ 눈앞의 결과를 중심으로 문제를 바라봐야 한다.
⑤ 문제 구조 파악을 위해서 Logic Tree 방법이 주로 사용된다.

특징
- 이론 및 개념을 활용하여 푸는 유형
- 채용 기업 및 직무에 따라 NCS 직업기초능력평가 10개 영역 중 선발하여 출제
- 기업의 특성을 고려한 직무 관련 문제를 출제
- 주어진 상황에 대한 판단 및 이론 적용을 요구

대행사
- 인트로맨, 휴스테이션, ORP연구소 등

피듈형(PSAT형 + 모듈형)

❙ 자원관리능력

07 다음 자료를 근거로 판단할 때, 연구모임 A ~ E 중 세 번째로 많은 지원금을 받는 모임은?

〈지원계획〉

- 지원을 받기 위해서는 한 모임당 5명 이상 9명 미만으로 구성되어야 한다.
- 기본지원금은 모임당 1,500천 원을 기본으로 지원한다. 단, 상품개발을 위한 모임의 경우는 2,000천 원을 지원한다.
- 추가지원금

등급	상	중	하
추가지원금(천 원/명)	120	100	70

※ 추가지원금은 연구 계획 사전평가결과에 따라 달라진다.

- 협업 장려를 위해 협업이 인정되는 모임에는 위의 두 지원금을 합한 금액의 30%를 별도로 지원한다.

〈연구모임 현황 및 평가결과〉

특징
- 기초 및 응용 모듈을 구분하여 푸는 유형
- 기초인지모듈과 응용업무모듈로 구분하여 출제
- PSAT형보다 난도가 낮은 편
- 유형이 정형화되어 있고, 유사한 유형의 문제를 세트로 출제

대행사
- 사람인, 스카우트, 인크루트, 커리어케어, 트리피, 한국사회능력개발원 등

주요 공기업 적중 문제 TEST CHECK

국가철도공단

경청 ▶ 유형 2025년 적중

01 A씨 부부는 대화를 하다 보면 사소한 다툼으로 이어지곤 한다. A씨의 아내는 A씨가 자신의 이야기를 제대로 들어주지 않기 때문이라고 생각한다. 다음 사례에 나타난 A씨의 경청을 방해하는 습관은 무엇인가?

> A씨의 아내가 남편에게 직장에서 업무 실수로 상사에게 혼난 일을 이야기하자 A씨는 "항상 일을 진행하면서 꼼꼼하게 확인하라고 했잖아요. 당신이 일을 처리하는 방법이 잘못됐어요. 다음부터는 일을 하기 전에 미리 계획을 세우고 체크리스트를 작성해보세요."라고 이야기했다. A씨의 아내는 이런 대답을 듣자고 이야기한 것이 아니라며 더 이상 이야기하고 싶지 않다고 말하며 밖으로 나가 버렸다.

① 짐작하기　② 걸러내기
③ 판단하기　④ 조언하기

브레인스토밍 ▶ 키워드 2025년 적중

※ 다음 글을 읽고 이어지는 질문에 답하시오. [3~4]

> 이혜민 사원은 급하게 ㉠ 상사와 통화를 원하는 외부전화를 받았다. 상사는 현재 사내 상품개발팀과 신제품개발 아이디어 수집에 대해 전화회의를 하고 있다. 상대방의 양해를 얻어 전화를 대기시키고 ㉡ 메모지에 내용을 적어 통화 중인 상사에게 전하고 잠시 기다렸다. 통화 중인 상사는 이혜민 사원에게 전화를 ㉢ 받을 수 없다는 손짓을 하고, 메모지에 ㉣ '나중에 통화'라고 적었다. 이혜민 사원은 상사의 뜻을 전하고 ㉤ 전화번호를 물어보았다. 잠시 후 상품개발팀장과 통화를 끝낸 상사는 이혜민 사원에게 다음과 같이 지시하였다. "㉥ 다음 주에 약 12명이 모여 신상품 아이디어에 대한 브레인스토밍 회의를 할 겁니다. 화요일을 제외하고 날짜를 잡아 팀장과 의논해서 준비하세요."

03 의사전달 매체를 말, 글, 비언어적 수단 등으로 구분할 때, 다음 중 밑줄 친 ㉠~㉤에서 같은 매체로 짝지어진 것은?

① ㉠, ㉢　② ㉡, ㉣
③ ㉡, ㉤　④ ㉢, ㉣

코레일 한국철도공사

교통사고 ▶ 키워드

2025년 적중

※ 다음은 K국의 교통사고 사상자 2,500명에 대해 조사한 자료이다. 이어지는 질문에 답하시오. [3~4]

〈교통사고 현황〉

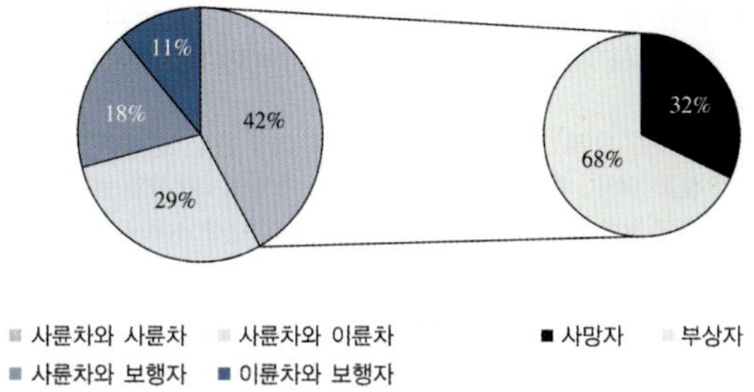

※ 사상자 수와 가해자 수는 같다.

〈교통사고 가해자 연령〉

구분	20대	30대	40대	50대	60대 이상
비율	38%	21%	11%	8%	( )

※ 교통사고 가해자 연령 비율의 합은 100%이다.

지하철 요금 ▶ 키워드

2025년 적중

※ 수원에 사는 H대리는 가족들과 가평으로 여행을 가기로 하였다. 다음은 가평을 가기 위한 대중교통 수단별 운행요금 및 소요시간과 자가용 이용 시 현황에 대한 자료이다. 이어지는 질문에 답하시오. [26~28]

〈대중교통수단별 운행요금 및 소요시간〉

구분	운행요금			소요시간		
	수원역 ~ 서울역	서울역 ~ 청량리역	청량리역 ~ 가평역	수원역 ~ 서울역	서울역 ~ 청량리역	청량리역 ~ 가평역
기차	2,700원	-	4,800원	32분	-	38분
버스	2,500원	1,200원	3,000원	1시간 16분	40분	2시간 44분
지하철	1,850원	1,250원	2,150원	1시간 03분	18분	1시간 17분

※ 운행요금은 어른 편도 요금이다.

〈자가용 이용 시 현황〉

구분	통행료	소요시간	거리
A길	4,500원	1시간 49분	98.28km
B길	4,400원	1시간 50분	97.08km
C길	6,600원	1시간 49분	102.35km

※ 거리에 따른 주유비는 124원/km이다.

조건

• H대리 가족은 어른 2명, 아이 2명이다.

주요 공기업 적중 문제 TEST CHECK

한국공항공사

문단 나열 ▶ 유형

2025년 적중

03 다음 문단을 논리적 순서대로 바르게 나열한 것은?

> (가) 여기에 반해 동양에서는 보름달에 좋은 이미지를 부여한다. 예를 들어, 우리나라의 처녀귀신이나 도깨비는 달빛이 흐린 그믐 무렵에나 활동하는 것이다. 그런데 최근에는 동서양의 개념이 마구 뒤섞여 보름달을 배경으로 악마의 상징인 늑대가 우는 광경이 동양의 영화에 나오기도 한다.
>
> (나) 동양에서 달은 '음(陰)'의 기운을, 해는 '양(陽)'의 기운을 상징한다는 통념이 자리를 잡았다. 그래서 달을 '태음', 해를 '태양'이라고 불렀다. 동양에서는 해와 달의 크기가 같은 덕에 음과 양도 동등한 자격을 갖춘다. 즉, 음과 양은 어느 하나가 좋고 다른 하나는 나쁜 것이 아니라 서로 보완하는 관계를 이루는 것이다.
>
> (다) 옛날부터 형성된 이러한 동서양 간의 차이는 오늘날까지 영향을 끼치고 있다. 동양에서는 달이 밝으면 달맞이를 하는데, 서양에서는 달맞이를 자살 행위처럼 여기고 있다. 특히 보름달은 서양인들에게 거의 공포의 상징과 같은 존재이다. 예를 들어, 13일의 금요일에 보름달이 뜨게 되면 사람들은 외출조차 꺼린다.
>
> (라) 하지만 서양의 경우는 다르다. 서양에서 낮은 신이, 밤은 악마가 지배한다는 통념이 자리를 잡았다. 따라서 밤의 상징인 달에 좋지 않은 이미지를 부여하게 되었다. 이는 해와 달의 명칭을 보면 알 수 있다. 라틴어로 해를 'Sol', 달을 'Luna'라고 하는데 정신병을 뜻하는 단어 'Lunacy'의 어원이 바로 'Luna'이다.

① (가) – (나) – (라) – (다)　　② (나) – (다) – (가) – (라)

보험료 ▶ 키워드

2025년 적중

29 K공단에서는 지역가입자의 생활수준 및 연간 자동차세액 점수표를 기준으로 지역보험료를 산정한다. 지역가입자 A ~ E의 조건을 보고 보험료를 바르게 계산한 것은?(단, 원 단위 이하는 절사한다)

〈생활수준 및 경제활동 점수표〉

구분		1구간	2구간	3구간	4구간	5구간	6구간	7구간
가입자 성별 및 연령별	남성	20세 미만 65세 이상	60세 이상 65세 미만	20세 이상 30세 미만 50세 이상 60세 미만	30세 이상 50세 미만	–	–	–
	점수	1.4점	4.8점	5.7점	6.6점			
	여성	20세 미만 65세 이상	60세 이상 65세 미만	25세 이상 30세 미만 50세 이상 60세 미만	20세 이상 25세 미만 30세 이상 50세 미만	–	–	–
	점수	1.4점	3점	4.3점	5.2점			
재산 정도 (만 원)		450 이하	450 초과 900 이하	900 초과 1,500 이하	1,500 초과 3,000 이하	3,000 초과 7,500 이하	7,500 초과 15,000 이하	15,000 초과
점수		1.8점	3.6점	5.4점	7.2점	9점	10.9점	12.7점
연간 자동차세액 (만 원)		6.4 이하	6.4 초과 10 이하	10 초과 22.4 이하	22.4 초과 40 이하	40 초과 55 이하	55 초과 66 이하	66 초과
점수		3점	6.1점	9.1점	12.2점	15.2점	18.3점	21.3점

※ (지역보험료)=[(생활수준 및 경제활동 점수)+(재산등급별 점수)+(자동차등급별 점수)]×(부과점수당 금액)

TS한국교통안전공단

거리 ▸ 키워드

2025년 적중

02 자동차의 정지거리는 공주거리와 제동거리의 합이다. 공주거리는 공주시간 동안 이동한 거리이며, 공주시간은 주행 중 운전자가 브레이크를 밟아서 실제 제동이 시작될 때까지 걸리는 시간이다. 자동차의 평균제동거리가 다음과 같을 때, 시속 72km로 달리는 자동차의 평균정지거리는 몇 m인가?(단, 공주시간은 1초로 가정한다)

속도(km/h)	12	24	36	48	60	72
평균제동거리(m)	1	4	9	16	25	36

① 50m
② 52m
③ 54m
④ 56m
⑤ 58m

참 · 거짓 ▸ 유형

2025년 적중

02 A대리는 사내 체육대회의 추첨에서 당첨된 직원들에게 나누어줄 경품을 선정하고 있다. 〈조건〉이 모두 참일 때, 다음 중 반드시 참인 것은?

조건

- A대리는 펜, 노트, 가습기, 머그컵, 태블릿PC, 컵받침 중 3종류의 경품을 선정한다.
- 머그컵을 선정하면 노트는 경품에 포함하지 않는다.
- 노트는 반드시 경품에 포함된다.
- 태블릿PC를 선정하면, 머그컵을 선정한다.
- 태블릿PC를 선정하지 않으면, 가습기는 선정되고 컵받침은 선정되지 않는다.

① 가습기는 경품으로 선정되지 않는다.
② 머그컵과 가습기 모두 경품으로 선정된다.
③ 컵받침은 경품으로 선정된다.
④ 태블릿PC는 경품으로 선정된다.
⑤ 펜은 경품으로 선정된다.

도서 200% 활용하기 STRUCTURES

1 기출복원문제로 출제경향 파악

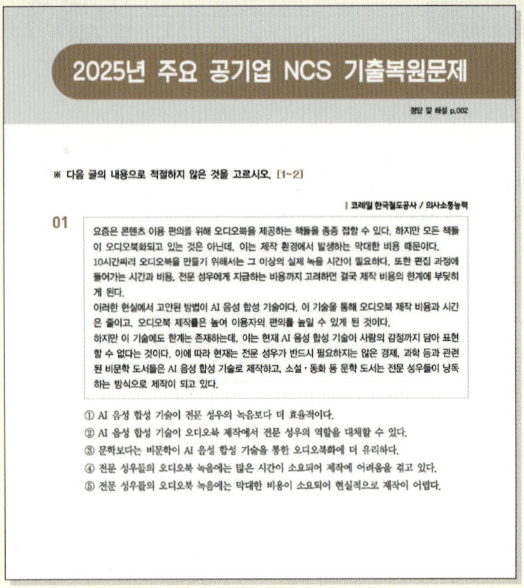
2025년 주요 공기업 NCS 기출복원문제

정답 및 해설 p.002

※ 다음 글의 내용으로 적절하지 않은 것을 고르시오. [1~2]

| 코레일 한국철도공사 / 의사소통능력

01 요즘은 콘텐츠 이용 편의를 위해 오디오북을 제공하는 책들을 종종 접할 수 있다. 하지만 모든 책들이 오디오북화되고 있는 것은 아닌데, 이는 제작 환경에서 발생하는 막대한 비용 때문이다.
10시간짜리 오디오북을 만들기 위해서는 그 이상의 실제 녹음 시간이 필요하다. 또한 편집 과정에 들어가는 시간과 비용, 전문 성우에게 지급하는 비용까지 고려하면 결국 제작 비용의 한계에 부딪히게 된다.
이러한 현실에서 고안된 방법이 AI 음성 합성 기술이다. 이 기술을 통해 오디오북 제작 비용과 시간은 줄이고, 오디오북 제작률은 높여 이용자의 편의를 높일 수 있게 된 것이다.
하지만 이 기술에도 한계는 존재하는데, 이는 현재 AI 음성 합성 기술이 사람의 감정까지 담아 표현할 수 없다는 것이다. 이에 따라 현재는 전문 성우가 반드시 필요하지는 않은 경제, 과학 등과 관련된 비문학 도서들은 AI 음성 합성 기술로 제작하고, 소설·동화 등 문학 도서는 전문 성우들이 낭독하는 방식으로 제작이 되고 있다.

① AI 음성 합성 기술이 전문 성우의 녹음보다 더 효율적이다.
② AI 음성 합성 기술이 오디오북 제작에서 전문 성우의 역할을 대체할 수 있다.
③ 문학보다는 비문학이 AI 음성 합성 기술을 통한 오디오북화에 더 유리하다.
④ 전문 성우들의 오디오북 녹음에는 많은 시간이 소요되어 제작에 어려움을 겪고 있다.
⑤ 전문 성우들의 오디오북 녹음에는 막대한 비용이 소요되어 현실적으로 제작이 어렵다.

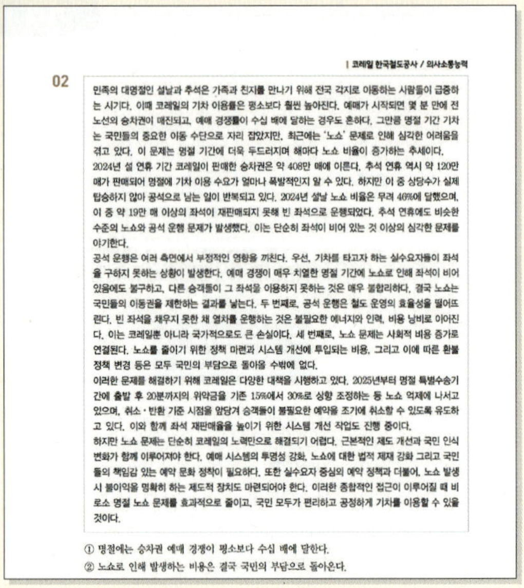
| 코레일 한국철도공사 / 의사소통능력

02 민족의 대명절인 설날과 추석은 가족과 친지를 만나기 위해 전국 각지로 이동하는 사람들이 급증하는 시기다. 이때 코레일의 기차 이용률은 평소보다 훨씬 높아진다. 예매가 시작되면 몇 분 만에 전 노선의 승차권이 매진되고, 예매 경쟁률이 수십 배에 달하는 경우도 흔하다. 그만큼 명절 기간 기차는 국민들의 중요한 이동 수단으로 자리 잡았지만, 최근에는 '노쇼' 문제로 인해 심각한 어려움을 겪고 있다. 이 문제는 명절 기간에 더욱 두드러지며 해마다 노쇼 비율이 증가하는 추세이다.
2024년 설 연휴 기간 코레일이 판매한 승차권은 약 408만 매에 이른다. 추석 연휴 역시 약 120만 매가 판매되어 명절에 기차 이용 수요가 얼마나 폭발적인지 알 수 있다. 하지만 이 중 상당수가 실제 탑승하지 않아 공석으로 남는 일이 반복되고 있다. 2024년 설날 노쇼 비율은 무려 46%에 달했으며, 이 중 약 19만 매 이상의 좌석이 재판매되지 못해 빈 좌석으로 운행되었다. 추석 연휴에도 비슷한 수준의 노쇼와 공석 운행 문제가 발생했다. 이는 단순히 좌석이 비어 있는 것 이상의 심각한 문제를 야기한다.
공석 운행은 여러 측면에서 부정적인 영향을 끼친다. 우선, 기차를 타고자 하는 실수요자들이 좌석을 구하지 못하는 상황이 발생한다. 예매 경쟁이 매우 치열한 명절 기간에 노쇼로 인해 좌석이 비어 있음에도 불구하고, 다른 승객들이 그 좌석을 이용하지 못하는 것은 매우 불합리하다. 결국 노쇼는 국민들의 이동권을 제한하는 결과를 낳는다. 두 번째로, 공석 운행은 철도 운영의 효율성을 떨어뜨린다. 빈 좌석을 채우지 못한 채 열차를 운행하는 것은 불필요한 에너지와 인력, 비용 낭비로 이어진다. 이는 코레일뿐 아니라 국가적으로도 큰 손실이다. 세 번째로, 노쇼 문제는 사회적 비용 증가로 연결된다. 노쇼를 줄이기 위한 정책 마련과 시스템 개선에 투입되는 비용, 그리고 이에 따른 환불 정책 변경 등은 모두 국민의 부담으로 돌아올 수밖에 없다.
이러한 문제를 해결하기 위해 코레일은 다양한 대책을 시행하고 있다. 2025년부터 명절 특별수송기간에 출발 후 20분까지의 위약금을 기존 15%에서 30%로 상향 조정하는 등 노쇼 억제에 나서고 있으며, 취소·반환 기준 시점을 앞당겨 승객들이 불필요한 예약을 조기에 취소할 수 있도록 유도하고 있다. 이와 함께 좌석 재판매율을 높이기 위한 시스템 개선 작업도 진행 중이다.
하지만 노쇼 문제는 단순히 코레일의 노력만으로 해결되기 어렵다. 근본적인 제도 개선과 국민 인식 변화가 함께 이루어져야 한다. 예매 시스템의 투명성 강화, 노쇼에 대한 법적 제재 강화 그리고 국민들의 책임감 있는 예약 문화 정착이 필요하다. 또한 실수요자 중심의 예약 정책과 더불어, 노쇼 발생 시 불이익을 명확히 하는 제도적 장치도 마련되어야 한다. 이러한 종합적인 접근이 이루어질 때 비로소 명절 노쇼 문제를 효과적으로 줄이고, 국민 모두가 편리하고 공정하게 기차를 이용할 수 있을 것이다.

① 명절에는 승차권 예매 경쟁이 평소보다 수십 배에 달한다.
② 노쇼로 인해 발생하는 비용은 결국 국민의 부담으로 돌아온다.

▸ 2025년 주요 공기업 NCS 기출복원문제를 수록하여 공기업별 출제경향을 파악할 수 있도록 하였다.

2 출제 영역 맞춤 문제로 필기전형 완벽 대비

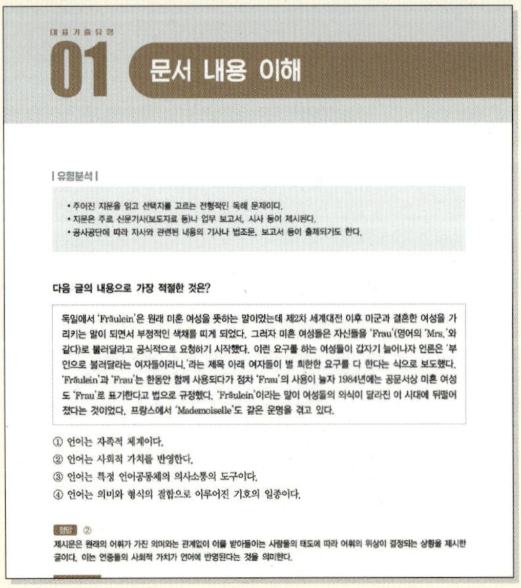
대표기출유형 01 문서 내용 이해

| 유형분석 |

- 주어진 지문을 읽고 선택지를 고르는 전형적인 독해 문제이다.
- 지문은 주로 신문기사(보도자료 등)나 업무 보고서, 시사 등이 제시된다.
- 공사공단에 따라 자사와 관련된 내용의 기사나 법조문, 보고서 등이 출제되기도 한다.

다음 글의 내용으로 가장 적절한 것은?

독일에서 'Fräulein'은 원래 미혼 여성을 뜻하는 말이었는데 제2차 세계대전 이후 미군과 결혼한 여성을 가리키는 말이 되면서 부정적인 색채를 띠게 되었다. 그러자 미혼 여성들은 자신들을 'Frau'(영어의 'Mrs.'와 같다)로 불러달라고 공식적으로 요청하기 시작했다. 이런 요구를 하는 여성들이 갑자기 늘어나자 언론은 '부인으로 불러달라는 여자들이라니.'라는 제목 아래 여자들이 별 희한한 요구를 다 한다는 식으로 보도했다. 'Fräulein'과 'Frau'는 한동안 함께 사용되다가 점차 'Frau'의 사용이 늘자 1984년에는 공문서상 미혼 여성도 'Frau'로 표기한다고 법으로 규정했다. 'Fräulein'이라는 말이 여성들의 의식이 달라진 이 시대에 뒤떨어졌다는 것이었다. 프랑스에서 'Mademoiselle'도 같은 운명을 겪고 있다.

① 언어는 자족적 체계이다.
② 언어는 사회적 가치를 반영한다.
③ 언어는 특정 언어공동체의 의사소통의 도구이다.
④ 언어는 의미와 형식의 결합으로 이루어진 기호의 일종이다.

정답 ②
제시문은 원래의 어휘가 가진 의미와는 관계없이 이를 받아들이는 사람들의 태도에 따라 어휘의 위상이 결정되는 상황을 제시한 글이다. 이는 언중들의 사회적 가치가 언어에 반영된다는 것을 의미한다.

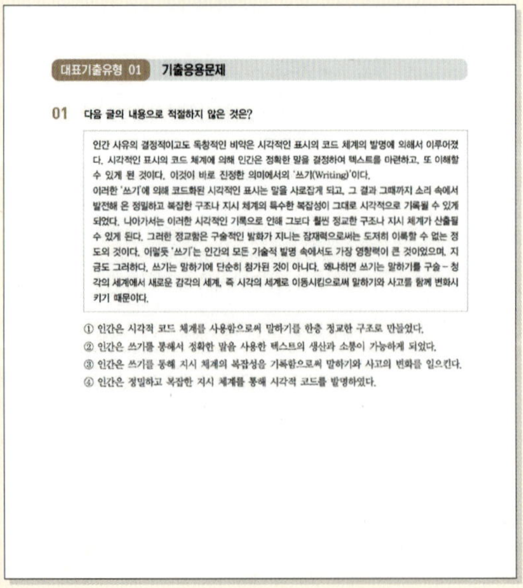
대표기출유형 01 기출응용문제

01 다음 글의 내용으로 적절하지 않은 것은?

인간 사유의 결정적이고도 독창적인 비약은 시각적인 표시의 코드 체계의 발명에 의해서 이루어졌다. 시각적인 표시의 코드 체계에 의해 인간은 정확한 말을 결정하여 텍스트를 마련하고, 또 이해할 수 있게 된 것이다. 이것이 바로 진정한 의미에서의 '쓰기(Writing)'이다.
이러한 '쓰기'에 의해 코드화된 시각적인 표시는 말을 사로잡게 되고, 그 결과 그때까지 소리 속에서 발전해 온 정밀하고 복잡한 구조나 지시 체계의 특수한 복잡성이 그대로 시각적으로 기록될 수 있게 되었다. 나아가서는 이러한 시각적인 기록으로 인해 그보다 훨씬 정교한 구조나 지시 체계가 산출될 수 있게 된다. 그러한 정교함은 구술적인 발화가 지니는 잠재력으로써는 도저히 이룩할 수 없는 정도의 것이다. 이렇듯 '쓰기'는 인간의 모든 기술적 발명 속에서도 가장 영향력이 큰 것이었으며, 지금도 그러하다. 쓰기는 말하기에 단순히 첨가된 것이 아니다. 왜냐하면 쓰기는 말하기를 구술-청각의 세계에서 새로운 감각의 세계, 즉 시각의 세계로 이동시킴으로써 말하기와 사고를 함께 변화시키기 때문이다.

① 인간은 시각적 코드 체계를 사용함으로써 말하기를 한층 정교한 구조로 만들었다.
② 인간은 쓰기를 통해서 정확한 말을 사용한 텍스트의 생산과 소통이 가능하게 되었다.
③ 인간은 쓰기를 통해 지시 체계의 복잡성을 기록함으로써 말하기와 사고의 변화를 일으킨다.
④ 인간은 정밀하고 복잡한 지시 체계를 통해 시각적 코드를 발명하였다.

▸ 직업기초능력평가 대표기출유형&기출응용문제를 수록하여 유형별로 꼼꼼히 대비할 수 있도록 하였다.

3 최종점검 모의고사 + OMR을 활용한 실전 연습

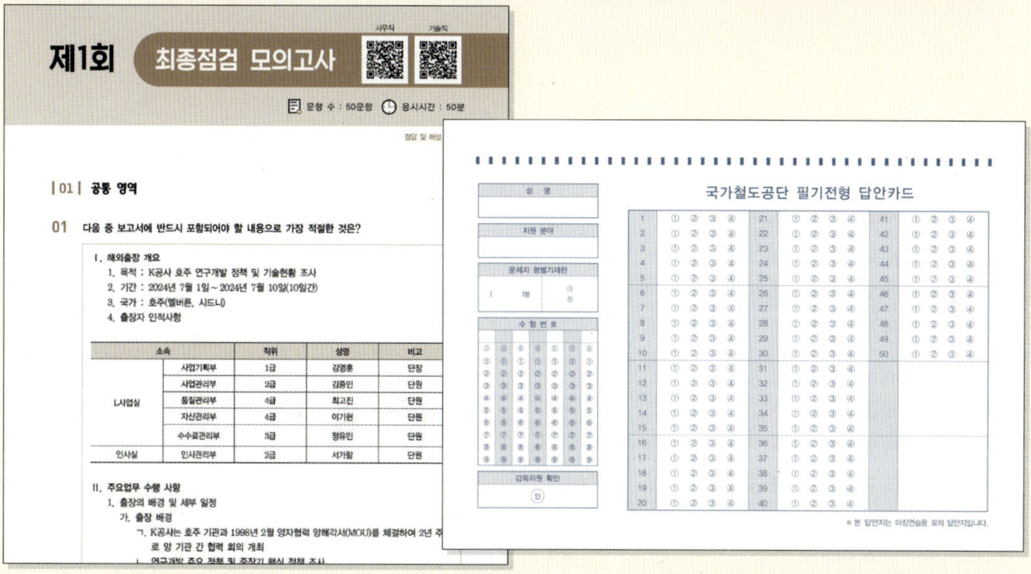

- 철저한 분석을 통해 실제 유형과 유사한 모의고사를 수록하여 자신의 실력을 점검하고 향상시킬 수 있도록 하였다.
- 모바일 OMR 답안채점/성적분석 서비스를 통해 필기전형에 대비할 수 있도록 하였다.

4 인성검사부터 면접까지 한 권으로 최종 마무리

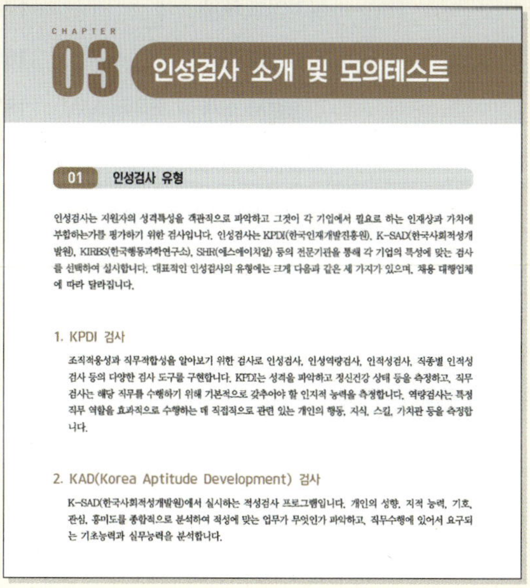

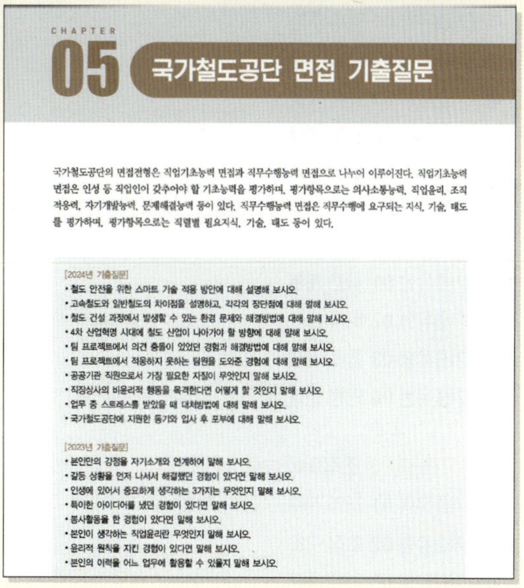

- 인성검사 모의테스트를 수록하여 인성검사 유형 및 문항을 확인할 수 있도록 하였다.
- 국가철도공단 면접 기출질문을 수록하여 면접에서 나오는 질문을 미리 파악하고 대비할 수 있도록 하였다.

이 책의 차례 CONTENTS

Add+

2025년 주요 공기업 NCS 기출복원문제

※ 기출복원문제는 수험생들의 후기를 통해 시대에듀에서 복원한 문제로 실제 문제와 다소 차이가 있을 수 있으며,

2025년 주요 공기업 NCS 기출복원문제

정답 및 해설 p.002

※ 다음 글의 내용으로 적절하지 않은 것을 고르시오. [1~2]

| 코레일 한국철도공사 / 의사소통능력

01

요즘은 콘텐츠 이용 편의를 위해 오디오북을 제공하는 책들을 종종 접할 수 있다. 하지만 모든 책들이 오디오북화되고 있는 것은 아닌데, 이는 제작 환경에서 발생하는 막대한 비용 때문이다.
10시간짜리 오디오북을 만들기 위해서는 그 이상의 실제 녹음 시간이 필요하다. 또한 편집 과정에 들어가는 시간과 비용, 전문 성우에게 지급하는 비용까지 고려하면 결국 제작 비용의 한계에 부딪히게 된다.
이러한 현실에서 고안된 방법이 AI 음성 합성 기술이다. 이 기술을 통해 오디오북 제작 비용과 시간은 줄이고, 오디오북 제작률은 높여 이용자의 편의를 높일 수 있게 된 것이다.
하지만 이 기술에도 한계는 존재하는데, 이는 현재 AI 음성 합성 기술이 사람의 감정까지 담아 표현할 수 없다는 것이다. 이에 따라 현재는 전문 성우가 반드시 필요하지는 않은 경제, 과학 등과 관련된 비문학 도서들은 AI 음성 합성 기술로 제작하고, 소설·동화 등 문학 도서는 전문 성우들이 낭독하는 방식으로 제작이 되고 있다.

① AI 음성 합성 기술이 전문 성우의 녹음보다 더 효율적이다.
② AI 음성 합성 기술이 오디오북 제작에서 전문 성우의 역할을 대체할 수 있다.
③ 문학보다는 비문학이 AI 음성 합성 기술을 통한 오디오북화에 더 유리하다.
④ 전문 성우들의 오디오북 녹음에는 많은 시간이 소요되어 제작에 어려움을 겪고 있다.
⑤ 전문 성우들의 오디오북 녹음에는 막대한 비용이 소요되어 현실적으로 제작이 어렵다.

02

> 민족의 대명절인 설날과 추석은 가족과 친지를 만나기 위해 전국 각지로 이동하는 사람들이 급증하는 시기다. 이때 코레일의 기차 이용률은 평소보다 훨씬 높아진다. 예매가 시작되면 몇 분 만에 전 노선의 승차권이 매진되고, 예매 경쟁률이 수십 배에 달하는 경우도 흔하다. 그만큼 명절 기간 기차는 국민들의 중요한 이동 수단으로 자리 잡았지만, 최근에는 '노쇼' 문제로 인해 심각한 어려움을 겪고 있다. 이 문제는 명절 기간에 더욱 두드러지며 해마다 노쇼 비율이 증가하는 추세이다.
> 2024년 설 연휴 기간 코레일이 판매한 승차권은 약 408만 매에 이른다. 추석 연휴 역시 약 120만 매가 판매되어 명절에 기차 이용 수요가 얼마나 폭발적인지 알 수 있다. 하지만 이 중 상당수가 실제 탑승하지 않아 공석으로 남는 일이 반복되고 있다. 2024년 설날 노쇼 비율은 무려 46%에 달했으며, 이 중 약 19만 매 이상의 좌석이 재판매되지 못해 빈 좌석으로 운행되었다. 추석 연휴에도 비슷한 수준의 노쇼와 공석 운행 문제가 발생했다. 이는 단순히 좌석이 비어 있는 것 이상의 심각한 문제를 야기한다.
> 공석 운행은 여러 측면에서 부정적인 영향을 끼친다. 우선, 기차를 타고자 하는 실수요자들이 좌석을 구하지 못하는 상황이 발생한다. 예매 경쟁이 매우 치열한 명절 기간에 노쇼로 인해 좌석이 비어 있음에도 불구하고, 다른 승객들이 그 좌석을 이용하지 못하는 것은 매우 불합리하다. 결국 노쇼는 국민들의 이동권을 제한하는 결과를 낳는다. 두 번째로, 공석 운행은 철도 운영의 효율성을 떨어뜨린다. 빈 좌석을 채우지 못한 채 열차를 운행하는 것은 불필요한 에너지와 인력, 비용 낭비로 이어진다. 이는 코레일뿐 아니라 국가적으로도 큰 손실이다. 세 번째로, 노쇼 문제는 사회적 비용 증가로 연결된다. 노쇼를 줄이기 위한 정책 마련과 시스템 개선에 투입되는 비용, 그리고 이에 따른 환불 정책 변경 등은 모두 국민의 부담으로 돌아올 수밖에 없다.
> 이러한 문제를 해결하기 위해 코레일은 다양한 대책을 시행하고 있다. 2025년부터 명절 특별수송기간에 출발 후 20분까지의 위약금을 기존 15%에서 30%로 상향 조정하는 등 노쇼 억제에 나서고 있으며, 취소·반환 기준 시점을 앞당겨 승객들이 불필요한 예약을 조기에 취소할 수 있도록 유도하고 있다. 이와 함께 좌석 재판매율을 높이기 위한 시스템 개선 작업도 진행 중이다.
> 하지만 노쇼 문제는 단순히 코레일의 노력만으로 해결되기 어렵다. 근본적인 제도 개선과 국민 인식 변화가 함께 이루어져야 한다. 예매 시스템의 투명성 강화, 노쇼에 대한 법적 제재 강화 그리고 국민들의 책임감 있는 예약 문화 정착이 필요하다. 또한 실수요자 중심의 예약 정책과 더불어, 노쇼 발생 시 불이익을 명확히 하는 제도적 장치도 마련되어야 한다. 이러한 종합적인 접근이 이루어질 때 비로소 명절 노쇼 문제를 효과적으로 줄이고, 국민 모두가 편리하고 공정하게 기차를 이용할 수 있을 것이다.

① 명절에는 승차권 예매 경쟁이 평소보다 수십 배에 달한다.
② 노쇼로 인해 발생하는 비용은 결국 국민의 부담으로 돌아온다.
③ 2024년 설날에 판매된 승차권 중 46%는 노쇼로 인해 공석으로 운행되었다.
④ 2025년부터 명절 특별수송기간에는 승차권 취소 위약금이 평소보다 높아진다.
⑤ 노쇼 문제를 해결하기 위해서는 코레일의 노력뿐만 아니라 국민 의식 변화와 정부의 제도 개선이 필요하다.

코레일 한국철도공사 / 의사소통능력

03 다음 제시된 표현법에 대한 사례로 가장 적절한 것은?

> 관용의 격률이란 자신의 이익은 최소화하고 부담은 최대화하여 말하는 표현법이다. 관용의 격률에 따르면 자신의 부담이 커질수록 상대에게는 예의 있는 표현으로 여겨지기 때문에 어떠한 문제를 자신 탓으로 돌려 말하는 것이라고도 해석된다.

① 민재 : 조은 씨는 좋겠네요. 아들이 훤칠한데 공부까지 잘해서요.
② 지우 : 설명이 너무 어려워서 이해가 되지 않아요. 더 쉽게 설명해 주시겠어요?
③ 다예 : 제가 다음 주에 발표가 있으니, 이번 주까지 자료 정리해서 보내줄 수 있나요?
④ 동현 : 짐을 옮겨야 되는데 너무 무거워서, 미안한데 잠깐 도와줄 수 있을까요?
⑤ 선주 : 제가 시력이 안 좋아서 잘 보이지가 않네요. 조금 더 크게 보여주실 수 있나요?

코레일 한국철도공사 / 수리능력

04 다음 수식을 계산한 결과는 $\frac{q}{p}$의 기약분수 형태로 나타낼 수 있으며, p와 q는 서로소이다. 이때, $q+p$의 값을 구하면?

$$\frac{18\times(15^2+12+3)}{90^2-2\times45\times4}+1$$

① 90　② 100
③ 110　④ 120
⑤ 130

코레일 한국철도공사 / 수리능력

05 K시의 전철 요금은 1회 탑승 시 1,500원이며, 오전 6시 30분 이전에 탑승할 경우 20%의 할인이 적용된다. K시에 사는 A씨는 전철을 이용하여 한 달간 총 22일의 출근과 퇴근을 할 예정이다. 한 달 전철 요금을 62,000원 이하로 유지하려면 A씨가 할인을 받아야 하는 날은 최소 며칠이어야 하는가?(단, A씨는 오후 6시에 회사에서 퇴근한다)

① 12일　② 13일
③ 14일　④ 15일
⑤ 16일

06 K공사의 사내 보안시스템은 숫자 1부터 6까지를 사용해 4자리 비밀번호를 설정할 수 있다. 이때, 다음 〈조건〉을 만족하는 4자리 비밀번호는 모두 몇 가지인가?

> **조건**
> • 각 자릿수에는 1부터 6까지의 숫자 중 하나가 들어간다.
> • 같은 숫자는 최대 2번까지만 사용할 수 있다.
> 예 1123, 2331, 4455 가능 / 1112, 2122, 4444 불가능

① 1,170가지
② 1,196가지
③ 1,236가지
④ 1,241가지
⑤ 1,296가지

07 다음은 K쇼핑몰에서 판매된 상품에 대한 월별 리뷰 수와 반품 및 환불률을 조사한 자료이다. 상품을 구매한 사람이 모두 1건씩 리뷰를 작성하였다고 가정할 때, 조사기간 동안 발생한 반품 건수와 환불 건수를 모두 합하면?

〈K쇼핑몰 월별 리뷰 수 및 반품·환불 비율〉

(단위 : 건, %)

구분	리뷰 수	반품률	환불률
1월	1,000	3	2
2월	1,200	2	3
3월	1,500	4	1
4월	1,300	3	2

① 240건
② 246건
③ 248건
④ 250건
⑤ 252건

08 다음은 서울시 전철 3개 주요 역사에서 시간대별 탑승 및 하차 인원수를 정리한 자료이다. 이에 대한 설명으로 옳은 것은?

〈서울시 전철 3개 주요 역사 시간대별 탑승 및 하차 인원수〉

(단위 : 명)

구분	역삼역		시청역		구로디지털단지역	
	탑승	하차	탑승	하차	탑승	하차
07:00 ~ 09:00 (출근시간)	1,150	350	620	870	2,300	400
12:00 ~ 14:00 (점심시간)	480	520	530	500	900	950
17:00 ~ 19:00 (퇴근시간)	390	1,250	420	1,480	280	2,150

① 역삼역은 모든 시간대에서 탑승 인원이 하차 인원보다 많다.
② 시청역은 점심시간대보다 퇴근시간대에 탑승 인원이 더 많다.
③ 역삼역은 전 시간대를 통틀어 탑승 인원보다 하차 인원이 많은 유일한 역이다.
④ 시청역은 출근시간대 대비 퇴근시간대 하차 인원의 증가 폭이 역삼역보다 크다.
⑤ 구로디지털단지역은 퇴근시간대 하차 인원이 출근시간대 하차 인원의 5배 이상이다.

09 다음 사례에서 나타나는 창의적 사고 개발방법으로 옳은 것은?

> 3개의 노선이 교차하는 환승역인 K역은 복잡한 역사 구조로 인해 승객들이 길을 헤매는 문제가 있다. A주임은 이러한 문제를 창의적으로 해결하기 위해 지하철역과 비슷하게 사람이 많고 구조가 복잡한 쇼핑센터의 사례를 탐색하였다. 탐색 결과 쇼핑센터에서 입점 가게 위치를 스마트폰 증강현실 지도로 보여주는 기술이 있음을 확인하고, 이를 바탕으로 K역에 적용하여 QR코드를 찍고, 환승구역이나 나가는 곳을 입력하면 그 위치를 스마트폰 증강현실을 통해 안내하는 서비스를 기획하였다.

① NM법
② Synectics
③ 체크리스트
④ SCAMPER
⑤ 브레인스토밍

10 **다음 사례에서 나타나는 A씨의 논리적 오류로 가장 적절한 것은?**

> 매일 지하철을 이용하여 출퇴근하는 A씨는 혼잡해진 지하철 상황에 불만을 가지고 있다. 어느 날 혼잡한 출근 시간에 지하철이 흔들려 어떤 학생이 A씨와 부딪히게 되었다. 부딪힌 학생은 즉시 A씨에게 사과하였지만, A씨는 화를 내며 요즘 젊은이들은 전부 조심성도 없고 남을 배려하지도 않는다고 학생을 비난하였다.

① 무지의 오류
② 결합의 오류
③ 애매성의 오류
④ 과대 해석의 오류
⑤ 성급한 일반화의 오류

11 **다음은 철도사업을 수행하는 K공사에 대한 SWOT 분석 결과이다. 기회(Opportunity) 요인에 해당하는 사례를 〈보기〉에서 모두 고르면?**

> **보기**
>
> ㄱ. 신재생 관련 법안 개정으로 인한 철도 이용객 수 증가
> ㄴ. 높은 국내 철도망 운영 노하우
> ㄷ. 도시철도에 대한 민간투자의 확대
> ㄹ. 정부의 교통요금 동결 정책 지속
> ㅁ. 직원 수 부족으로 인해 저조한 고객 만족도
> ㅂ. 글로벌 공동 철도 프로젝트 참여

① ㄱ, ㄴ, ㅁ
② ㄱ, ㄷ, ㅂ
③ ㄴ, ㄷ, ㄹ
④ ㄴ, ㅁ, ㅂ
⑤ ㄷ, ㅁ, ㅂ

12 다음은 K철도공사의 문제해결 사례이다. 〈보기〉의 사례와 문제해결 방법을 바르게 연결한 것은?

> **보기**
>
> ㄱ. K철도공사는 65세 이상의 노인을 위한 복지 정책으로 노인 무임승차 제도를 실시하고 있다. 그러나 K철도공사의 재정 문제와 더불어 이용자 세대별 형평성 문제로 인해 무임승차 혜택에 대해 이용자들의 갈등이 첨예해졌다. 이 문제를 해결하기 위해 A차장은 노인 이용자 대표를 K철도공사에 초청하여 노인 무임승차 제도 혜택 축소를 목적으로 합의점을 찾기 위한 토론회를 개최하였다.
>
> ㄴ. 최근 K철도공사의 고객센터에는 노인들이 매표 키오스크를 사용하기 불편하다는 불만이 자주 들어오고 있다. A센터장은 직원들에게 이 사실을 알리고, 노인 이용자가 편하게 키오스크를 사용할 수 있는 방법을 모색하기 위해 노인 역할극 및 브레인스토밍을 통해 아이디어를 모으도록 유도하였다. 그 결과 직원들의 아이디어를 결합하여 키오스크를 조작하는 동안 잠시 기대어 앉을 수 있는 간이 의자와 주요 기능을 크게 강조하는 방안이 채택되어 노인 이용자들이 편하게 이용할 수 있게 되었다.
>
> ㄷ. 신입사원 B는 철도회사 업무에 익숙하지 않아 발생하는 실수로 팀 내부에서 갈등을 일으키고 있다. 이를 해결하기 위해 A팀장은 B사원에게 철도 업무에서 실수가 있을 때, 어떤 상황이 일어날 수 있는지 넌지시 이야기하며 헷갈리는 일이 있을 때는 팀원들의 도움을 받는 것이 좋다고 조언하였고, 다른 팀원들에게는 신입사원 시절에는 모두가 실수가 많았다며 B사원이 업무에 빨리 적응할 수 있도록 도와달라고 격려하였다. 이후 B사원과 다른 팀원들의 노력으로 B사원은 빠르게 업무에 적응하게 되었다.

	ㄱ	ㄴ	ㄷ
①	소프트 어프로치	하드 어프로치	퍼실리테이션
②	소프트 어프로치	퍼실리테이션	하드 어프로치
③	하드 어프로치	소프트 어프로치	퍼실리테이션
④	하드 어프로치	퍼실리테이션	소프트 어프로치
⑤	퍼실리테이션	소프트 어프로치	하드 어프로치

13 다음 중 제시된 단어와 가장 비슷한 어휘는?

된서리

① 타계(他界)
② 타격(打擊)
③ 타점(打點)
④ 타락(墮落)
⑤ 타산(打算)

14 다음 중 빈칸에 들어갈 단어로 옳은 것은?

정조는 애민주의를 ______하며 백성들을 위한 정책을 펼쳤다.

① 표징(表徵)
② 표집(標集)
③ 표방(標榜)
④ 표류(漂流)
⑤ 표리(表裏)

※ 다음 글의 주제로 가장 적절한 것을 고르시오. [15~16]

| 한국전력공사 / 의사소통능력

15

온실가스를 적게 배출하면서도 높은 경제성을 가진 원자력 발전소는 원전에서 나오는 방사성 물질의 차단이나, 외부 오염 물질의 유입을 방지하기 위한 강력한 공기조화 시스템(공조 시스템)이 필요하다. 특히 공기 중으로 떠다닐 수 있는 에어로졸 형태의 방사성 물질 크기는 1 ~ 10㎛ 정도의 아주 작은 물질이지만, 높은 밀도의 방사성 기체는 인체에 치명적일 수 있으며, 환경 오염 문제 또한 발생할 수 있다. 따라서 원자력 발전소의 공조 시스템에는 이러한 미립자를 걸러내기 위하여 헤파필터(HEPA Filter)를 사용하고 있다.

헤파필터는 'High Efficiency Particulate Air Filter'의 약자로, 공기 중의 아주 미세한 입자까지 효과적으로 걸러내는 고성능 필터이다. 일상 생활에서는 주로 공기청정기, 진공청소기, 에어컨 등에 사용되며, 0.3㎛ 크기의 입자(MPPS; Most Penetrating Particle Size)를 99.97% 이상 포획할 수 있는 고성능 필터이다. 헤파필터는 주로 유리섬유나 폴리프로필렌 같은 합성섬유로 만들어지는데, 0.5 ~ 2.0㎛의 섬유가 불규칙하게 얽혀 있는 거미줄 구조로 구성되어 있다. 오염 물질이 포함된 공기가 헤파필터를 통과할 때, 헤파필터의 간격보다 큰 오염 물질은 걸러지고 그보다 작은 오염 물질은 공기 흐름을 따라 진행하다 섬유에 닿아 달라붙게 된다. 헤파필터는 등급에 따라 E10(85%), E11(95%), E12(99.5%), H13(99.75%), H14(99.975%) 등으로 나뉘며, 등급이 높을수록 더 작은 입자까지 더 많이 걸러낼 수 있다. 특히 H13 이상을 트루 헤파필터라고 부르며 원자력 발전소의 경우 H13 이상의 트루 헤파필터를 사용하는 등 일반적인 산업용 필터보다 더욱 엄격한 기준을 충족해야 한다.

이처럼 헤파필터는 원자력 발전소의 안전을 지키는 핵심 장치로 방사성 입자와 미세먼지, 바이러스까지도 효과적으로 제거하는 중요한 역할을 한다. 특히 헤파필터의 정화 성능을 보장하기 위하여 ASME AG-1이나 KEPIC-MH 등 국내외에서 기술기준을 정해 시설·유지·보수 등 관리법의 기준을 제시하고 있으며, 엄격한 안전관리가 필요한 원자력 발전소 특성상 없어서는 안 될 중요한 안전 설비이다.

① 헤파필터의 여과 원리
② 헤파필터의 등급별 성능
③ 방사성 물질의 위험과 대처 방법
④ 원자력 발전소에서의 헤파필터의 역할
⑤ 원자력 발전소의 발전 효율과 미래 전망

16

결핵은 기원전 7000년경 석기 시대의 화석에서도 흔적이 발견될 만큼 인류와 오랜 시간을 함께 해 온 질병이다. 결핵균(Mycobacterium Tuberculosis)에 의해 발병하는 결핵은 치료법이 없던 시기에는 수많은 사람들의 생명을 앗아가 백색 페스트라고 불릴 정도로 전염성과 치명률이 높은 질병이다.
그러나 결핵균에 감염된다 하더라도 모든 사람이 즉시 결핵이 발병하지는 않는다. 상당수의 감염자는 결핵균에 노출된 후에도 바로 증상을 보이지 않는데, 이를 잠복결핵감염(LTBI; Latent TuBerculosis Infection)이라 한다. 잠복결핵감염은 결핵균에 감염되어 있지만, 몸속에 들어온 결핵균이 활동하지 않아 결핵 증상이 없고, 몸 밖으로 균이 배출되지 않아 전염성 또한 없는 상태이다. 증상과 전염성이 없어 잠복결핵감염은 별것 아닌 것 같아 보이지만, 이는 면역체계가 결핵균을 억제하고 있기 때문이며, 면역력이 약해지는 경우 언제든지 결핵으로 이어질 가능성이 있음을 의미한다.
잠복결핵감염이 결핵으로 악화되는 경우는 약 5 ~ 10% 수준으로 특히 고령자, 당뇨병 환자, 면역억제 치료를 받는 환자 등 면역력이 저하된 사람들에게서 더욱 빈번하게 발생한다. 잠복결핵감염이 활동성 결핵으로 진행된 경우 이미 다른 요인에 의해 면역력이 떨어진 상황이므로 독성이 더욱 강력하며, 본인은 물론 주변 사람들에게도 광범위하게 결핵을 전파할 수 있어 공중보건상의 심각한 문제를 야기한다.
잠복결핵감염은 증상이 없기 때문에 본인이 감염 사실을 인지하지 못하는 경우가 많다. 따라서 결핵 발생률이 높은 국가에서는 결핵 환자와 밀접하게 접촉한 사람, 면역 저하자, 의료업계 종사자 등 고위험군을 대상으로 잠복결핵감염 검사를 권고하고 있다. 대표적인 검사 방법으로는 투베르쿨린 피부반응 검사(TST)와 인터페론 감마 분비 검사(IGRA)가 있다. 만일 잠복결핵감염에 양성 반응이 있을 경우 3 ~ 9개월 동안 꾸준한 투약 치료가 필요하며, 적절한 치료를 받을 경우 결핵 발병 확률을 60 ~ 90%까지 예방할 수 있다.
잠복결핵감염의 위험성은 단순히 개인의 건강 문제를 넘어 사회 전체의 공중보건과 직결되는 문제이므로 무증상이라고 방치할 것이 아니라, 적극적인 검사와 예방적 치료를 통해 결핵의 확산을 차단하는 노력이 필요하다. 특히 우리나라의 경우 보건소나 가까운 의료 기관에서 잠복결핵감염 치료를 전액 무료로 치료받을 수 있으므로 평소에 잠복결핵감염에 관심을 가지고, 미연에 예방하는 것이 가장 중요할 것이다.

① 잠복결핵감염의 위험성
② 잠복결핵감염의 치료 과정
③ 잠복결핵의 증상과 전염성
④ 효과적인 결핵의 억제 방법
⑤ 잠복결핵감염이 활동성 결핵으로 이어지는 과정

17 다음은 K식당의 메뉴에 따른 판매가격과 재료비 및 고정비용에 대한 정보이다. 손익분기점을 넘기 위해 필요한 판매량이 가장 많은 메뉴는?

〈K식당 메뉴의 판매가격 · 재료비 · 고정비용〉

(단위 : 원)

구분	판매가격	재료비	고정비용
제육볶음	10,000	2,000	2,800,000
오징어볶음	12,000	2,000	3,300,000
돈가스	9,000	1,500	2,600,000
라면	6,000	800	1,800,000
고등어구이	11,000	2,000	3,100,000

※ 판매가격과 재료비는 1인분당 비용임

※ 손익분기점을 넘기기 위해서는 순이익(판매가격−재료비)이 고정비용을 초과해야 함

① 제육볶음
② 오징어볶음
③ 돈가스
④ 라면
⑤ 고등어구이

18 K주임이 다음 〈조건〉에 따라 출장을 갈 때, C지점에 도착한 시각과 A지점에서 C지점까지 이동할 때의 평균 속력이 바르게 연결된 것은?(단, 평균 속력에는 B지점에서의 업무 시간을 포함하지 않으며, 가속·정차 등 제시된 조건 이외의 사항은 고려하지 않는다)

조건

- K주임은 A지점에서 정오에 회사 차량을 이용하여 출장을 간다.
- K주임의 이동 경로는 A지점 → B지점 → C지점 순서이다.
- A지점에서 B지점까지 시속 100km로 이동하였다.
- B지점에서 C까지는 시속 80km로 이동하였다.
- A지점에서 C지점까지의 거리는 190km이다.
- A지점에서 B지점까지의 거리는 B지점에서 C지점까지의 거리보다 110km 길다.
- K사원은 B지점에 도착하여 1시간 업무를 수행하였다.

	도착 시각	평균 속력
①	오후 2시	90km/h
②	오후 2시	92km/h
③	오후 2시	95km/h
④	오후 3시	90km/h
⑤	오후 3시	95km/h

| 한국전력공사 / 문제해결능력

19 다음 중 J공사 직원들이 본회의를 시작할 수 있는 가장 빠른 시각은?

J공사의 직원들은 공사 프로젝트 회의를 1시간 동안 진행하려고 한다. 회의 시작 30분 전에는 반드시 회의실에서 회의 준비를 해야 하며, 본회의 이후 30분 동안 회의록을 작성해야 한다. 회의 준비, 본회의, 회의록 작성은 다음 조건에 따라 연속적으로 이루어져야 한다.

- 회의실은 오전 9시부터 오후 6시 사이에 사용할 수 있다.
- J공사의 점심시간은 12:00 ~ 13:00로 이 시간에는 회의 및 준비, 회의록 작성이 불가능하다.
- 참석자 중 1명은 15:00 ~ 16:00에 외부 미팅이 있어 이 시간에는 회의 및 준비, 회의록 작성이 불가능하다.
- 현재 회의실은 10:00 ~ 10:30, 14:00 ~ 14:30에 이미 예약되어 사용할 수 없다.

① 오전 9시 30분
② 오전 11시
③ 오후 1시
④ 오후 4시
⑤ 오후 4시 30분

| 한국전력공사 / 자원관리능력

20 다음은 제20회 J국가자격 필기시험 결과이다. 이를 토대로 할 때 합격한 사람은 모두 몇 명인가?

〈제20회 J국가자격 필기시험 결과〉

(단위 : 점)

구분	필기시험				가점
	객관식 1과목	객관식 2과목	논술형	약술형	
A	85	52	61	57	6
B	75	71	67	81	–
C	67	81	72	54	2
D	87	72	57	48	5
E	66	82	58	78	–

※ 한 과목이라도 50점 이하 득점 시 과락 처리
※ 전체 평균 점수에 가점을 합하여 70점 이상 득점 시 합격

① 1명
② 2명
③ 3명
④ 4명
⑤ 5명

| 한국전력공사 / 정보능력

21 다음 중 SSD와 비교했을 때, HDD의 특징으로 옳은 것은?

① 무게가 가볍다.
② 전력 소모가 적다.
③ 가격이 저렴하다.
④ 데이터 접근 속도가 빠르다.
⑤ 외부 충격에 대한 내구력이 높다.

| 한국전력공사 / 정보능력

22 다음 중 점수(참조 대상)가 90점 이상이면 '합격'을, 그렇지 않으면 '불합격'을 출력하는 엑셀 함수식으로 옳은 것은?

① =IF(참조 대상>90,"합격","불합격")
② =IF(참조 대상>=90,"불합격","합격")
③ =IF(참조 대상>=90,"합격","불합격")
④ =CHOOSE(참조 대상<=90,"불합격","합격")
⑤ =CHOOSE(참조 대상>=90,"합격","불합격")

23 다음 글의 주제로 가장 적절한 것은?

> 일생에 한 번쯤 누구나 경험할 수 있는 건강 문제인 허리 통증은 다양한 원인으로 인해 발생한다. 허리 통증은 나이 증가에 따른 허리 근력 약화, 허리에 무리를 주는 취미 생활, 임신과 출산을 경험한 여성 등 개인적 요인으로 인해 발생할 수 있지만, 가장 큰 원인은 바로 직업적 요인이다.
> 첫 번째 직업적 요인은 중량물 취급이다. 중량물을 한 번만 들어도 급성 요통이나 추간판탈출증이 발생할 수 있으며, 이러한 작업을 반복하면 허리 통증의 위험이 더욱 높아질 뿐 아니라 척추와 추간판의 퇴행성 변화가 촉진되어 추간판탈출증과 척추협착증의 위험도 증가한다. 특히 10kg 이상의 물건을 들어야 할 때는 허리를 구부려 드는 것이 아니라, 물건을 몸에 밀착시키고 다리의 힘으로 들어 올려야 한다는 점에 유의해야 한다.
> 두 번째 직업적 요인은 허리의 자세이다. 허리를 앞으로 혹은 옆으로 구부리거나 비트는 동작은 허리가 구부러지는 각도가 커질수록 추간판에 가해지는 압력이 증가해 허리 부상의 위험이 높아진다. 특히 구부린 자세로 장시간 작업할 경우 허리 통증과 추간판탈출증이 유발될 수 있다. 실제로 건설노동자나 조선업 노동자처럼 허리 구부림이 많은 업종에서 타 업종보다 허리 통증 관련 산재 신청률과 승인율이 높은 것으로 알려져 있다.
> 마지막 직업적 요인은 전신 진동이다. 전신 진동은 몸 전체가 상하로 흔들리는 상태로 주로 버스, 트럭, 건설용 차량 운전자가 경험한다. 이러한 진동은 척추와 추간판에 자극을 가해 퇴행성 변화를 일으키고, 결국 추간판탈출증과 척추협착증의 위험을 높인다. 최근 도로 노면이 개선되고 버스 운전석 의자에 진동 흡수 기능이 도입되면서 위험성이 줄었으나, 트럭이나 건설장비 운전자는 여전히 허리 질환에 노출되어 있다.

① 허리 통증의 직업적 요인

② 허리 질환별 통증 관리 방법

③ 직업에 따라 다르게 유발되는 허리 질환

④ 직업 환경에 따라 다른 허리 통증 관련 산재 신청 빈도

24 다음은 보건의료 빅데이터 심포지엄의 발표 순서이다. 이를 참고할 때, 각 발표자의 자료 준비로 적절하지 않은 것은?

〈2024년 보건의료 빅데이터 활용 성과 공유 심포지엄〉

1부 : 빅데이터·AI 기반 건강보험 서비스 혁신

1. 인공지능(AI) 기술을 통해 공단이 어떻게 데이터 기반의 가입자 맞춤형 서비스를 제공하고, 보험자의 역할을 보다 강화할 수 있을지에 대한 비전
   – ○○대병원 A교수
2. 'sLLM(소형 언어 모델)을 활용한 건강보험 내·외부 서비스 향상'을 주제로 인공지능(AI) 기술을 통한 고객 서비스와 업무 효율성 증대 사례
   – ○○대 B교수
3. 공단이 보유한 방대한 건강보험 데이터를 어떻게 인공지능(AI)을 통해 분석하고 활용할 수 있는지에 대한 방안
   – 공단 C실장(빅데이터연구개발실)

2부 : 건강보험 빅데이터를 활용한 우수 연구 성과

1. 야간 인공조명이 인간의 건강에 미치는 영향에 대한 분석 결과
   – ○○대 D교수
2. 결핵 빅데이터인 국가결핵통합자료원(K-TB-N Cohort) 구축을 통해 국가 결핵 관리 정책·사업의 효과를 평가, 정책을 수립·보완할 근거를 생산
   – ○○청 E과장
3. 병원 내에서 발생하는 폐렴 데이터의 분석을 통해, 이를 예방하기 위한 실효성 있는 병원 내 감염관리 체계 마련 필요성 제시
   – 공단 F팀장(빅데이터연구개발실)

① A교수 : 사람과의 직접 대면이 아닌 인공지능 기술로 대체할 수 있는 공단의 서비스에 대한 자료가 필요하겠군.

② B교수 : 인공지능 기술을 활용해 건강보험 서비스를 이용한 고객과 공단 근로자에게 편리성 및 효율성에 대한 설문조사를 진행해야겠군.

③ D교수 : 자연광에만 주로 노출된 사람과 자연광과 더불어 인공조명에 많이 노출된 사람의 건강 상태를 비교할 수 있는 자료가 필요하겠군.

④ F팀장 : 병원 내 병동별 폐렴 발생 현황과 주로 발병하는 연령대에 대한 조사가 필요하겠군.

25 다음 글을 읽고 추론한 내용으로 적절하지 않은 것은?

> 만성질환이란 증상이 극심하지는 않지만 오래 지속되는 질환인 탓에 삶의 질을 저하시키고, 관리를 소홀히 할 경우 합병증의 발생으로 사망까지 이를 수 있어, 운동이나 식이 등 꾸준한 관리가 필요한 질환을 말한다.
> 만성질환에는 당뇨·천식·심장병·허리통증 등이 있으며, 만성질환이라 하더라도 모든 운동이 좋은 것은 아니며, 질환별로 또 환자의 상태에 따라 맞는 운동 방법과 강도는 천차만별이다.
> 당뇨병의 경우 인슐린 분비량이 없거나 또는 적어 인슐린이 혈당을 낮추는 기능을 정상적으로 수행할 수 없는 상태를 말한다. 따라서 혈당 조절에 효과적인 유산소 운동을 통해 인슐린이 더 효율적으로 사용되도록 하여 혈당 수치를 낮출 수 있다. 또한 규칙적인 유산소 운동은 심혈관계를 향상시켜 심장 건강을 개선시킬 수 있다.
> 운동 중 또는 운동 후에 호흡곤란과 반복적이고 발작적인 기침이 나타날 수 있는 천식의 경우 운동 시 각별히 주의하여야 한다. 특히 건조하거나 찬 공기가 있는 환경에서 운동하거나, 갑작스레 격렬한 운동을 할 경우 천식 발작이 일어날 수 있다. 따라서 수영과 같이 건조하지 않고, 심장 박동이나 호흡수가 급격히 증가하지 않는 환경에서 운동하는 것이 도움이 될 수 있다.
> 허리 통증의 경우는 유산소 운동보다는 코어 운동이 도움이 된다. 코어 운동을 통해 척추 주위의 근육이 강화되면서 척추를 지지하는 힘이 늘어나 허리 통증이 감소되는 것이다.

① 당뇨 환자는 달리기나 등산, 수영과 같은 운동을 하는 것이 혈당 개선에 도움이 된다.

② 규칙적인 걷기 운동은 당뇨 환자와 심장병 환자의 질환을 개선시킬 수 있다.

③ 천식 환자는 심장박동 및 호흡수를 증가시키는 달리기나 줄넘기보다는 등산이 좋다.

④ 허리 통증을 겪고 있는 환자에게는 허리의 중심 부위를 강화시키는 플랭크나 브릿지와 같은 운동이 좋다.

26 다음 문단을 논리적 순서대로 바르게 나열한 것은?

국민건강보험공단은 담배 소송 제12차 변론에서 직접 손해배상 청구권을 포함해 지금까지의 주요 쟁점에 관련한 전반적 입장을 적극적으로 표명했다.

(가) 또한 흡연과 암 발생의 인과관계를 과학적 근거에 따라 분명히 하기 위해 대상 암종을 소세포암과 편평세포암으로 흡연 기간이 30년 이상이고, 하루 한 갑의 담배를 20년 이상 흡연한 대상자로 구분하였기에 이번 변론에서는 흡연과 암 발생의 인과관계를 의학적으로 또 국민 상식에 부합하도록 인정하여야 한다고 강조했다.

(나) 공단은 담배 회사들이 담배라는 제품에 대한 중독성과 건강 유해성을 인지하고 있음에도 수십 년 동안 이를 소비자에게 정확히 알리지 않고 막대한 이득을 취한 것은 소비자를 기만한 것이자 기업의 사회적 책임을 다하지 않은 중대한 문제임을 지적하며, 특히 담배 회사가 흡연 중독 피해를 개인의 선택으로 치부한 것은 소비자를 두 번 기만한 것이라며 비판했다.

(다) 마지막으로 공단은 이번 변론을 준비하면서 국민들의 보험료가 주요 재원인 건강보험 재정이 담배로 인해 발생되는 질병으로 재산상 손해가 발생한 점에 대해 당연히 담배 회사에 법적으로 책임을 물어야 한다고 주장하며, 이에 대한 국민들의 관심과 지지가 필요하다고 호소했다.

(라) 아울러 공단은 이 주장을 입증하기 위한 뒷받침 자료로 대한폐암학회와 호흡기내과 전문의 의견서, 담배 중독에 대한 한국중독정신의학회와 정신건강의학과 전문의 의견서, 대한금연학회에서 실시한 담배 중독 감정서와 이들 중 일부에 대한 흡연 경험 심층 사례 분석 결과, 공단 내부 연구 결과 등을 추가 증거로 제출하였다.

① (가) – (나) – (라) – (다)
② (가) – (라) – (나) – (다)
③ (나) – (가) – (라) – (다)
④ (나) – (라) – (가) – (다)

※ 다음은 K국의 지역별 및 5대 업종별 기업 현황이다. 이어지는 질문에 답하시오. [27~28]

〈K국의 조사 지역별 기업 현황〉

(단위 : 개소)

구분	대기업	중소기업	5인 미만	법인			기타	합계
					사단법인	재단법인		
수도권	5,000	10,000	200,000	60,000	50,000	( )	5,000	( )
강원권	500	2,000	10,000	1,000	500	( )	500	( )
충청권	2,000	3,000	30,000	2,500	( )	800	500	( )
호남권	3,000	5,000	30,000	3,000	( )	1,000	1,000	( )
영남권	3,000	5,000	20,000	2,500	1,500	( )	500	( )
전체	13,500	25,000	290,000	69,000	55,700	13,300	7,500	405,000

※ 조사 기업 종류는 대기업, 중소기업, 5인 미만, 법인, 기타만 존재함
※ 조사 지역은 수도권, 강원권, 충청권, 호남권, 영남권으로만 구성함

〈K국의 5대 업종별 기업 현황〉

(단위 : 개소)

구분	대기업	중소기업	5인 미만	법인			기타
					사단법인	재단법인	
IT업	6,000	5,000	30,000	3,000	2,000	1,000	500
건설업	2,000	5,000	70,000	4,000	3,000	1,000	300
운송업	1,000	9,000	100,000	7,000	5,000	2,000	200
마케팅업	1,000	1,000	30,000	7,000	5,000	2,000	500
제조업	1,000	2,000	5,000	8,000	5,000	3,000	500
합계	11,000	22,000	235,000	29,000	20,000	9,000	2,000

27 **다음 중 위 자료에 대한 설명으로 옳지 않은 것은?**

① 조사 지역별 법인 기업에서 사단법인이 차지하는 비율이 세 번째로 높은 지역은 영남권이다.
② 5대 업종의 대기업 중 IT업에 속하지 않는 기업의 수는 수도권 지역 기타 기업의 수와 같다.
③ 조사 지역에서 대기업이 20% 증가하고, 중소기업이 10% 감소한다면 전체 기업 수는 증가한다.
④ 조사 지역의 재단법인 중 강원권 재단법인이 차지하는 비율은 조사 지역의 대기업 중 강원권 대기업이 차지하는 비율보다 크다.

28 **다음은 위 자료를 근거로 작성한 보고서이다. 이에 대한 내용으로 옳지 않은 것은?**

〈기업 현황 보고서〉

① 조사 지역의 전체 기업 중 5인 미만인 기업은 70% 이상을 차지하고 있으며, 이는 중소기업 수의 10배 이상이다. 특히, 5인 미만인 기업은 수도권에 밀집되어 있는데 ② 조사 지역의 5인 미만 기업 중 수도권이 차지하는 비율 또한 60% 이상이다.
모든 지역에 걸쳐 대기업보단 중소기업이, 중소기업보단 5인 미만 기업의 수가 많았는데, 5인 미만 기업 수 대비 대기업의 수는 영남권이 가장 높았다. 5대 업종만을 분석했을 때 역시 대기업보단 중소기업이, 중소기업보단 5인 미만 기업이 많았으며, 사단법인이 재단법인보다 많았다. ③ 이에 따라 조사 지역의 전체 기업 중 5대 업종에 해당하지 않는 기업도 앞선 순서와 동일하였다. 또한 ④ 조사 지역의 전체 기업 중 운송업에 해당하는 기업의 비율은 5인 미만 기업이 중소기업보다 높았다.

※ 다음은 K국의 연도별 7대 주요 범죄 발생 현황과 교도소별 복역자 현황에 대한 자료이다. 이어지는 질문에 답하시오. **[29~30]**

〈K국의 연도별 7대 주요 범죄 발생 현황〉

(단위 : 건)

구분	살인	사기	폭행	강도	절도	성범죄	방화
1989년	500	2,000	5,000	4,000	25,000	3,000	500
1990년	600	2,500	7,000	8,000	20,000	2,500	600
1991년	700	3,000	10,000	5,000	23,000	2,000	800
1992년	800	2,000	15,000	8,000	18,000	2,500	700
1993년	900	3,000	10,000	10,000	20,000	3,000	1,000
1994년	1,000	2,000	20,000	10,000	27,000	5,000	900
1995년	1,100	3,500	17,000	9,000	34,000	2,000	1,100

※ 현 시점은 2025년임

〈K국 교도소의 잔여 형량별 복역자 수〉

(단위 : 명)

구분	A교도소	B교도소	C교도소	D교도소	E교도소	F교도소
1년 미만	3,000	4,000	5,000	6,000	7,000	8,000
1년 이상 3년 미만	1,500	1,000	2,000	3,000	2,000	2,500
3년 이상 5년 미만	400	400	500	600	800	1,000
5년 이상 10년 미만	350	250	250	300	400	50
10년 이상 20년 미만	30	35	40	60	55	35
20년 이상	20	15	10	40	45	15
합계	5,300	5,700	7,800	10,000	10,300	11,600

※ K국의 교도소는 A～F 6개만 존재함

| 국민건강보험공단 / 수리능력

29 **다음 중 위 자료에 대한 설명으로 옳지 않은 것은?**

① 살인이 가장 많이 발생한 해에는 절도 역시 가장 많이 발생하였다.
② 모든 교도소에서 잔여 형량이 많을수록 복역자 수는 감소한다.
③ 범죄가 가장 많이 발생한 해는 폭행도 가장 많이 발생하였다.
④ 잔여 형량이 1년 미만인 경우가 가장 많은 교도소는 전체 복역자 수가 가장 많다.

| 국민건강보험공단 / 수리능력

30 **다음 중 위 자료를 계산하여 해석한 내용으로 옳지 않은 것은?**

① 1990년부터 1995년까지 전년 대비 살인 사건 발생 변화율은 매년 감소한다.
② K국 전체 교도소 복역자 수 중 D교도소 복역자 수의 비율은 20% 이하이다.
③ 1993년부터 1995년까지 7대 주요 발생 범죄 중 절도가 차지하는 비율은 45% 이하이다.
④ 교도소별 잔여 형량이 1년 미만인 복역자 수 대비 3년 이상 5년 미만인 복역자 수의 비율은 F교도소가 가장 높다.

※ 다음은 2025년 2월 10일 기준 국내 월평균 식재료 가격이다. 이어지는 질문에 답하시오. **[31~32]**

〈월평균 식재료 가격(2025.02.10 기준)〉

구분	세부항목	2024년						2025년
		7월	8월	9월	10월	11월	12월	1월
곡류	쌀 (원/kg)	1,992	1,083	1,970	1,895	1,850	1,809	1,805
채소류	양파 (원/kg)	1,385	1,409	1,437	1,476	1,504	1,548	1,759
	배추 (원/포기)	2,967	4,556	7,401	4,793	3,108	3,546	3,634
	무 (원/개)	1,653	1,829	2,761	3,166	2,245	2,474	2,543
수산물	물오징어 (원/마리)	2,286	2,207	2,267	2,375	2,678	2,784	2,796
	건멸치 (원/kg)	23,760	23,760	24,100	24,140	24,870	25,320	25,200
축산물	계란 (원/30개)	5,272	5,332	5,590	5,581	5,545	6,621	9,096
	닭 (원/kg)	5,436	5,337	5,582	5,716	5,579	5,266	5,062
	돼지 (원/kg)	16,200	15,485	15,695	15,260	15,105	15,090	15,025
	소_국산 (원/kg)	52,004	52,220	52,608	52,396	51,918	51,632	51,668
	소_미국산 (원/kg)	21,828	22,500	23,216	21,726	23,747	22,697	21,432
	소_호주산 (원/kg)	23,760	23,777	24,122	23,570	23,047	23,815	24,227

※ 주요 식재료 소매가격 : 물오징어는 냉동과 생물의 평균 가격, 계란은 특란의 평균 가격, 돼지는 국내 냉장과 수입 냉동의 평균 가격, 국산 소고기는 갈비, 등심, 불고기의 평균 가격, 미국산 소고기는 갈비, 갈빗살, 불고기의 평균 가격, 호주산 소고기는 갈비, 등심, 불고기의 평균 가격

※ 표시 가격은 주요 재료의 월평균 가격이며, 조사 주기는 일별로 조사함

| 국민건강보험공단 / 문제해결능력

31 **다음 중 위 자료를 이해한 내용으로 옳지 않은 것은?**

① 2024년 8월 대비 9월 쌀 가격의 증가율은 2024년 11월 대비 12월 무 가격의 증가율보다 크다.
② 소의 가격은 국산, 미국산, 호주산 모두 2024년 7월부터 9월까지 증가하다가 10월에 감소한다.
③ 계란 가격은 2024년 7월부터 2025년 1월까지 꾸준히 증가하고 있다.
④ 쌀 가격은 2024년 8월에 감소했다가 9월에 증가한 후 그 후로 계속 감소하고 있다.

| 국민건강보험공단 / 문제해결능력

32 **K식품회사에 재직 중인 A사원은 국내 농수산물의 가격 동향과 관련한 보고서를 쓰기 위해 위 자료를 참고하여 2024년 12월 대비 2025년 1월 식재료별 가격의 증감률을 구하고 있으며, 다음은 A사원이 작성한 보고서의 일부이다. 이를 토대로 했을 때 증감률이 가장 큰 식재료는?(단, 소수점 셋째 자리에서 버림한다)**

〈국내 농수산물 가격 동향에 따른 보고서〉

식품개발팀 A사원

저희 개발팀에서 올해 기획하고 있는 신제품 출시를 위하여 국내 농수산물 가격 동향을 조사하였습니다. 하단에 월평균 식재료 증감률을 첨부하였으니 신제품 개발 일정을 수립하는 데 참고하시면 될 것 같습니다. 자세한 사항은 식품개발팀 B과장님께 문의하십시오.

〈월평균 식재료 증감률(2025.02.10 기준)〉

구분	세부항목	2024년 12월	2025년 1월	증감률(%)
곡류	쌀(원/kg)	1,809	1,805	
채소류	양파(원/kg)	1,548	1,759	
	무(원/개)	2,474	2,543	
수산물	건멸치(원/kg)	25,320	25,200	

… 생략 …

① 쌀
② 양파
③ 무
④ 건멸치

33 다음은 K사의 신입사원 선발 조건이다. 〈보기〉의 지원자 중 최고득점자와 최저득점자를 바르게 연결한 것은?

〈K사 신입사원 선발 조건〉

• 다음과 같은 항목에 따른 점수를 합산하여 최종점수(100점 만점)을 산정하여 점수가 가장 높은 지원자 2명을 신입사원으로 선발한다.

– 학위점수(30점 만점)

학위	학사	석사	박사
점수(점)	18	25	30

– 어학시험점수(20점 만점)

어학시험점수 (300점 만점)	0점 이상 50점 미만	50점 이상 150점 미만	150점 이상 220점 미만	220점 이상
점수(점)	8	14	17	20

– 면접점수(30점 만점)

면접점수	미흡	보통	우수
점수(점)	18	24	30

– 실무경험점수(20점 만점)

총 인턴근무 기간	4개월 미만	4개월 이상 8개월 미만	8개월 이상 12개월 미만	12개월 이상
점수(점)	12	16	18	20

보기

구분	학위	어학시험점수	면접	총 인턴근무 기간
A	학사	228	우수	8개월
B	석사	204	보통	11개월
C	학사	198	보통	9개월
D	박사	124	미흡	3개월

	최고득점자	최저득점자
①	A	B
②	A	D
③	B	C
④	C	D

34 다음 글과 가장 관련 있는 한자성어는?

> A씨는 대학 졸업 후 창업에 도전하기로 결심했다. 그는 자신의 아이디어에 확신을 가지고 작은 카페를 열었지만, 예상치 못한 문제들이 끊임없이 발생했다. 위치 선정이 잘못되었고, 경쟁이 치열했으며, 운영 경험 부족으로 인해 손님을 끌어들이지 못했다. 결국 1년 만에 카페는 문을 닫아야 했고, A씨는 큰 빚과 좌절감 속에서 실패를 받아들여야 했다.
> 하지만 A씨는 실패를 통해 얻은 교훈을 놓치지 않았다. 그는 자신이 부족했던 점들을 분석하며 경영과 마케팅에 대해 더 깊이 공부하기 시작했다. 또한 카페를 운영하며 쌓은 고객 관리 경험과 식음료 산업에 대한 이해를 바탕으로 새로운 방향을 모색했다. 그러던 중, 그는 소규모 카페 운영자들이 겪는 어려움 해소를 돕기 위해 전문 컨설팅 서비스를 제공하는 사업 아이디어를 떠올렸다.
> A씨는 이전의 실패를 발판 삼아 철저히 준비한 끝에 컨설팅 회사를 설립했다. 그의 서비스는 소규모 카페 운영자들에게 실질적인 도움을 제공하며 빠르게 입소문을 탔고, 사업은 성공적으로 성장했다.

① 전화위복(轉禍爲福)
② 사필귀정(事必歸正)
③ 일취월장(日就月將)
④ 우공이산(愚公移山)

35 다음 중 밑줄 친 단어의 의미가 다른 것은?

① 인간은 네 번째 <u>차원</u>인 시간을 인식하며 살아간다.
② 그의 능력은 취미의 <u>차원</u>을 넘어 예술의 경지로 나아갔다.
③ 과도한 사탕발림이 예의의 <u>차원</u>을 넘어 불편하게 다가왔다.
④ 독창적인 아이디어가 한 <u>차원</u> 높은 수준의 품질을 이끌어 내었다.

36 다음 글에 대한 설명으로 적절하지 않은 것은?

큐비트(Qubit)는 양자 컴퓨터에서 정보를 저장하고 처리하는 기본 단위다. 기존의 컴퓨터가 정보를 0과 1로 이루어진 비트(Bit)로 표현하는 것과 달리, 큐비트는 양자역학의 특성을 활용해 더 복잡하고 강력한 방식으로 정보를 다룬다.

큐비트는 0과 1의 상태를 동시에 가질 수 있는 양자 중첩 특성을 가지고 있다. 양자 중첩이란 빛이 입자와 파동 2가지 상태를 가진 것과 마찬가지로 미시적 세계에서 여러 양자 상태가 동시에 존재할 수 있는 현상을 뜻하며, 측정하기 전까지는 양자 상태를 정확히 파악할 수 없고 관측과 동시에 상태가 결정되는 것을 의미한다. 이처럼 큐비트 또한 측정하기 전까지 0과 1의 상태를 동시에 가진 중첩 상태가 유지되며 측정 시에는 0 또는 1 중 하나의 값으로 확정된다. 이를 통해 큐비트는 병렬 계산을 가능하게 만들어 복잡한 문제를 빠르게 해결할 수 있다.

또한 두 개 이상의 큐비트가 양자 얽힘 상태에 있으면, 한 큐비트의 상태가 다른 큐비트의 상태와 즉각적으로 연결된다. 이에 따라 한 큐비트가 측정되면 얽혀 있는 다른 큐비트의 상태 또한 자동으로 결정되므로 큐비트 간의 빠른 정보 전달과 협력 계산을 가능하게 한다.

양자 컴퓨터에 사용되는 큐비트는 다양한 방식으로 개발되고 있으며 대표적인 방식은 초전도 회로, 이온 트랩, 광자, 스핀 등이 있다. 초전도 회로는 전기적 초전도체를 활용해 양자 상태를 생성하고, 이온 트랩은 전기장으로 이온을 가두고 조작한다. 광자는 빛 입자를 이용한 정보 저장 및 전송에 사용되며, 스핀은 전자의 스핀 상태를 활용한다.

큐비트는 기존 컴퓨터보다 훨씬 더 많은 정보를 처리할 수 있다. 예를 들어, 20개의 큐비트를 활용하면 2^{20}, 즉 약 100만 개의 상태를 동시에 표현할 수 있다. 이는 암호 해독이나 복잡한 시뮬레이션 같은 문제에서 기존 컴퓨터보다 월등히 빠른 성능을 발휘한다. 하지만 현재 기술로는 큐비트를 안정적으로 유지하고 제어하는 데 한계가 있다. 환경적 요인으로 인해 양자 상태가 쉽게 붕괴되기 때문에 이를 극복하기 위한 연구가 활발히 진행 중이다.

큐비트는 양자역학의 원리를 기반으로 기존 컴퓨터와는 완전히 다른 방식으로 정보를 처리한다. 중첩과 얽힘 같은 특성 덕분에 복잡한 계산 문제를 해결하는 데 강력한 도구가 될 수 있지만, 기술적 도전 과제도 많다. 앞으로 양자 컴퓨팅 기술이 발전하면 큐비트를 활용한 혁신적인 응용이 더욱 확대될 것으로 기대된다.

① 큐비트의 값은 측정과 동시에 정해진다.

② 큐비트는 정보를 0와 1의 2진수로 나타내는 것이다.

③ 큐비트는 측정하기 전까지는 양자 중첩 상태로 존재한다.

④ 4개의 큐비트를 활용하면 16번의 상태를 동시에 표현할 수 있다.

37 다음 글에 대한 설명으로 가장 적절한 것은?

> 소형 모듈 원전(SMR; Small Modular Reactor)은 기존 대형 원자로와는 다른 설계와 운영 방식을 가진 차세대 원자력 발전 기술이다. SMR은 전기 출력이 300MWe 이하로 소형화된 원자로를 의미하며, 크기가 작고 유연한 설계 덕분에 다양한 환경에서 활용 가능하다. 주요 특징 중 하나는 모듈화된 설계로, 주요 기기를 모듈화하여 공장에서 제작한 뒤 현장으로 운송해 조립한다. 이로 인해 건설 기간이 단축되고 초기 투자 비용을 줄일 수 있다.
> SMR은 기존 원전에 비해 안정성 또한 높다. 자연 순환 냉각 방식을 채택해 전력 공급 없이도 중력과 밀도 차, 자연 대류를 활용해 원자로를 냉각할 수 있다. 이는 사고 발생 시 노심 용융 가능성을 낮추며, 방사성 물질의 저장 및 관리 측면에서도 유리하다. 또한 다양한 입지 조건에서 설치가 가능하여 전력망이 없는 지역이나 해상에서도 활용할 수 있다. 이는 탄소 배출이 적은 에너지원으로서 기후 변화 대응에도 기여할 수 있다.
> SMR의 경제성도 강점이다. 공장에서 미리 제작된 모듈을 현장에서 조립하는 방식은 전통적인 대형 원전보다 건설 비용과 기간을 줄인다. 그러나 단위 출력당 건설 비용이 높아질 수 있어 대량 생산과 표준화를 통해 비용을 절감해야 한다. 기술적 검증도 중요한 과제로, 안전성과 경제성을 동시에 만족시켜야 한다. 기후 변화에 따른 환경적 취약성도 고려해야 하며, 이를 극복하기 위해 각국 정부와 민간 기업들은 협력하여 연구 개발에 투자하고 있다.
> SMR은 탄소 중립 시대를 맞아 중요한 에너지원으로 주목받고 있으며, 다양한 분야에서 활용 가능성이 높다. 한국을 포함한 여러 국가가 SMR 개발에 적극적으로 나서고 있으며, 이를 통해 글로벌 에너지 시장에서 새로운 패러다임을 제시할 것으로 보인다. SMR은 단순히 기존 원전을 대체하는 것을 넘어 안전하고 지속 가능한 에너지 시스템 구축에 기여할 핵심 기술로 자리 잡아가고 있다.

① SMR은 방사성 폐기물이 발생하지 않는다.
② SMR은 기존의 원전보다 다양한 환경에서 건설이 가능하다.
③ SMR은 원전 부지에서 모듈을 생산하여 조립하는 방식으로 건설된다.
④ 선진국에서는 기존 원전 대부분이 SMR로 전환되어 탄소 중립을 실천하고 있다.

38 다음은 J공사의 컴퓨터 비밀번호 규칙에 대한 글이다. 〈보기〉 중 J공사 비밀번호 규칙에 맞지 않는 것은 모두 몇 개인가?

J공사의 직원들은 업무를 시작하기 위해 컴퓨터에 직원별 비밀번호를 입력해야 한다. 직원들의 비밀번호는 9자리의 숫자와 문자로 구성되어 있다. 첫 번째 자리는 직원 종류별 코드로 정직원은 1, 계약직은 2, 파견직은 3이 부여된다. 두 번째 자리부터는 직원별 입사일이 YYMMDD 방식으로 부여된다. 이후 데이터의 진위 여부를 확인하기 위해 체크데이터로 앞의 숫자를 모두 더한 뒤, 2를 뺀 값에 해당하는 알파벳이 대문자로 부여된다. 마지막으로 비밀번호 식별의 용이성을 위해 첫 번째 자리의 숫자와 동일한 숫자가 부여된다.

보기

- 3011210F3
- 2981111U2
- 3051231M3
- 1241215N2
- 4200817T4
- 1942131S1
- 1840624W1
- 1211014H1
- 2210830P2
- 2191229Z2

① 2개 ② 3개
③ 4개 ④ 5개

39 다음 사례에서 나타나는 논리적 오류로 가장 적절한 것은?

A씨는 오랜만에 고향 친구를 만났다. 약속 장소에서 A씨는 고향 친구가 말끔한 정장을 입고 나온 것을 보고, 그가 부자일 확률보다 부자이면서 좋은 차를 끌고 다닐 확률이 높다고 생각하였다.

① 결합의 오류 ② 무지의 오류
③ 연역법의 오류 ④ 과대 해석의 오류

※ 다음은 J기업의 본사와 부속 공장 간의 도로에 대한 자료이다. 이어지는 질문에 답하시오. **[40~41]**

〈J기업의 본사와 부속 공장 간 도로〉

(단위 : km)

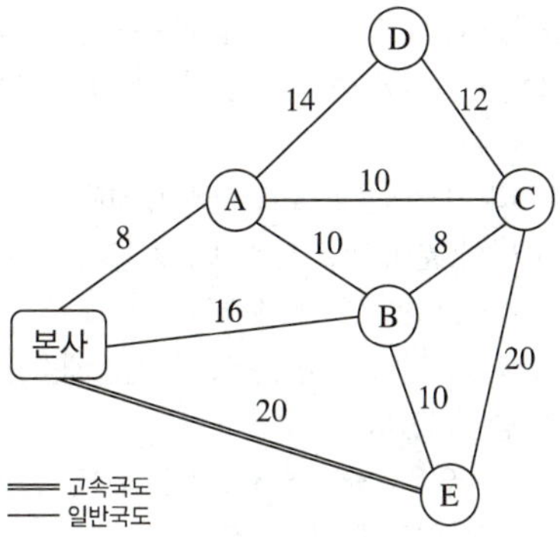

| 한국중부발전 / 자원관리능력

40 S대리는 본사에서 출발하여 모든 부속 공장을 방문한 뒤, 본사로 복귀하려고 한다. S대리가 일반국도만을 이용한다면, 최단거리는 몇 km인가?(단, 한 번 방문한 공장은 다시 방문하지 않는다)

① 72km ② 76km

③ 80km ④ 84km

| 한국중부발전 / 자원관리능력

41 S대리는 회사로부터 교통비를 지원받아 고속국도를 이용할 수 있게 되었다. S대리가 고속국도를 이용하여 모든 부속 공장을 방문한 뒤, 본사로 복귀할 때의 최단거리는 고속국도를 이용하지 않을 때의 최단거리와 몇 km 차이가 나는가?(단, 한 번 방문한 공장은 다시 방문하지 않는다)

① 6km ② 8km

③ 10km ④ 12km

42 **다음은 K기업 종합관리 시스템의 발전 단계를 나타낸 글이다. 기술 시스템의 발전 단계에 따라 (가) ~ (라) 문단을 순서대로 나열한 것은?**

> (가) 종합관리 시스템 납품 경쟁에서 승리한 K기업의 종합관리 시스템은 정부기관에서도 사용하게 되었으며, 기술표준으로 확립되어 여러 산업 기술들이 K기업의 종합관리 시스템에 맞춰져 개발되기에 이르렀다.
> (나) K기업이 개발한 종합관리 시스템은 탄소배출권 거래에서 실무적 안정성을 인정받아 K기업 내 다른 부서뿐만 아니라 다른 분야의 회사에서도 차용하기 시작하였다.
> (다) 정부의 탄소중립 정책 강화로 인해 탄소배출권 거래에 대한 국책 사업이 활발해졌고, 국가적 관리 시스템이 필요해지자, K기업을 비롯한 여러 탄소배출권 거래 기업이 자사의 종합관리 시스템을 납품하기 위해 경쟁하였다.
> (라) 탄소배출권을 거래하는 K기업은 거래 내역을 일괄적으로 관리하는 종합관리 시스템을 자체 개발하여 사용하였고, 실무적 여건에 따라 유연하게 발전시켰다.

① (다) – (가) – (나) – (라)
② (다) – (라) – (나) – (가)
③ (라) – (나) – (다) – (가)
④ (라) – (다) – (나) – (가)

43 **다음은 A주임의 상사가 평소 엑셀을 능숙하게 다루는 A주임에게 요청한 내용이다. A주임이 상사의 요청을 수행하면서 사용한 엑셀 단축키가 아닌 것은?**

> A주임, 지금 회사 거래 내역이 담긴 엑셀 파일을 수정해야 하는데, 제 컴퓨터의 마우스가 고장이 나서 단축키로만 작업을 해야 합니다. A주임이 엑셀을 능숙하게 쓴다고 들어서 도와주셨으면 합니다. [F12] 셀에서 왼쪽에 있는 값을 모두 선택하여 차트를 만들고, [F13] 셀에는 오늘 날짜를 입력해 주세요.

① 〈Ctrl〉+〈1〉
② 〈Ctrl〉+〈;〉
③ 〈Alt〉+〈F1〉
④ 〈Shift〉+〈Home〉

44 다음 중 단어의 뜻이 나머지와 다른 것은?

① 호도(糊塗) ② 맹아(萌芽)
③ 무마(撫摩) ④ 은폐(隱蔽)

45 다음 중 밑줄 친 어휘가 나머지와 다른 의미로 사용된 것은?

① 건조한 환경으로 인해 쉽게 <u>불이 붙었다</u>.
② 새로운 소재로 <u>불이 붙는</u> 것을 방지하였다.
③ 토론은 양측이 첨예하게 대립해 <u>불이 붙었다</u>.
④ 들판에 <u>불이 붙자</u> 걷잡을 수 없이 퍼져 나갔다.

46 K고등학교의 운동장은 윗변이 20m, 밑변이 50m, 높이가 20m인 등변 사다리꼴 형태이다. 운동장의 가장자리에 2m마다 의자를 놓고 학생을 앉힐 때, 의자에 앉을 수 있는 학생의 수는?

① 59명 ② 60명
③ 61명 ④ 62명

47 다음 중 제시된 자료를 그래프로 바르게 변환한 것은?

〈K-water 한강유역 대수력 발전소 연간 발전량〉

(단위 : GWh)

구분	2019년	2020년	2021년	2022년	2023년	2024년
소양강댐	347	551	314	600	430	490
충주댐	484	769	574	680	706	759

①
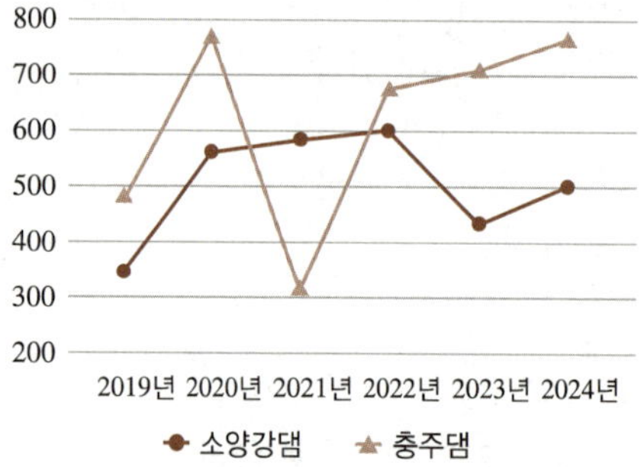

②
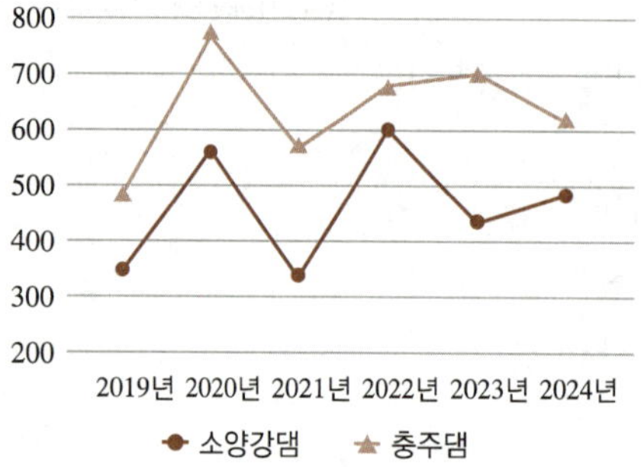

③
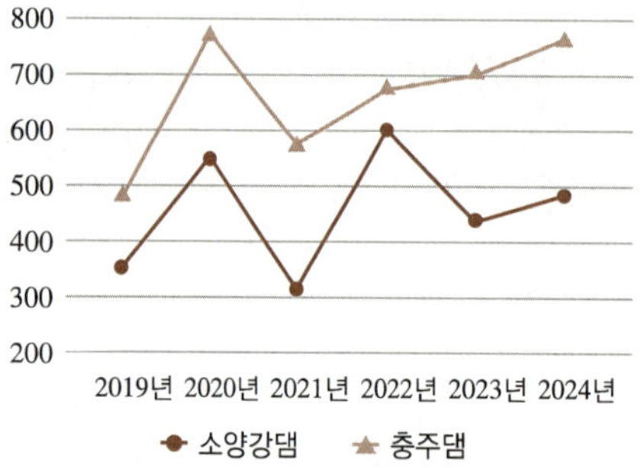

④
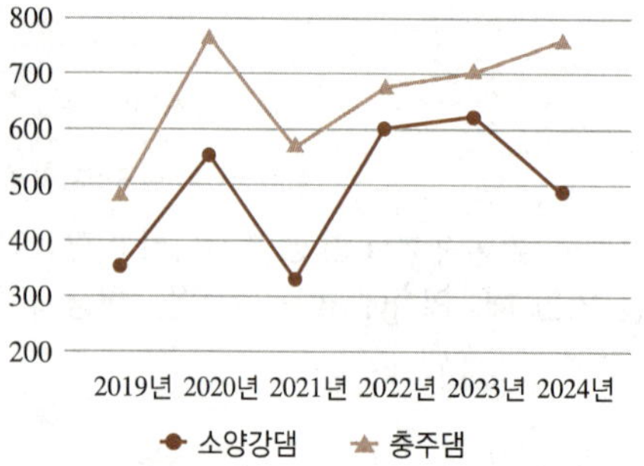

| K-water 한국수자원공사 / 자원관리능력

48 **다음 중 효과적인 시간관리를 통하여 빠르고 효율적인 생산으로 작업 소요 시간을 단축시켰을 때, 기업의 입장에서 나타나는 효과로 옳지 않은 것은?**

① 가격 인상 ② 위험 감소
③ 정확한 예산 분배 ④ 시장 점유율 증가

| K-water 한국수자원공사 / 자원관리능력

49 **효율적이고 합리적인 인사관리 원칙 중 해당 직무 수행에 가장 적합한 인재를 배치해야 한다는 원칙으로 옳은 것은?**

① 단결의 원칙 ② 공정 인사의 원칙
③ 종업원 안정의 원칙 ④ 적재적소 배치의 원칙

| K-water 한국수자원공사 / 자원관리능력

50 **다음 사례에서 나타나는 물적자원관리의 원칙으로 옳은 것은?**

> 편의점 점장인 A씨는 상품의 판매량과 입고량을 파악하여 많이 팔리고, 많이 들어오는 상품은 출입구에 가깝게 위치시켰으며, 적게 팔려서 주문할 양이 적은 상품은 매장 안쪽에 배치하여 상품의 입·출하가 원활하게 이루어지도록 하였다.

① 동일성의 원칙 ② 유사성의 원칙
③ 회전대응의 원칙 ④ 기호화의 원칙

MEMO

PART 1

직업기초능력평가

CHAPTER 01 의사소통능력

합격 CHEAT KEY

의사소통능력은 평가하지 않는 공사·공단이 없을 만큼 필기시험에서 중요도가 높은 영역으로, 세부 유형은 문서 이해, 문서 작성, 의사 표현, 경청, 기초 외국어로 나눌 수 있다. 문서 이해·문서 작성과 같은 지문에 대한 주제 찾기, 내용 일치 문제의 출제 비중이 높으며, 문서의 특성을 파악하는 문제도 출제되고 있다.

01 문제에서 요구하는 바를 먼저 파악하라!

의사소통능력에서 가장 중요한 것은 제한된 시간 안에 빠르고 정확하게 답을 찾아내는 것이다. 의사소통능력에서는 지문이 아니라 문제가 주인공이므로 지문을 보기 전에 문제를 먼저 파악해야 하며, 문제에 따라 전략적으로 빠르게 풀어내는 연습을 해야 한다.

02 잠재되어 있는 언어 능력을 발휘하라!

세상에 글은 많고 우리가 학습할 수 있는 시간은 한정적이다. 이를 극복할 수 있는 방법은 다양한 글을 접하는 것이다. 실제 시험장에서 어떤 내용의 지문이 나올지 아무도 예측할 수 없으므로 평소에 신문, 소설, 보고서 등 여러 글을 접하는 것이 필요하다.

03 상황을 가정하라!

업무 수행에 있어 상황에 따른 언어 표현은 중요하다. 같은 말이라도 상황에 따라 다르게 해석될 수 있기 때문이다. 그런 의미에서 자신의 의견을 효과적으로 전달할 수 있는 능력을 평가하는 것이다. 업무를 수행하면서 발생할 수 있는 여러 상황을 가정하고 그에 따른 올바른 언어표현을 정리하는 것이 필요하다.

04 말하는 이의 입장에서 생각하라!

잘 듣는 것 또한 하나의 능력이다. 상대방의 이야기에 귀 기울이고 공감하는 태도는 업무를 수행하는 관계 속에서 필요한 요소이다. 그런 의미에서 다양한 상황에서 듣는 능력을 평가하는 것이다. 말하는 이가 요구하는 듣는 이의 태도를 파악하고, 이에 따른 판단을 할 수 있도록 언제나 말하는 사람의 입장이 되는 연습이 필요하다.

대표기출유형

01 문서 내용 이해

| 유형분석 |

- 주어진 지문을 읽고 선택지를 고르는 전형적인 독해 문제이다.
- 지문은 주로 신문기사(보도자료 등)나 업무 보고서, 시사 등이 제시된다.
- 공사·공단에 따라 자사와 관련된 내용의 기사나 법조문, 보고서 등이 출제되기도 한다.

다음 글의 내용으로 가장 적절한 것은?

> 독일에서 'Fräulein'은 원래 미혼 여성을 뜻하는 말이었는데 제2차 세계대전 이후 미군과 결혼한 여성을 가리키는 말이 되면서 부정적인 색채를 띠게 되었다. 그러자 미혼 여성들은 자신들을 'Frau'(영어의 'Mrs.'와 같다)로 불러달라고 공식적으로 요청하기 시작했다. 이런 요구를 하는 여성들이 갑자기 늘어나자 언론은 '부인으로 불러달라는 여자들이라니.'라는 제목 아래 여자들이 별 희한한 요구를 다 한다는 식으로 보도했다. 'Fräulein'과 'Frau'는 한동안 함께 사용되다가 점차 'Frau'의 사용이 늘자 1984년에는 공문서상 미혼 여성도 'Frau'로 표기한다고 법으로 규정했다. 'Fräulein'이라는 말이 여성들의 의식이 달라진 이 시대에 뒤떨어졌다는 것이었다. 프랑스에서 'Mademoiselle'도 같은 운명을 겪고 있다.

① 언어는 자족적 체계이다.
② 언어는 사회적 가치를 반영한다.
③ 언어는 특정 언어공동체의 의사소통의 도구이다.
④ 언어는 의미와 형식의 결합으로 이루어진 기호의 일종이다.

정답 ②

제시문은 원래의 어휘가 가진 의미와는 관계없이 이를 받아들이는 사람들의 태도에 따라 어휘의 위상이 결정되는 상황을 제시한 글이다. 이는 언중들의 사회적 가치가 언어에 반영된다는 것을 의미한다.

풀이 전략!

지문을 읽기 전에 선택지를 먼저 읽는 습관을 들여야 한다. 이를 통해 지문 속에서 알아내야 할 정보가 무엇인지를 먼저 파악한 후 지문을 읽어야 문제 푸는 시간을 단축할 수 있다. 대부분의 공사공단 필기시험은 짧은 시간 내에 많은 문제를 풀어야 하므로, 한 지문을 두세 번 읽으면 그만큼 다른 문제의 풀이 시간에 손해가 생긴다.

대표기출유형 01 기출응용문제

01 다음 글의 내용으로 적절하지 않은 것은?

> 인간 사유의 결정적이고도 독창적인 비약은 시각적인 표시의 코드 체계의 발명에 의해서 이루어졌다. 시각적인 표시의 코드 체계에 의해 인간은 정확한 말을 결정하여 텍스트를 마련하고, 또 이해할 수 있게 된 것이다. 이것이 바로 진정한 의미에서의 '쓰기(Writing)'이다.
> 이러한 '쓰기'에 의해 코드화된 시각적인 표시는 말을 사로잡게 되고, 그 결과 그때까지 소리 속에서 발전해 온 정밀하고 복잡한 구조나 지시 체계의 특수한 복잡성이 그대로 시각적으로 기록될 수 있게 되었다. 나아가서는 이러한 시각적인 기록으로 인해 그보다 훨씬 정교한 구조나 지시 체계가 산출될 수 있게 된다. 그러한 정교함은 구술적인 발화가 지니는 잠재력으로써는 도저히 이룩할 수 없는 정도의 것이다. 이렇듯 '쓰기'는 인간의 모든 기술적 발명 속에서도 가장 영향력이 큰 것이었으며, 지금도 그러하다. 쓰기는 말하기에 단순히 첨가된 것이 아니다. 왜냐하면 쓰기는 말하기를 구술 – 청각의 세계에서 새로운 감각의 세계, 즉 시각의 세계로 이동시킴으로써 말하기와 사고를 함께 변화시키기 때문이다.

① 인간은 시각적 코드 체계를 사용함으로써 말하기를 한층 정교한 구조로 만들었다.
② 인간은 쓰기를 통해서 정확한 말을 사용한 텍스트의 생산과 소통이 가능하게 되었다.
③ 인간은 쓰기를 통해 지시 체계의 복잡성을 기록함으로써 말하기와 사고의 변화를 일으킨다.
④ 인간은 정밀하고 복잡한 지시 체계를 통해 시각적 코드를 발명하였다.

02 다음 글의 내용으로 가장 적절한 것은?

> 초고속 네트워크와 스마트기기의 발달은 콘텐츠 소비문화에 많은 변화를 가져왔다. 이제 우리는 시간과 장소의 제약 없이 음악이나 사진, 동영상 등 다채로운 문화 콘텐츠들을 만날 수 있다. 특히 1인 방송의 보편화로 동영상 콘텐츠의 생산과 공유는 더욱 자유로워져 1인 크리에이터라는 새로운 직업이 탄생하고 사회적인 이슈로 떠오르고 있다.
>
> 틱톡은 현재 전 세계에서 가장 주목받고 있는 영상 플랫폼 중에 하나이다. 2017년 정식으로 출시된 이래 2년이 채 되지 않은 짧은 기간 동안 수억 명의 유저들을 끌어 모아 유튜브, 인스타그램, 스냅챗 등 글로벌 서비스들과 경쟁하는 인기 플랫폼으로 성장했다. 특히 작년에는 왓츠앱, 페이스북 메신저, 페이스북에 이어 전세계에서 4번째로 많이 다운로드된 비게임 어플로 기록되어 많은 콘텐츠 크리에이터들을 놀라게 했다. 틱톡이 이토록 빠른 성장세를 보인 비결은 무엇일까? 그 답은 15초로 영상의 러닝타임을 제한한 독특한 아이디어에 있다.
>
> 최근 현대인들의 여가시간이 줄어들면서 짧은 시간 동안 간편하게 문화 콘텐츠를 즐기는 스낵컬처가 각광받고 있다. 틱톡이 보여주는 '15초 영상'이라는 극단적인 형태는 이러한 트렌드를 반영한 것이다. 하지만 틱톡의 폭발적인 인기의 근본은 스낵컬처 콘텐츠의 수요를 공략했다는 데 국한되지 않는다. 틱톡은 1인 미디어 시대가 도래하면서 보다 많은 이들이 자신을 표현하고 싶어 한다는 점에 주목해 누구나 부담 없이 영상을 제작할 수 있는 형태의 솔루션을 개발해냈다. 정형화된 동영상 플랫폼의 틀을 깨고 새로운 장르를 개척했다고도 할 수 있다. 누구나 크리에이터가 될 수 있는 동영상 플랫폼, 틱톡이 탄생함으로서 앞으로의 콘텐츠 시장은 더욱 다채로워질 것이다.

① 1인 미디어의 등장으로 새로운 플랫폼이 생겨나고 있다.

② 많은 1인 크리에이터들이 동영상 플랫폼을 통해 돈을 벌어들이고 있다.

③ 1인 미디어가 인기를 끄는 이유는 양질의 정보를 전달하기 때문이다.

④ 1인 미디어는 문제가 많기 때문에 적절한 규제가 필요하다.

03 다음 글의 내용으로 적절하지 않은 것은?

> 일상 속에서 고된 노동과 함께 친절을 베풀고 있는 아르바이트생들을 흔히 볼 수 있다. 아르바이트생은 돈을 벌기 위해 자신을 낮추며 손님의 요구를 충족시켜야 한다. 공휴일도 없이 자신의 여가를 포기하면서까지 그들은 돈을 벌기 위해 열심히 노동하고 있다.
>
> 아르바이트생은 아르바이트생이라는 이유만으로 겪어야 하는 서러움이 많다. 아르바이트생 대부분은 20대 청년이며 10대 미성년자도 많다. 우리 사회는 과연 이들을 어떤 태도로 대하고 있을까?
>
> 대학을 입학하고 부모님의 노고를 덜기 위해 아르바이트를 시작한 대학생 A씨는 유명 프랜차이즈 카페에서 일을 시작했다. 어느 날 급한 사정으로 인해 가게 사장에게 하루 전날 일을 쉴 수 있냐고 물어봤는데 그 이유만으로 갑작스러운 해고 통지를 받았다. 하지만 일을 그만둔 후 통장잔고를 확인했더니 일한 횟수에 비해 10만 원이나 적은 돈을 받았다. 그래서 사장에게 정당하게 돈을 요구했더니 사장은 "아르바이트 주제에 버르장머리가 없다."며, "더러워서 돈은 주지만 다시는 카페 계열에서 일을 못 할 줄 알아라."라며 협박하고 인격적으로 모독했다.
>
> 또한, 최근 치킨집에서 서빙을 하고 있는 대학생 B씨는 손님에게 성희롱을 당해 가게에 경찰까지 오게 되는 소동을 겪었다. 50대 남성 2명이 가게에서 술을 마시다가 취해 B씨에게 "이리 와서 술을 따라봐라. 맛있는 거 사줄 테니 사귀자."라고 하며 얼굴을 만졌다는 것이다. 이런 일을 당한 후 B씨는 남자에게 혐오감이 들 정도로 스트레스를 받았다고 한다.
>
> 이처럼 아르바이트생들은 고된 물리적 노동과 감정노동을 함께 겪고 있다. 최근 한 음식점에서 손님들의 갑질을 줄이기 위해 알바생들에게 '남의 집 귀한 딸', '남의 집 귀한 아들'이라는 글자가 박힌 티셔츠를 입고 일을 하라고 했다. 그랬더니 놀랍게도 손님들의 태도가 훨씬 친절해졌다고 한다. 이처럼 이들도 누군가에겐 정말로 소중한 사람들인 것이다.
>
> 열심히 일하고 있는 그들에게 말 한마디라도 "감사합니다.", "수고하세요."라는 따뜻한 말을 건넨다면 우리 사회는 더욱 행복해질 것이다.

① 많은 수의 미성년자가 아르바이트를 하고 있다.

② 유명 프랜차이즈에서 아르바이트 할 경우 권리를 보장받을 수 있다.

③ 아르바이트생들은 일을 하다 성추행을 당하기도 한다.

④ 아르바이트생들은 신체적, 정신적 노동을 하고 있다.

04 다음 중 그리스 수학에 대한 내용으로 가장 적절한 것은?

> '20세기 최고의 수학자'로 불리는 프랑스의 장피에르 세르 명예교수는 경북 포항시 효자동에 위치한 포스텍 수리과학관 3층 교수 휴게실에서 '수학이 우리에게 왜 필요한가.'를 묻는 첫 질문에 이같이 대답했다.
> "교수님은 평생 수학의 즐거움, 학문(공부)하는 기쁨에 빠져 있었죠. 후회는 없나요? 수학자가 안 됐으면 어떤 인생을 살았을까요?"
> "내가 굉장히 좋아했던 선배 수학자가 있었어요. 지금은 돌아가셨죠. 그분은 라틴어와 그리스어 등 언어에 굉장히 뛰어났습니다. 그만큼 재능이 풍부했지만 본인은 수학 외엔 다른 일을 안 하셨어요. 나보다 스무 살 위의 앙드레 베유 같은 이는 뛰어난 수학적 재능을 타고 태어났습니다. 하지만 나는 수학적 재능은 없는 대신 호기심이 많았습니다. 누가 써놓은 걸 이해하려 하기보다 새로운 걸 발견하는 데 관심이 있었죠. 남이 이미 해놓은 것에는 별로 흥미가 없었어요. 수학 논문들도 재미있어 보이는 것만 골라서 읽었으니까요."
> "학문이란 과거의 거인들로부터 받은 선물을 미래의 아이들에게 전달하는 일이라고 누군가 이야기했습니다. 그 비유에 대해 어떻게 생각하세요?"
> "학자의 첫 번째 임무는 새로운 것을 발견하려는 진리의 추구입니다. 전달(교육)은 그다음이죠. 우리는 발견한 진리를 혼자만 알고 있을 게 아니라, 출판(Publish : 넓은 의미의 '보급'에 해당하는 원로학자의 비유)해서 퍼트릴 의무를 갖고 있습니다."
> 장피에르 교수는 고대부터 이어져 온 고대 그리스 수학자의 정신을 잘 나타내고 있다고 볼 수 있다. 그가 생각하는 학자에 대한 입장처럼 고대 그리스 수학자들에게 수학과 과학은 사람들에게 새로운 진리를 알려주고 놀라움을 주는 것이었다. 이때의 수학자들에게 수학이라는 학문은 순수한 앎의 기쁨을 깨닫게 해 주는 것이었다. 그래서 고대 그리스에서는 수학을 연구하는 다양한 학파가 등장했을 뿐만 아니라 많은 사람의 연구를 통해 짧은 시간에 폭발적인 혁신을 이룩할 수 있었다.

① 그리스 수학을 연구하는 학파는 그리 많지 않았다.
② 그리스의 수학자들은 학문적 성취보다는 교육을 통해 후대를 양성하는 것에 집중했다.
③ 그리스 수학은 장기간에 걸쳐 점진적으로 발전하였다.
④ 고대 수학자들에게 수학은 새로운 사실을 발견하는 순수한 학문적 기쁨이었다.

05 다음 글의 내용으로 적절하지 않은 것은?

> 많은 사람들은 소비에 대한 경제적 결정을 내리기 전에 가격과 품질을 고려한다. 하지만 이러한 결정은 때로는 소비자가 인식하지 못한 다른 요소에 의해 영향을 받는다. 바로 마케팅과 광고의 효과이다. 광고는 제품이나 서비스에 대한 정보를 전달하는 데 사용되는 매개체로, 소비자의 구매 결정에 큰 영향을 준다.
>
> 마케팅 회사들은 광고를 통해 제품을 매력적으로 보이도록 디자인하고, 소비자들이 해당 제품을 원하도록 만들어 여러 가지 특징들을 강조한다. 예를 들어 소비자가 직면한 문제에 대해 자사의 제품이 효과적인 해결책이라고 제시하거나, 유니크한 디자인, 고급 소재 등을 사용한다고 강조하는 것이다. 이렇게 광고는 소비자들에게 제품에 대한 긍정적인 이미지를 형성하게 하여 구매 욕구를 자극해 제품의 판매량을 증가시키는 데 도움이 된다.
>
> 그러므로 현명한 소비를 하기 위해서는 광고에 의해 형성된 이미지에 속지 않고, 실제 제품의 가치와 품질을 충분히 검토해야 한다. 소비를 함에 있어 광고에만 의존한다면 실제로는 자신에게 필요하지 않은 제품이나 서비스를 마치 꼭 필요한 것처럼 착각하여 제품이나 서비스를 구매하게 될 수도 있다. 따라서 경제적인 결정을 내리기 전에 광고 외에도 가격, 품질, 필요성 등 다양한 요소를 종합적으로 고려해야 한다.

① 판매자는 광고를 통해 자사 제품의 긍정적인 이미지를 만들어 낼 수 있다.

② 광고는 현명한 소비를 함에 있어서 도움이 되지 않는다.

③ 제품을 구입할 때 자신에게 꼭 필요한 물건인지 파악하는 것은 현명하게 소비하는 것이다.

④ 광고는 소비자의 구매 결정에 큰 영향을 준다.

PART 1

02 글의 주제 · 제목

| 유형분석 |

- 주어진 지문을 파악하여 전달하고자 하는 핵심 주제를 고르는 문제이다.
- 정보를 종합하고 중요한 내용을 구별하는 능력이 필요하다.
- 설명문부터 주장, 반박문까지 다양한 성격의 지문이 제시되므로 글의 성격별 특징을 알아두는 것이 좋다.

다음 글의 제목으로 가장 적절한 것은?

모르는 게 약이고 아는 게 병이라는 말은 언제 사용될까? 언제 몰라야 좋은 것이고, 알면 나쁜 것일까? 모든 것을 다 안다고 좋은 것은 아니다. 몰랐으면 아무 문제되지 않았을 텐데 알아서 문제가 발생하는 경우도 많다. 어떤 때는 정확히 알지 않고 어슴푸레한 지식으로 알고 있어서 고통스러운 경우도 있다. 예를 들어 우리가 모든 것을 알고 있으면 행복할까? 손바닥에 수많은 균이 있다는 것을 늘 인식하고 산다면 어떨까? 내가 먹는 음식의 성분들이나 위해성을 안다면 더 행복할까? 물건에서 균이 옮을까봐 다른 사람들이 쓰던 물건을 만지지 않는 사람도 있다. 이런 게 괜히 알아서 생긴 병이다. 흔히 예전에는 이런 경우를 노이로제라고 부르기도 했다.

① 노이로제, 아는 것이 힘이다
② 선무당이 사람 잡는다, 노이로제
③ 모르는 게 약이다, 노이로제
④ 노이로제, 돌다리도 두드려보고 건너라

정답 ③

제시문에서 몰랐으면 아무 문제되지 않았을 텐데 알아서 문제가 발생하는 경우도 있음을 말하며 노이로제에 대해 설명하고 있다. 따라서 제목으로 ③이 적절하다.

풀이 전략!

- 선택지 중 세부적인 내용을 다루고 있는 것은 정답에서 제외시킨다.
- 주제가 되는 글 또는 문단의 앞과 뒤에 핵심어가 오는 경우가 있으므로 먼저 글을 읽어 핵심어를 잡아낸 뒤 중심 내용을 파악할 수 있도록 한다.
- 글의 전체적인 진행 중에 반전이 되는 내용이나 '그런데', '그러나' 등의 접속어가 나온다면 그다음 내용이 중심 내용인 경우가 많다. 따라서 글의 분위기가 반전되는 경우 이에 집중하여 독해한다.

01 다음 글의 중심 내용으로 가장 적절한 것은?

> 우리는 우리가 생각한 것을 말로 나타낸다. 또 다른 사람의 말을 듣고, 그 사람이 무슨 생각을 가지고 있는지를 짐작한다. 그러므로 생각과 말은 서로 떨어질 수 없는 깊은 관계를 가지고 있다.
> 그러면 말과 생각은 얼마만큼 깊은 관계를 가지고 있을까? 이 문제를 놓고 사람들은 오랫동안 여러 가지 생각을 하였다. 그 가운데 가장 두드러진 것이 두 가지 있다. 그 하나는 말과 생각이 서로 꼭 달라붙은 쌍둥이인데 한 놈은 생각이 되어 속에 감추어져 있고 다른 한 놈은 말이 되어 사람 귀에 들리는 것이라는 생각이다. 다른 하나는 생각이 큰 그릇이고 말은 생각 속에 들어가는 작은 그릇이어서 생각에는 말 이외에도 다른 것이 더 있다는 생각이다.
> 이 두 가지 생각 가운데서 앞의 것은 조금만 깊이 생각해 보면 틀렸다는 것을 즉시 깨달을 수 있다. 우리가 생각한 것은 거의 대부분 말로 나타낼 수 있지만, 누구든지 가슴 속에 응어리진 어떤 생각이 분명히 있기는 한데 그것을 어떻게 말로 표현해야 할지 애태운 경험을 가지고 있을 것이다. 이것 한 가지만 보더라도 말과 생각이 서로 안팎을 이루는 쌍둥이가 아님은 쉽게 판명된다.
> 인간의 생각이라는 것은 매우 넓고 큰 것이며 말이란 결국 생각의 일부분을 주워 담는 작은 그릇에 지나지 않는다. 그러나 아무리 인간의 생각이 말보다 범위가 넓고 큰 것이라고 하여도 그것을 가능한 한 말로 바꾸어 놓지 않으면 그 생각의 위대함이나 오묘함이 다른 사람에게 전달되지 않기 때문에 말의 신세를 지지 않을 수가 없게 되어 있다. 그러니까 말을 통하지 않고는 생각을 전달할 수가 없는 것이다.

① 말은 생각의 폭을 확장시킨다.
② 말은 생각을 전달하기 위한 수단이다.
③ 생각은 말이 내면화된 쌍둥이와 같은 존재이다.
④ 말은 생각의 하위요소이다.

02 다음 글의 주제로 가장 적절한 것은?

빅데이터는 스마트 팩토리 등 산업 현장 및 ICT 소프트웨어 설계 등에 주로 활용되어 왔다. 유통이나 물류 업계의 '콘텐츠가 대량으로 이동하는 현장'에서는 데이터가 발생하면, 이를 분석하고 활용하는 쪽으로 주로 사용됐다. 이제는 다양한 영역에서 빅데이터의 적용이 빨라지고 있다. 대표적인 사례가 금융권이다. 국내의 은행들은 현재 빅데이터 스타트업 회사를 상대로 대규모 투자에 나서고 있다. 뉴스와 포털 등 현존하는 데이터를 확보하여 금융 키워드 분석에 활용하기 위해서다. 의료업계도 마찬가지다. 정부는 바이오헬스 산업의 혁신전략을 통해 연구개발 투자를 2025년까지 4조 원 이상으로 확대하겠다고 밝혔으며, 빅데이터와 인공 지능 등을 연계한 다양한 로드맵을 준비하고 있다. 벌써 의료 현장에 빅데이터 전략을 구사하고 있는 병원도 다수이다. 국세청도 빅데이터에 관심이 많다. 빅데이터 플랫폼 인프라 구축을 끝내는 한편, 50명 규모의 빅데이터 센터를 가동하기 시작했다. 조세 행정에서 빅데이터를 통해 탈세를 예방・적발하는 등 다양한 쓰임새를 고민하고 있다.

① 빅데이터의 정의와 장・단점
② 빅데이터의 종류
③ 빅데이터의 중요성
④ 빅데이터의 다양한 활용 방안

03 다음 글의 제목으로 가장 적절한 것은?

우리는 비극을 즐긴다. 비극적인 희곡과 소설을 즐기고, 비극적인 그림과 영화 그리고 비극적인 음악과 유행가도 즐긴다. 슬픔, 애절, 우수의 심연에 빠질 것을 알면서도 소포클레스의 『안티고네』, 셰익스피어의 『햄릿』을 찾고, 베토벤의 '운명', 차이코프스키의 '비창', 피카소의 '우는 연인'을 즐긴다. 아니면 텔레비전의 멜로드라마를 보고 값싼 눈물이라도 흘린다. 이를 동정과 측은과 충격에 의한 '카타르시스', 즉 마음의 세척으로 설명한 아리스토텔레스의 주장은 유명하다. 그것은 마치 눈물로 스스로의 불안, 고민, 고통을 씻어내는 역할을 한다는 것이다.

니체는 좀 더 심각한 견해를 갖는다. 그는 "비극은 언제나 삶에 아주 긴요한 기능을 가지고 있다. 비극은 사람들에게 그들을 싸고도는 생명 파멸의 비운을 똑바로 인식해야 할 부담을 덜어주고, 동시에 비극 자체의 암울하고 음침한 원류에서 벗어나게 해서 그들의 삶의 흥취를 다시 돋우어 준다."라고 하였다. 그런 비운을 직접 전면적으로 목격하는 일, 또 더구나 스스로 직접 그것을 겪는 일이라는 것은 너무나 끔찍한 일이기에, 그것을 간접경험으로 희석한 비극을 봄으로써 '비운'이란 그런 것이라는 이해와 측은지심을 갖게 되고, 동시에 실제 비극이 아닌 그 가상적인 환영(幻影) 속에서 비극에 대한 안도감도 맛보게 된다.

① 비극의 현대적 의의
② 비극에 반영된 삶
③ 비극의 기원과 역사
④ 비극을 즐기는 이유

04 다음 글의 주제로 가장 적절한 것은?

의식주는 사람이 생활하는 데 필수적인 세 가지 요소이다. 이 세 가지 요소는 경제 변동과 무관하게 항상 이루어져야 한다. 이 중에서 주는 항상 이루어져야 함에도 불구하고 우리나라에서 많은 자본이 필요하며, 경제 변동에 매우 민감하게 반영되곤 한다.
2021년 낮아진 금리로 인해 많은 사람들, 특히 사회초년생인 20 ~ 30대는 여러 곳으로부터 돈을 최대한 빌리는 이른바 '영끌'을 통해 집을 마련하였다. 낮은 금리로 인해 마땅히 투자를 할 곳이 없었기 때문에 부동산에 투자한 것일 수도 있지만, 대부분의 사회초년생들은 '렌트푸어'가 되느냐, '하우스푸어'가 되느냐의 양자택일에 놓였기 때문에 영끌을 통해 집을 마련하였다.
렌트푸어란 급등하는 전셋값을 감당하기 위해 돈을 빌려 이를 상환하는 데 소득의 대부분을 지출하여 여유 없이 사는 사람들을 의미한다. 반면 하우스푸어는 집을 구매하기 위해 돈을 빌려 이를 상환하는 데 소득의 대부분을 지출하는 사람들이다. 비슷해 보이지만 렌트푸어는 집을 가지지 못해 가난하게 사는 사람이고, 하우스푸어는 집을 가져서 가난하게 사는 사람이다. 2030 청년들 입장에서는 전세를 구하기 위해 돈을 빌리나, 집을 사기 위해 돈을 빌리나 똑같이 많은 빚을 지게 되는 것이고, 당시에는 역전세 등 전셋값이나 매매값이나 큰 차이가 나지 않았고, 부동산 가격이 계속 상승세였으며, 금리 또한 낮았기 때문에 많은 사람들이 영끌이라는 선택을 한 것이다.
그러나 최근 기준금리가 상승하면서 영끌을 했던 2030 청년들은 그야말로 공포에 떨고 있다. 많은 돈을 빌려 산 집의 가격은 떨어지고 있으며, 금리 인상으로 인해 은행에 지불하는 이자는 천정부지로 뛰었기 때문이다. 집을 팔자니 이미 수억의 손해를 보았으며, 가만히 놔두자니 늘어난 이자가 거대한 부담으로 다가오고 있다. 이로 인해 청년 부채는 지속적으로 증가하고 있으며, 경제 주체로서 자산을 형성하는 데 큰 어려움을 겪고 있다.

① 사회초년생의 자산 현황
② 부동산 시장의 변동 원인
③ 2030 영끌의 이유
④ 사람이 생활하는 데 필요한 필수적인 요소

대표기출유형

03 문단 나열

| 유형분석 |

- 각 문단 또는 문장의 내용을 파악하고 논리적 순서에 맞게 배열하는 복합적인 문제이다.
- 전체적인 글의 흐름을 이해하는 것이 중요하며, 각 문장의 지시어나 접속어에 주의한다.

다음 문단을 논리적 순서대로 바르게 나열한 것은?

(가) 이글루가 따듯해질 수 있는 원리를 과정에 따라 살펴보면, 먼저 눈 벽돌로 이글루를 만든 후에 이글루 안에서 불을 피워 온도를 높인다.
(나) 에스키모 하면 연상되는 것 중의 하나가 이글루이다.
(다) 이 과정을 반복하면서 눈 벽돌집은 얼음집으로 변하게 되며, 눈 사이에 들어 있던 공기는 빠져나가지 못하고 얼음 속에 갇히게 되면서 내부가 따듯해진다.
(라) 이글루는 눈을 벽돌 모양으로 잘라 만든 집임에도 불구하고 사람이 거주할 수 있을 정도로 따듯하다.
(마) 온도가 올라가면 눈이 녹으면서 벽의 빈틈을 메워 주고 어느 정도 눈이 녹으면 출입구를 열어 물이 얼도록 한다.

① (나) – (라) – (가) – (마) – (다)
② (나) – (라) – (다) – (마) – (가)
③ (라) – (나) – (다) – (마) – (가)
④ (라) – (다) – (나) – (가) – (마)

정답 ①

제시문은 이글루가 따듯해질 수 있는 원리에 대해 설명하고 있다. 따라서 (나) 에스키모는 이글루를 연상시킴 – (라) 이글루는 눈으로 만든 집임에도 불구하고 따듯함 – (가) 눈 벽돌로 이글루를 만들고 안에서 불을 피움 – (마) 온도가 올라가면 눈이 녹으면서 벽의 빈틈을 메우고 눈이 녹으면 출입구를 열어 물을 얼림 – (다) 이 과정을 반복하면서 눈 벽돌집은 얼음집으로 변하여 내부가 따듯해짐 순서로 연결되어야 한다.

풀이 전략!

- 각 문단에 위치한 지시어와 접속어를 살펴본다. 문두에 접속어가 오거나 문장 중간에 지시어가 나오는 경우 첫 번째 문단이 될 수 없다.
- 각 문단의 첫 문장과 마지막 문장에 집중하면서 글의 순서를 하나씩 맞춰 나간다.
- 선택지를 참고하여 문단의 순서를 생각해 보는 것도 시간을 단축하는 좋은 방법이 될 수 있다.

대표기출유형 03 기출응용문제

※ 다음 문단을 논리적 순서대로 바르게 나열하시오. [1~2]

01

(가) 하지만 영화를 볼 때 소리를 없앤다면 어떤 느낌이 들까? 아마 내용이나 분위기, 인물의 심리 등을 파악하기 힘들 것이다. 이런 점을 고려할 때 영화 속 소리는 영상과 분리해서 생각할 수 없는 필수 요소라고 할 수 있다. 소리는 영상 못지않게 다양한 기능이 있기 때문에 현대 영화감독들은 영화 속 소리를 적극적으로 활용하고 있다.

(나) 이와 같이 영화 속 소리는 다양한 기능을 수행하기 때문에 영화의 예술적 상상력을 빼앗는 것이 아니라 오히려 더 풍부하게 해 준다. 그래서 현대 영화에서 소리를 빼고 작품을 완성한다는 것은 생각하기 어려운 일이 되었다.

(다) 영화의 소리에는 대사, 음향 효과, 음악 등이 있으며, 이러한 소리들은 영화에서 다양한 기능을 수행한다. 우선, 영화 속 소리는 다른 예술 장르의 표현 수단보다 더 구체적이고 분명하게 내용을 전달하는 데 도움을 줄 수 있다. 그리고 줄거리 전개에 도움을 주거나 작품의 상징적 의미를 전달할 뿐만 아니라 주제 의식을 강조하는 역할을 하기도 한다. 또 영상에 현실감을 줄 수 있으며, 영상의 시공간적 배경을 확인시켜 주는 역할도 한다. 또한 영화 속 소리는 영화의 분위기를 조성하고 인물의 내면 심리도 표현할 수 있다.

(라) 유성영화가 등장했던 1920년대 후반에 유럽의 표현주의나 형식주의 감독들은 영화 속의 소리에 대한 부정적인 견해가 컸다. 그들은 가장 영화다운 장면은 소리 없이 움직이는 그림으로만 이루어진 장면이라고 믿었다. 그래서 그들은 영화 속 소리가 시각 매체인 영화의 예술적 효과와 영화적 상상력을 빼앗을 것이라고 내다보았다.

① (다) – (가) – (라) – (나)
② (다) – (라) – (가) – (나)
③ (라) – (가) – (다) – (나)
④ (라) – (다) – (가) – (나)

02

(가) 이러한 특징은 구엘 공원에 잘 나타나 있는데, 산의 원래 모양을 최대한 유지하기 위해 지면을 받치는 돌기둥을 만드는가 하면, 건축물에 식물을 심어 그 뿌리로 하여금 무너지지 않게 했다.

(나) 스페인을 대표하는 천재 건축가 가우디가 만든 건축물의 대표적인 특징을 꼽자면, 먼저 곡선을 들 수 있다. 그의 여러 건축물 중 곡선미가 가장 잘 나타나는 것은 바로 1984년 유네스코 세계문화유산으로 지정된 까사 밀라이다.

(다) 또 다른 특징으로는 자연과의 조화로, 그는 건축 역시 사람들이 살아가는 공간이자 자연의 일부라고 생각하여 가능한 자연을 훼손하지 않고 건축하는 것을 원칙으로 삼았다.

(라) 이 건축물의 겉면에는 일렁이는 파도를 연상시키는 곡선이 보이는데, 이는 당시 기존 건축양식과는 거리가 매우 멀어 처음엔 조롱거리가 되었다. 하지만 훗날 비평가들은 그의 창의성을 인정하게 됐고 현대 건축의 출발점으로 지금까지 평가되고 있다.

① (가) – (나) – (라) – (다)
② (가) – (다) – (나) – (라)
③ (나) – (라) – (가) – (다)
④ (나) – (라) – (다) – (가)

04 빈칸 삽입

| 유형분석 |

- 주어진 지문을 바탕으로 빈칸에 들어갈 내용을 찾는 문제이다.
- 선택지의 내용을 정확하게 확인하고 빈칸 앞뒤 문맥을 파악하는 능력이 필요하다.

다음 글의 빈칸에 들어갈 내용으로 가장 적절한 것은?

자율주행차란 운전자가 핸들과 가속페달, 브레이크 등을 조작하지 않아도 정밀한 지도, 위성항법시스템(GPS) 등 차량의 각종 센서로 상황을 파악해 스스로 목적지까지 찾아가는 자동차를 말한다. 국토교통부는 자율주행차의 상용화를 위해 '부분자율주행차(레벨 3)' 안전기준을 세계 최초로 도입했다고 밝혔다. 이에 따라 7월부터는 자동으로 차로를 유지하는 기능이 탑재된 레벨 3 자율주행차의 출시와 판매가 가능해진다. 국토부가 마련한 안전기준에 따르면 레벨 3 부분자율주행차는 운전자 탑승이 확인된 후에만 작동할 수 있다. 자동 차로 유지기능은 운전자가 직접 운전하지 않아도 자율주행시스템이 차선을 유지하면서 주행하고 긴급 상황 등에 대응하는 기능이다. 기존 '레벨 2'는 차로 유지기능을 작동했을 때 차량이 차선을 이탈하면 경고 알람이 울리는 정도여서 운전자가 직접 운전을 해야 했지만, 레벨 3 안전기준이 도입되면 지정된 작동영역 안에서는 자율주행차의 책임 아래 ____________________

① 운전자가 탑승하지 않더라도 자율주행이 가능해진다.
② 운전자가 직접 조작하지 않더라도 자동으로 속도 조절이 가능해진다.
③ 운전자가 운전대에서 손을 떼고도 차로를 유지하며 자율주행이 가능해진다.
④ 운전자가 직접 조작하지 않더라도 차량 간 일정한 거리 유지가 가능해진다.

정답 ③

차로 유지기능을 작동했을 때 운전자가 직접 운전을 해야 했던 '레벨 2'와 달리 '레벨 3'은 운전자가 직접 운전하지 않아도 긴급 상황에 대응할 수 있는 자동 차로 유지기능이 탑재되어 있다. 이러한 '레벨 3' 안전기준이 도입된다면, 지정된 영역 내에서 운전자가 직접 운전하지 않고도 주행이 가능해질 것이다. 따라서 빈칸에 들어갈 내용으로 운전자가 운전대에서 손을 떼고도 자율주행이 가능해진다는 ③이 가장 적절하다.

오답분석

① 레벨 3 부분자율주행차는 운전자 탑승이 확인된 후에만 작동할 수 있다.
②·④ 제시문에서는 레벨 3 부분자율주행차의 자동 차로 유지기능에 관해 이야기하고 있으며, 자동 속도 조절이나 차량 간 거리 유지기능에 관해서는 제시문을 통해 알 수 없다.

풀이 전략!

- 제시문의 전체적인 내용을 우선적으로 판단하고 글의 흐름과 맞지 않는 선택지를 먼저 제거한다.
- 빈칸의 앞뒤 문장에 있는 키워드와 지시어, 접속어 사이의 관계를 판단한다.

대표기출유형 04 기출응용문제

01 다음 글의 빈칸에 들어갈 내용으로 적절하지 않은 것은?

> 유럽의 도시들을 여행하다 보면 여기저기서 벼룩시장이 열리는 것을 볼 수 있다. 벼룩시장에서 사람들은 낡고 오래된 물건들을 보면서 추억을 되살린다. 유럽 도시들의 독특한 분위기는 오래된 것을 쉽게 버리지 않는 이런 정신이 반영된 것이다.
> 영국의 옥스팜(Oxfam)이라는 시민단체는 헌옷을 수선해 파는 전문 상점을 운영하여, 그 수익금으로 제3세계를 지원하고 있다.
> 땀과 기억이 배어있는 오래된 물건은 ______________________ 선물로 받아서 10년 이상 써 온 손때 묻은 만년필을 잃어버렸을 때 느끼는 상실감은 새 만년필을 산다고 해서 사라지지 않는다. 그것은 그 만년필이 개인의 오랜 추억을 담고 있는 증거물이자 애착의 대상이 되었기 때문이다. 그러기에 실용성과 상관없이 오래된 것은 그 자체로 아름답다.

① 경제적 가치는 없지만 그것만이 갖는 정서적 가치를 지닌다.
② 자신만의 추억을 위해 간직하고 싶은 고유한 가치를 지닌다.
③ 실용적 가치만으로 따질 수 없는 보편적 가치를 지닌다.
④ 새로운 상품이 대체할 수 없는 심리적 가치를 지닌다.

PART 1

※ 다음 글의 빈칸에 들어갈 내용으로 가장 적절한 것을 고르시오. [2~3]

02

학생 : 오늘은 철학을 담당하고 계신 홍길동 선생님을 모시고 말씀을 나눠보도록 하겠습니다. 선생님, 안녕하십니까?

교사 : 안녕하세요.

학생 : 저희 학생들은 대개 철학을 실제 생활과 별 관계가 없다고 생각합니다. 철학 수업 내용도 어렵다고 생각하고요.

교사 : 보통 학생들은 철학을 자신과 관계가 없고 어려운 것이라 생각합니다. 하지만 사실은 그렇지 않아요. 여러분들은 철학을 하고 있어요. 학생들은 사춘기를 맞아 많은 고민을 하고 있죠. 어른이 되기 위한 관문을 통과하는 의례라고도 할 수 있습니다. 이 시기에는 삶에 대해서 진지하게 생각하는 모습을 볼 수 있습니다. 삶이란 무엇인지, 어떻게 살 것인지, 장래 무엇을 할 것인지 등에 대해 고민하고, 친구와 대화를 나누기도 하고, 책을 읽어 보기도 하죠. 이런 행위들이 바로 철학을 하는 것입니다. 그런데 나이가 들면서 생활에 매달리다 보면 이런 고민을 사치라고 생각하는 사람이 많아집니다. 그렇지만 이런 생각은 철학을 잘못 이해하기 때문에 생긴 겁니다.

학생 : 좀 더 구체적으로 말씀해 주세요.

교사 : '나무는 보고 숲은 보지 못한다.'라는 말은 들어 봤죠? 물론 그 뜻도 알고 있겠습니다마는, 부분만을 봐서는 안 되고 전체를 봐야 한다는 뜻이죠. 그런데 이런 교훈은 일상생활에서 나온 겁니다. 살아가면서 얻은 교훈을 비유적으로 표현한 것이죠. ____________
철학은 이처럼 단편적인 사실들이 서로 어떤 관계에 있는가를 주목하는 겁니다. 우리는 살아가는 과정에서 순간순간 선택을 하기 위해 생각을 하게 되죠? 우리는 바로 이런 장면에서 철학을 하는 겁니다. 선택의 기준은 자신의 생활신조이고요, 이 신조는 우리의 생활체험 속에서 스스로 얻은 것이고요.

① 나무는 각각 그 자체로 의미가 있는 것입니다.

② 숲을 이루는 나무는 전체적으로 통일되어 있어요.

③ 나무는 다른 나무와 관계를 가지면서 숲을 이루고 있어요.

④ 전체의 의미가 중요하기에 나무보다는 숲을 봐야 하지요.

03

글은 회사에서 쓰는 보고서, 제안서, 품의서, 기획안, 발표문, 홍보문과 학창시절 써야 하는 자기소개서, 과제 리포트, 그리고 서평, 기행문 등 종류가 많다.
글을 쓸 때 가장 중요한 것은 독자가 무엇을 기대하는지 파악하는 것이다. 따라서 글에서 무엇을 알고 싶어 하는지, 무엇을 줘야 독자가 만족할 것인지를 파악하는 것이 중요하다. 독자가 무엇을 원하는지 안다는 것은 글을 어떻게 써야 하는지 아는 것이다. 그러나 대부분 이를 소홀히 한다. 글에 있어서 무게중심은 읽는 사람이 아니라, 쓰는 사람에게 있다. '내가 많이 알고 있는 것처럼 보여야겠다, 내가 글을 잘 쓰는 것처럼 보여야겠다.' 라는 생각이 앞설수록 중언부언하게 되고, 불필요한 수식어와 수사법을 남발한다. 이때 독자는 헷갈리고 화가 나게 된다.
독자에게 필요한 것은 글이 자신에게 전하고자 하는 내용이 무엇인가 하는 것이다. 그리고 그 전하고자 하는 내용이 자신에게 어떤 도움을 주는가 하는 것이다. 모르던 것을 알게 해주는지, 새로운 관점과 해석을 제공해주는지, 통찰을 주는지, 감동을 주는지, 하다못해 웃음을 주는지 하는 것이다. 예를 들어 자기소개서를 읽었는데, 그 사람이 어떤 사람인지 확연히 그려지면 합격이다. 제안서를 읽고 제안한 내용에 관해 확신이 들면 성공이다.
그렇다면 글은 어떻게 써야 할까? 방법은 간단하다. 먼저 구어체로 쓰는 것이다. 그래야 읽는 사람이 말을 듣듯이 편하게 읽는다. 눈으로 읽는 것 같지만 독자는 스스로 소리 내 귀로 듣는다. 구어체로 쓰기 위해서는 누군가를 만나 먼저 말해보는 것이 중요하다. "내가 무슨 글을 써야 하는데, 주로 이런 내용이야." 이렇게 말하다 쓸거리가 정리될 뿐만 아니라 없던 생각도 새롭게 생겨난다. 그리고 말할 때 느낌이 글에서 살아난다.
글을 쓸 때도 독자를 앞에 앉혀놓고 써야 한다. 독자는 구체적으로 한 사람 정해놓고 쓰는 게 좋다. 연애편지 쓰는 것처럼. 그러면 그 사람의 목소리를 들으며 쓸 수 있다. '아, 됐고 결론이 뭐야?' 또는 '다짜고짜 무슨 말이야, 좀 쉽게 설명해봐.' 뭐 이런 소리 말이다.
__________________________ 대상이 막연하지 않기 때문에 읽는 사람이 공감할 확률이 높아진다. 나를 위해 무언가를 전해주려고 노력한다는 것을 느끼면서 고마워한다. 말을 심하게 더듬는 사람이 내게 무엇인가를 전해주려고 노력하는 모습을 상상해보라. 그런 진심이 전해지면 된다. 글을 유려하게 잘 쓰고 박식한 것보다 더 독자의 심금을 울린다. 글에도 표정과 느낌이 있다. 독자를 위하는 마음으로 쓰면 그 마음이 전해진다.

① 무엇이 틀렸는지 알고 잘 고쳐 쓰면 된다.
② 독자를 정해놓고 쓰면 진정성이 살아난다.
③ 독자에게 주는 것이 없으면 백전백패다.
④ 글을 일정한 시간, 장소에서 습관적으로 쓰라.

PART 1

대표기출유형

05 문서 작성 · 수정

| 유형분석 |

- 기본적인 어휘력과 어법에 대한 지식을 필요로 하는 문제이다.
- 글의 내용을 파악하고 문맥을 읽을 줄 알아야 한다.

다음 상황에서 C팀장이 D부장에게 제출한 문서의 종류로 가장 적절한 것은?

> B사업의 시행을 담당하고 있는 A사원은 업무 진행 과정에서 B사업과 관련된 특이 사항을 발견하였다. 사안의 중대성을 깨닫고 혼자서 해결하기 어렵다고 생각한 A사원은 C팀장에게 이를 보고하였다. C팀장은 문제를 해결하기 위한 방안을 문서로 작성하여 결재권자인 D부장에게 제출하였다.

① 결의서
② 품의서
③ 기안서
④ 기획서

정답 ③

기안서는 어떤 문제를 해결하기 위한 방안을 작성하여 결재권자에게 의사 결정을 요청하는 문서이다.
한편, 품의서는 특정 사안에 대하여 결재권자의 승인을 요청하는 문서이다. 즉, 기안서를 통해 상사의 결재를 받았다면, 이를 실행하기 위해서는 구체적인 내용의 품의서를 작성하여야 한다.

오답분석

① 결의서 : 구성원이 안건에 대한 수행을 목적으로 의사결정을 한 것이 결의이며, 결의한 내용을 기록한 문서가 결의서이다.
② 품의서 : 어떠한 일의 집행을 시행하기에 앞서 결재권자에게 구체적인 사안을 승인해 줄 것을 요청하는 문서이다.
④ 기획서 : 담당자가 아이디어 등을 의뢰인이나 상사에게 제출할 목적으로 작성하는 문서이다.

풀이 전략!

문장에서 주어와 서술어의 호응 관계가 적절한지 주어와 서술어를 찾아 확인해 보는 연습을 하며, 문서 작성의 원칙과 주의사항은 미리 알아 두는 것이 좋다.

대표기출유형 05 기출응용문제

01 다음 글에서 밑줄 친 ㉠~㉣의 수정 방안으로 적절하지 않은 것은?

> 조직문화란 조직 구성원들이 공유하는 가치체계・신념체계・사고방식의 복합체를 말한다. 조직문화는 조직 구성원들에게 정체성과 집단적 몰입(Collective Commitment)을 가져오며, 조직체계의 안정성과 조직 구성원들의 행동을 형성하는 기능을 ㉠ 수행할 것이다.
> 따라서 어느 조직사회에서나 조직 구성원들에게 소속감을 부여하고 화합을 도모하여 조직생활의 활성화를 ㉡ 기하므로 여러 가지 행사를 마련하게 되는데, 예컨대 본 업무 외에 회식・야유회(MT)・체육대회・문화행사 등의 진행이 그것이다.
> 개인이 규범・가치・습관・태도 등에서 ㉢ 공통점이 느껴지고 동지 의식을 가지며 애착・충성의 태도로 임하는 집단을 내집단(In-group)이라고 한다. 가족・친구・국가・민족 등이 이에 해당한다. 반면에 타인・타국 등 다른 문화를 가진 집단을 외집단(Out-group)이라고 부른다. 조직 구성원 간의 단합을 ㉣ 도모함으로써 조직의 정체성과 집단적 몰입을 꾀하는 조직문화는 곧 조직의 내집단 의식 고취를 목적으로 한다고 할 수 있다.

① ㉠ : 미래・추측의 의미가 아니므로 '수행한다'로 수정한다.
② ㉡ : 문맥을 고려하여 '기하기 위해'로 수정한다.
③ ㉢ : 문장 중간에 동작 표현이 바뀌어 어색하므로 '공통점을 느끼고'로 수정한다.
④ ㉣ : 문장의 부사어로 사용되고 있으므로 '도모함으로서'로 수정한다.

02 다음 〈보기〉는 문서의 종류에 따른 문서 작성법이다. (가)~(라) 문서의 종류가 바르게 연결된 것은?

> 보기
> (가) 상품이나 제품에 대해 정확하게 기술하기 위해서는 가급적 전문용어의 사용을 삼가고 복잡한 내용은 도표화한다.
> (나) 대외문서이고, 장기간 보관되는 문서이므로 정확하게 기술해야 하며, 한 장에 담아내는 것이 원칙이다.
> (다) 보통 업무 진행 과정에서 쓰는 경우가 대부분이므로 무엇을 도출하고자 했는지 핵심내용을 구체적으로 제시한다. 이때, 간결하고 핵심적인 내용의 도출이 우선이므로 내용의 중복을 피해야 한다.
> (라) 상대가 요구하는 것이 무엇인지 고려하여 설득력을 갖추어야 하며, 제출하기 전에 충분히 검토해야 한다.

	(가)	(나)	(다)	(라)
①	공문서	보고서	설명서	기획서
②	공문서	기획서	설명서	보고서
③	설명서	공문서	기획서	보고서
④	설명서	공문서	보고서	기획서

대표기출유형

06 맞춤법 · 어휘

| 유형분석 |

- 맞춤법에 맞는 단어를 찾거나 주어진 지문의 내용에 어울리는 단어를 찾는 문제가 주로 출제된다.
- 외래어와 관련된 문제가 출제되므로 다양한 단어의 뜻과 표기법을 함께 학습하는 것이 좋다.
- 자주 출제되는 단어나 헷갈리는 단어에 대한 학습을 꾸준히 하는 것이 좋다.

다음 제시된 '데'의 쓰임과 바르게 연결되지 않은 것은?

〈'데'의 쓰임〉

㉠ 과거 어느 때에 직접 경험하여 알게 된 사실을 현재의 말하는 장면에 그대로 옮겨 와서 말함을 나타내는 종결 어미

㉡ 뒤 절에서 어떤 일을 설명하거나 묻거나 시키거나 제안하기 위하여 그 대상과 상관되는 상황을 미리 말할 때에 쓰는 연결 어미

① ㉠ : 내가 어릴 때 살던 곳은 아직 그대로던데.
② ㉠ : 그 친구는 발표를 정말 잘하던데.
③ ㉡ : 그를 설득하는 데 며칠이 걸렸다.
④ ㉡ : 가게에 가는데 뭐 사다 줄까?

정답 ③

③의 ㉡은 아닌 '일'이나 '것'의 뜻을 나타내는 의존명사인 '데'가 사용되었다.

풀이 전략!

문제에서 물어보는 단어를 정확히 확인해야 하고, 문제에서 다루고 있는 단어의 앞뒤 내용을 읽고 글의 전체적 흐름을 생각하며 문제에 접근해야 한다.

대표기출유형 06 기출응용문제

01 다음 중 사이시옷이 잘못 쓰인 것은?

① 위쪽 ② 나룻배

③ 횟가루 ④ 귓밥

02 다음 글의 빈칸에 들어갈 알맞은 접속어는?

> 문학이 보여주는 세상은 실제의 세상 그 자체가 아니며, 실제의 세상을 잘 반영하여 작품으로 빚어 놓은 것이다. ______ 문학 작품 안에 있는 세상이나 실제로 존재하는 세상이나 그 본질에서는 다를 바가 없다.

① 그러나 ② 그렇게

③ 그리고 ④ 더구나

03 다음 빈칸에 들어갈 단어의 표기가 바른 것끼리 연결된 것은?

> • 성준이는 수업 시간에 ㉠ 딴생각 / 딴 생각을 많이 하는 편이다.
> • 그는 내가 ㉡ 사사받은 / 사사한 교수님이다.
> • 궂은 날씨로 인해 기대했던 약속이 ㉢ 파토 / 파투났다.

	㉠	㉡	㉢
①	딴생각	사사받은	파토
②	딴생각	사사한	파투
③	딴 생각	사사받은	파투
④	딴 생각	사사한	파토

07 경청 · 의사 표현

| 유형분석 |

- 주로 특정 상황을 제시한 뒤 올바른 경청이나 의사 표현 방법을 묻는 형태의 문제이다.
- 경청과 관련한 이론에 대해 묻거나 몇 개의 대화문 중에서 올바른 경청 자세로 이루어진 것을 고르는 유형으로 출제된다.

다음 〈보기〉의 갑 ~ 정 4명 중 올바른 경청 방법을 보인 사람을 모두 고르면?

보기

- 자신의 잘못에 대해 상사가 나무라자 갑은 고개를 숙이고 바닥만 응시하다가 상사의 말이 다 끝나자 잘못하였다고 말하였다.
- 을은 후배가 자신의 생각에 반대하는 의견을 말하자 다리를 꼬고 앉아 후배를 말하는 내내 쳐다봤다.
- 병은 바쁘게 일하는 나머지 동료 직원이 다가와 도움을 요청한 소리를 제대로 못들어 동료 직원에게 상체를 기울여 다시 말해줄 것을 요청하였다.
- 회사 주가가 연일 하락해 심란한 나머지 자리에 앉지 못하는 대표 정에게 직원이 면담을 요청하자 정은 자리에 앉았다.

① 갑, 병 ② 갑, 정
③ 을, 병 ④ 병, 정

정답 ④

- 병 : 병은 상대방을 향하여 상체를 기울여 다가앉는 자세를 취함으로써 자신이 열심히 들을 것이라는 것을 강조하였다. 따라서 올바른 경청 방법으로 볼 수 있다.
- 정 : 정은 현재 심란한 상황이지만, 직원의 말을 경청하기 위해 비교적 편안한 자세를 취했으므로 올바른 경청 방법으로 볼 수 있다.

오답분석

- 갑 : 상대방의 말에 경청을 할 때에는 상대와 정면으로 눈을 마주치는 자세가 필요하다. 따라서 상대방과의 눈을 피해 바닥을 보는 갑의 행동은 올바른 경청 방법이 아니다.
- 을 : 손이나 다리를 꼬지 않는 자세는 개방적 자세로 상대에게 마음을 열어 놓고 있다는 표시이다. 하지만 을의 다리를 꼬고 앉아 있는 행동은 자신의 의견에 반대한 후배에게 마음을 열어 놓고 경청하고 있다고 보기 어렵다.

풀이 전략!

별다른 암기 없이도 풀 수 있는 문제가 대부분이지만, 올바른 경청을 방해하는 요인이나 경청훈련 등에 대한 내용은 미리 숙지하고 있는 것이 좋다.

대표기출유형 07 기출응용문제

01 ○○회사의 J과장은 미숙한 의사소통으로 인해 동료들 사이에서 사소한 문제들을 일으키고 있다. J과장이 자신의 의사소통능력을 개발하기 위해 다음과 같이 계획했을 때, 개발 방법으로 적절하지 않은 것은?

〈의사소통능력 개발 계획〉

㉠ 나의 행동이 상대방의 행동에 어떤 영향을 미치고 있는가에 대하여 솔직하게 알려줄 것을 요청하자.
㉡ 상대방의 의견을 들을 때는 상대방이 사용하는 각각의 어휘를 들으려고 노력하자.
㉢ 상대방의 입장에서 생각하려고 노력하면서 상대방의 이야기를 주의 깊게 경청하자.
㉣ 언제 어디서든지 항상 메모하는 습관을 기르자.

① ㉠
② ㉡
③ ㉢
④ ㉣

02 다음 중 바람직한 경청 방법으로 가장 적절한 것은?

① 상대의 말에 대한 원활한 대답을 위해 상대의 말을 들으면서 미리 대답할 말을 준비한다.
② 대화내용에서 상대방의 잘못이 드러나는 경우, 교정을 위해 즉시 비판적인 조언을 해준다.
③ 상대의 말을 모두 들은 후에 적절한 행동을 하도록 한다.
④ 상대가 전달할 내용에 대해 미리 짐작하여 대비한다.

PART 1

CHAPTER 02

수리능력

합격 CHEAT KEY

수리능력은 사칙 연산 · 통계 · 확률의 의미를 정확하게 이해하고 이를 업무에 적용하는 능력으로, 기초 연산과 기초 통계, 도표 분석 및 작성의 문제 유형으로 출제된다. 수리능력 역시 채택하지 않는 공사 · 공단이 거의 없을 만큼 필기시험에서 중요도가 높은 영역이다.

특히, 난도가 높은 공사 · 공단의 시험에서는 도표 분석, 즉 자료 해석 유형의 문제가 많이 출제되고 있고, 응용 수리 역시 꾸준히 출제하는 공사 · 공단이 많기 때문에 기초 연산과 기초 통계에 대한 공식의 암기와 자료 해석 능력을 기를 수 있는 꾸준한 연습이 필요하다.

01 응용 수리의 공식은 반드시 암기하라!

응용 수리는 공사 · 공단마다 출제되는 문제는 다르지만, 사용되는 공식은 비슷한 경우가 많으므로 자주 출제되는 공식을 반드시 암기하여야 한다. 문제에서 묻는 것을 정확하게 파악하여 그에 맞는 공식을 적절하게 적용하는 꾸준한 노력과 공식을 암기하는 연습이 필요하다.

02 자료의 해석은 자료에서 즉시 확인할 수 있는 지문부터 확인하라!

수리능력 중 도표 분석, 즉 자료 해석 능력은 많은 시간을 필요로 하는 문제가 출제되므로, 증가·감소 추이와 같이 눈으로 확인이 가능한 지문을 먼저 확인한 후 복잡한 계산이 필요한 지문을 확인하는 방법으로 문제를 풀이한다면 시간을 조금이라도 아낄 수 있다. 또한, 여러 가지 보기가 주어진 문제 역시 지문을 잘 확인하고 문제를 풀이한다면 불필요한 계산을 생략할 수 있으므로 항상 지문부터 확인하는 습관을 들여야 한다.

03 도표 작성에서 지문에 작성된 도표의 제목을 반드시 확인하라!

도표 작성은 하나의 자료 혹은 보고서와 같은 수치가 표현된 자료를 도표로 작성하는 형식으로 출제되는데, 대체로 표보다는 그래프를 작성하는 형태로 많이 출제된다. 지문을 살펴보면 각 지문에서 주어진 도표에도 소제목이 있는 경우가 대부분이다. 이때 자료의 수치와 도표의 제목이 일치하지 않는 경우 함정이 존재하는 문제일 가능성이 높으므로 도표의 제목을 반드시 확인하는 것이 중요하다.

대표기출유형

01 응용 수리

| 유형분석 |

- 문제에서 제공하는 정보를 파악한 뒤, 사칙연산을 활용하여 계산하는 전형적인 수리 문제이다.
- 문제를 풀기 위한 정보가 산재되어 있는 경우가 많으므로 주어진 조건 등을 꼼꼼히 확인해야 한다.

P사원은 지하철을 타고 출근한다. 속력이 60km/h인 지하철에 이상이 생겨 평소 속력의 0.4배로 운행하게 되었다. 지하철이 평소보다 45분 늦게 도착하였다면, P사원이 출발하는 역부터 도착하는 역까지 지하철의 이동거리는 몇 km인가?

① 20km ② 25km
③ 30km ④ 35km

정답 ③

지하철의 이동거리를 $x$km라 하자.

이상이 생겼을 때 지하철의 속력은 $60\times0.4=24$km/h이다.

평소보다 45분 늦게 도착하였으므로 다음 식이 성립한다.

$$\frac{x}{24}-\frac{x}{60}=\frac{45}{60}$$

$\rightarrow 5x-2x=90$

$\rightarrow 3x=90$

$\therefore x=30$

따라서 P사원이 출발하는 역부터 도착하는 역까지 지하철의 이동거리는 30km이다.

풀이 전략!

문제에서 묻는 바를 정확하게 확인한 후, 필요한 조건 또는 정보를 구분하여 신속하게 풀어 나간다. 단, 계산에 착오가 생기지 않도록 유의한다.

대표기출유형 01 기출응용문제

01 A, B는 오후 1시부터 오후 6시까지 근무를 한다. A는 310개의 제품을 포장하는 데 1시간이 걸리고, B는 작업속도가 1시간마다 바로 전 시간의 2배가 된다. 두 사람이 받는 하루 임금이 같다고 할 때, B는 처음 시작하는 1시간 동안에 몇 개의 제품을 포장하는가?(단, 일급은 그날 포장한 제품의 개수에 비례한다)

① 25개　② 50개
③ 75개　④ 100개

PART 1

02 K마트에서는 아이스크림을 1개당 a원에 들여오는데 20%의 이익을 붙여 판매를 한다. 개점 3주년을 맞아 아이스크림 1개당 500원을 할인하여 팔기로 했다. 이때 아이스크림 1개당 700원의 이익이 생긴다면, 아이스크림 1개당 원가는 얼마인가?

① 5,000원　② 5,250원
③ 5,500원　④ 6,000원

03 유속 10m/s로 흐르는 강물에서 유진이는 일정한 속력으로 움직이는 배를 타고 있다. 배가 내려올 때의 속력이 반대로 올라갈 때의 1.5배라면, 유속을 제외한 배 자체의 속력은 몇 m/s인가?

① 45m/s　② 50m/s
③ 55m/s　④ 60m/s

04 물이 가득 차 있는 직육면체 물통의 밑변이 각각 5cm×4cm이고 높이는 12cm이다. 갑자기 바닥에 구멍이 나서 5mL/s의 속도로 물이 빠져 나가게 되었다. 물이 완전히 다 빠지고 난 직후 15mL/s의 속도로 다시 물을 채워 넣는다면, 물이 빠져나가기 시작해서 물통에 물이 다시 가득 차게 될 때까지 몇 초가 걸리는가?

① 36초
② 48초
③ 60초
④ 72초

05 농도가 14%인 A설탕물이 300g, 농도가 18%인 B설탕물이 200g, 농도가 12%인 C설탕물이 150g 있다. A와 B설탕물을 합친 후 100g의 물을 더 넣고, 여기에 C설탕물을 합친 후 200g만 남기고 버렸다. 이때, 마지막 200g의 설탕물에 녹아 있는 설탕의 질량은?

① 25.6g
② 28.7g
③ 30.8g
④ 32.6g

06 K영화관에서 관객 50명에게 A, B영화 관람 여부를 조사한 결과, 두 영화를 모두 관람한 관객은 20명이고, 하나의 영화도 보지 않은 사람은 15명이었다. A영화를 관람한 관객이 28명일 때, 모든 관객 중 관객 1명을 택할 경우 그 관객이 B영화만 관람한 관객일 확률은?

① $\frac{22}{50}$
② $\frac{3}{10}$
③ $\frac{13}{50}$
④ $\frac{7}{50}$

07 100개의 제비 중 10개의 당첨제비가 있는 통이 있다. 영희와 철수가 순서대로 번갈아 제비를 뽑을 때, 철수가 두 번째 시도에서 당첨제비를 뽑을 확률은?(단, 꺼낸 제비는 다시 넣지 않는다)

① $\frac{1}{10}$ ② $\frac{1}{15}$

③ $\frac{1}{20}$ ④ $\frac{1}{25}$

08 C대학교 K건물 앞에는 의자 6개가 나란히 설치되어 있다. I학과 여학생 2명과 남학생 3명이 모두 의자에 앉을 때, 여학생이 이웃하지 않게 앉는 경우의 수는?(단, 두 학생 사이에 빈 의자가 있는 경우는 이웃하지 않는 것으로 한다)

① 480가지 ② 600가지

③ 720가지 ④ 860가지

09 K사에서 워크숍을 위해 강당의 대여요금을 알아보고 있다. 강당의 대여요금은 기본요금의 경우 30분까지 같으며, 그 후에는 1분마다 추가 요금이 발생한다. 1시간 대여료는 50,000원이고, 2시간 대여료가 110,000원일 때, 3시간 대여료는 얼마인가?

① 170,000원 ② 180,000원

③ 190,000원 ④ 200,000원

대표기출유형

02 수열 규칙

| 유형분석 |

- 나열된 수의 규칙을 찾아 해결하는 문제이다.
- 등차·등비수열 등 다양한 수열 규칙에 대한 사전 학습이 요구된다.

다음과 같이 일정한 규칙으로 수를 나열할 때, 빈칸에 들어갈 수는?

−6　50　18　10　−54　(　)　162

① 2　② −1
③ 32　④ −18

정답 ①

홀수 항은 ×(−3)을 하는 수열이고, 짝수 항은 ÷5를 적용하는 수열이다.
따라서 (　)=10÷5=2이다.

풀이 전략!

- 수열을 풀이할 때는 다음과 같은 규칙이 적용되는지를 순차적으로 판단한다.
  1) 각 항에 일정한 수를 사칙연산(+, −, ×, ÷)하는 규칙
  2) 홀수 항, 짝수 항 규칙
  3) 피보나치 수열과 같은 계차를 이용한 규칙
  4) 군수열을 활용한 규칙
  5) 항끼리 사칙연산을 하는 규칙

주요 수열 규칙

구분	내용
등차수열	앞의 항에 일정한 수를 더해 이루어지는 수열
등비수열	앞의 항에 일정한 수를 곱해 이루어지는 수열
피보나치 수열	앞의 두 항의 합이 그다음 항의 수가 되는 수열
건너뛰기 수열	두 개 이상의 수열 또는 규칙이 일정한 간격을 두고 번갈아가며 적용되는 수열
계차수열	앞의 항과 차가 일정하게 증가하는 수열
군수열	일정한 규칙성으로 몇 항씩 묶어 나눈 수열

대표기출유형 02 기출응용문제

※ 다음과 같이 일정한 규칙으로 수를 나열할 때, 빈칸에 들어갈 수를 고르시오. **[1~3]**

01

3 −10 −4 −7 10 −1 ( ) 8

① 4
② −12
③ 8
④ −18

02

5 8 17 44 125 ( )

① 365
② 368
③ 371
④ 374

03

2 3 ( ) 8 27 17 10 9 13

① 1
② 2
③ 3
④ 4

대표기출유형

03 자료 계산

| 유형분석 |

- 제시된 자료를 통해 문제에서 주어진 특정한 값을 계산하거나 자료의 변동량을 구할 수 있는지 평가하는 유형이다.
- 자료상에 주어진 공식을 활용하는 계산문제와 증감률, 비율, 합, 차 등을 활용한 문제가 출제된다.
- 출제 비중은 낮지만, 숫자가 큰 경우가 많으므로 제시된 수치와 조건을 꼼꼼히 확인하여 정확하게 계산하는 것이 중요하다.

다음은 2019년부터 2024년까지 K동의 자원봉사 참여 현황에 대한 자료이다. 6년 동안 참여율이 4번째로 높은 해의 전년 대비 참여율의 증가율을 구하면?(단, 증가율은 소수점 첫째 자리에서 반올림한다)

〈자원봉사 참여 현황〉

(단위 : 명, %)

구분	2019년	2020년	2021년	2022년	2023년	2024년
총 성인 인구수	35,744	36,786	37,188	37,618	38,038	38,931
자원봉사 참여 성인 인구수	1,621	2,103	2,548	3,294	3,879	4,634
참여율	4.5	5.7	6.9	8.8	10.2	11.9

① 약 17%
② 약 19%
③ 약 21%
④ 약 23%

정답 ③

참여율이 4번째로 높은 해는 2021년이다.

(참여율의 증가율)$=\frac{\text{(해당연도 참여율)}-\text{(전년도 참여율)}}{\text{(전년도 참여율)}}\times 100$이므로 $\frac{6.9-5.7}{5.7}\times 100 \fallingdotseq 21\%$이다.

풀이 전략!

자료 계산 유형의 경우 일반적으로 표에 숫자 값을 제시하고, 주어진 값을 바탕으로 계산을 하는 문제가 출제된다. 그러므로 문제가 요구하는 것이 무엇인지 정확히 파악하고 관련 값을 표에서 찾아 표시한 다음, 표시한 값을 바탕으로 사칙연산을 정확하고 빠르게 수행해야 한다. 증감률이나 증감량, 비중 등의 계산을 요구하는 경우가 많으므로 관련 공식을 필수로 암기해 두자.

- (백분율)$=\frac{\text{(비교하는 양)}}{\text{(기준량)}}\times 100$
- (증감률)$=\frac{\text{(비교대상의 값)}-\text{(기준값)}}{\text{(기준값)}}\times 100$
- (증감량)=(비교대상 값 A)−(또 다른 비교대상의 값 B)

01 K기업의 생산 관리팀에서 근무하고 있는 A대리는 총 생산 비용의 감소율을 30%로 설정하려고 한다. 1단위 생산 시 단계별 부품 단가가 다음과 같을 때 ⓐ+ⓑ의 값으로 옳은 것은?

구분	부품 1단위 생산 시 투입비용(원)	
	개선 전	개선 후
1단계	4,000	3,000
2단계	6,000	ⓐ
3단계	11,500	ⓑ
4단계	8,500	7,000
5단계	10,000	8,000

① 4,000원
② 6,000원
③ 8,000원
④ 10,000원

02 다음은 A ~ D사의 연간 매출액에 대한 자료이다. 연간 매출액이 일정한 증감률을 보인다고 할 때, 빈칸에 들어갈 수를 구하면?

〈A ~ D사의 연간 매출액〉

(단위 : 백억 원)

구분		2019년	2020년	2021년	2022년	2023년	2024년
A사	매출액	300	350	400	450	500	550
	순이익	9	10.5	12	13.5	15	16.5
B사	매출액	200	250	200	250	200	250
	순이익	4	7.5	4	7.5	4	7.5
C사	매출액	250	350	300	400	350	450
	순이익	5	10.5	12	20		31.5
D사	매출액	350	300	250	200	150	100
	순이익	7	6	5	4	3	2

※ (순이익)=(매출액)×(이익률)

① 21
② 23
③ 25
④ 27

03 다음은 2024년 성인의 독서프로그램 정보 획득 경로에 대한 자료이다. 관공서, 도서관 등의 안내에 따라 독서프로그램 정보를 획득한 여성 수 대비 스스로 탐색하여 독서프로그램 정보를 획득한 남성 수의 비율로 옳은 것은?(단, 인원은 소수점 첫째 자리에서, 비율은 소수점 둘째 자리에서 반올림한다)

〈성인의 독서프로그램 정보 획득 경로〉

(단위 : %)

성별	남성	여성
사례 수(명)	137	181
지인	23.4	20.1
스스로 탐색	22.0	27.6
소속단체에서의 권장	28.8	23.0
관공서, 도서관 등의 안내	22.8	20.5
인터넷, 동호회, SNS	3.0	6.4
기타	0	2.4

① 72.6%
② 75.5%
③ 79.8%
④ 81.1%

04 K사는 최근 미세먼지와 황사로 인해 실내 공기 질이 많이 안 좋아졌다는 건의가 들어와 내부 검토 후 예산 400만 원으로 공기청정기 40대를 구매하기로 하였다. 다음 두 업체 중 어느 곳에서 공기청정기를 구매하는 것이 유리하며, 얼마나 더 저렴한가?

업체	할인 정보	가격
S전자	• 8대 구매 시 2대 무료 증정 • 구매 금액 100만 원당 2만 원 할인	8만 원/대
B마트	• 20대 미만 구매 : 2% 할인 • 30대 이상 구매 : 5% 할인 • 40대 이상 구매 : 7% 할인 • 50대 이상 구매 : 10% 할인	9만 원/대

※ 1,000원 단위는 절사함

① S전자, 82만 원
② S전자, 148만 원
③ B마트, 12만 원
④ B마트, 20만 원

05 다음은 시 · 도별 지가변동율에 대해 매달 기록한 자료이다. 빈칸에 들어갈 수치로 옳은 것은?(단, 수치는 시 · 도별 매월 일정한 규칙으로 변화한다)

〈시 · 도별 지가변동율〉

(단위 : %)

구분	2023.10.	2023.11.	2023.12.	2024.01.	2024.02.
서울	0.433	0.388	0.275	0.329	0.378
부산	0.365	0.379	0.312	0.301	0.297
대구	0.466	0.387	0.325	0.365	0.383
인천	0.331	0.339	0.317	0.307	0.354
광주	0.529	0.429	0.407	0.418	0.433
대전	0.255	0.246	0.237		0.219
울산	0.088	0.101	0.108	0.126	0.116
세종	0.513	0.455	0.333	0.391	0.317
경기	0.363	0.323	0.313	0.350	0.351
강원	0.272	0.254	0.215	0.238	0.257
충북	0.253	0.208	0.214	0.252	0.233
충남	0.098	0.134	0.124	0.154	0.154
전북	0.201	0.223	0.224	0.290	0.262
전남	0.338	0.361	0.311	0.359	0.352
경북	0.211	0.206	0.174	0.229	0.226
경남	0.090	0.080	0.072	0.082	0.092
제주	0.235	0.221	0.121	0.093	0.103

① 0.222
② 0.228
③ 0.236
④ 0.249

대표기출유형

04 자료 이해

| 유형분석 |

- 제시된 자료를 분석하여 선택지의 정답 유무를 판단하는 문제이다.
- 자료의 수치 등을 통해 변화량이나 증감률, 비중 등을 비교하여 판단하는 문제가 자주 출제된다. 따라서 백분율이나 증감률, 변화량, 비중 등을 구하는 공식은 필수로 알아두어야 한다.
  - $(\text{백분율})=\frac{(\text{비교하는 양})}{(\text{기준량})}\times 100$
  - $(\text{증감률})=\frac{(\text{비교대상의 값})-(\text{기준값})}{(\text{기준값})}\times 100$
  - (증감량)=(비교대상 값 A)−(또 다른 비교대상의 값 B)
- 지원하고자 하는 기업이나 산업과 관련된 자료 등이 문제의 자료로 많이 다뤄진다.

다음은 예식장 사업 형태에 대한 자료이다. 이에 대한 설명으로 옳지 않은 것은?

〈예식장 사업 형태〉

(단위 : 개, 백만 원, m^2)

구분	개인경영	회사법인	회사 이외의 법인	비법인 단체	합계
사업체 수	1,160	44	91	9	1,304
매출	238,789	43,099	10,128	791	292,807
비용	124,446	26,610	5,542	431	157,029
면적	1,253,791	155,379	54,665	3,534	1,467,369

※ $[\text{수익률}(\%)]=\left[\frac{(\text{매출})}{(\text{비용})}-1\right]\times 100$

① 예식장 사업은 대부분 개인경영 형태로 이루어지고 있다.
② 사업체당 매출액이 평균적으로 가장 큰 예식장 사업 형태는 회사법인 예식장이다.
③ 예식장 사업은 매출액의 약 50% 정도가 수익이 되는 사업이다.
④ 수익률이 가장 높은 예식장 사업 형태는 회사법인 형태이다.

정답 ④

수익률을 구하면 다음과 같다.

구분	개인경영	회사법인	회사 이외의 법인	비법인 단체
수익률(%)	$\left(\frac{238,789}{124,446}-1\right)\times 100$ ≒92	$\left(\frac{43,099}{26,610}-1\right)\times 100$ ≒62	$\left(\frac{10,128}{5,542}-1\right)\times 100$ ≒83	$\left(\frac{791}{431}-1\right)\times 100$ ≒84

따라서 수익률이 가장 높은 사업 형태는 개인경영 형태이다.

오답분석

① 사업체 수를 보면 다른 사업 형태보다 개인경영 사업체 수가 많은 것을 확인할 수 있다.

② 사업체당 매출액을 구하면 다음과 같다.

- 개인경영 : $\frac{238,789}{1,160}$ ≒206백만 원
- 회사법인 : $\frac{43,099}{44}$ ≒980백만 원
- 회사 이외의 법인 : $\frac{10,128}{91}$ ≒111백만 원
- 비법인 단체 : $\frac{791}{9}$ ≒88백만 원

따라서 사업체당 매출액이 가장 큰 예식장 사업 형태는 회사법인 예식장이다.

③ 표에서 예식장 사업 합계를 보면 매출액은 292,807백만 원이며 비용은 매출액의 절반 정도인 157,029백만 원이므로 매출액의 절반 정도가 수익이 되는 사업이라고 할 수 있다.

풀이 전략!

간단한 선택지부터 해결하기

계산이 필요 없거나 자료를 눈으로만 봐도 해결 가능한 선택지를 먼저 해결한다.

예 ①은 계산할 필요 없이 자료만 봐도 풀 수 있는 선택지이므로 가장 먼저 풀이한다.

옳은 것 / 옳지 않은 것 헷갈리지 않게 표시하기

자료해석은 옳은 것 또는 옳지 않은 것을 찾는 문제가 출제된다. 문제마다 매번 바뀌므로 이를 확인하는 것은 매우 중요하다. 따라서 선택지에 표시할 때에도 선택지가 옳지 않은 내용이라서 '×' 표시를 했는지, 옳은 내용이지만 문제가 옳지 않은 것을 찾는 문제라 '×' 표시를 했는지 헷갈리지 않도록 표시 방법을 정해야 한다.

제시된 자료를 통해 계산할 수 있는 값인지 확인하기

제시된 자료만으로 계산할 수 없는 값을 묻는 선택지인지 먼저 판단해야 한다. 문제를 읽고 바로 계산부터 하면 함정에 빠지기 쉽다.

01 다음은 지방자치단체 여성 공무원 현황에 대한 자료이다. 이에 대한 설명으로 옳지 않은 것은?

〈지방자치단체 여성공무원 현황〉

(단위 : 명, %)

구분	2019년	2020년	2021년	2022년	2023년	2024년
전체 공무원	266,176	272,584	275,484	275,231	278,303	279,636
여성 공무원	70,568	75,608	78,855	80,666	82,178	83,282
여성 공무원 비율	26.5	27.7	(가)	29.3	29.5	29.8

① 2019년 이후 여성공무원 수는 꾸준히 증가하고 있다.
② (가)에 들어갈 비율은 35% 이상이다.
③ 2024년에 남성공무원이 차지하는 비율은 70% 이상이다.
④ 2024년 여성공무원의 비율은 2019년과 비교했을 때, 3.3%p 증가했다.

02 다음은 자동차 생산·내수·수출 현황에 대한 자료이다. 이에 대한 설명으로 옳지 않은 것은?

〈자동차 생산·내수·수출 현황〉

(단위 : 대, %)

구분		2019년	2020년	2021년	2022년	2023년
생산	차량 대수	4,086,308	3,826,682	3,512,926	4,271,741	4,657,094
	증감률	(6.4)	(▽6.4)	(▽8.2)	(21.6)	(9.0)
내수	차량 대수	1,219,335	1,154,483	1,394,000	1,465,426	1,474,637
	증감률	(4.7)	(▽5.3)	(20.7)	(5.1)	(0.6)
수출	차량 대수	2,847,138	2,683,965	2,148,862	2,772,107	3,151,708
	증감률	(7.5)	(▽5.7)	(▽19.9)	(29.0)	(13.7)

① 2019년에는 전년 대비 생산, 내수, 수출이 모두 증가했다.
② 내수가 가장 큰 폭으로 증가한 해에는 생산과 수출이 모두 감소했다.
③ 수출이 증가했던 해에는 생산과 내수 모두 증가했다.
④ 생산이 증가했지만 내수나 수출이 감소한 해가 있다.

03 다음은 각종 암 환자의 육식률 대비 사망률에 대한 자료이다. 이에 대한 설명으로 옳지 않은 것은?

〈각종 암 환자의 육식률 대비 사망률〉

구분	육식률 80% 이상	육식률 50% 이상 80% 미만	육식률 30% 이상 50% 미만	육식률 30% 미만	채식률 100%
전립선암	42%	33%	12%	5%	8%
신장암	62%	48%	22%	11%	5%
대장암	72%	64%	31%	15%	8%
방광암	66%	52%	19%	12%	6%
췌장암	68%	49%	21%	8%	5%
위암	85%	76%	27%	9%	4%
간암	62%	48%	21%	7%	3%
구강암	52%	42%	18%	11%	10%
폐암	48%	41%	17%	13%	11%
난소암	44%	37%	16%	14%	7%

※ '육식률 30% 미만'에는 '채식률 100%'가 속하지 않음

① 육식률 80% 이상의 사망률과 채식률 100%에서의 사망률의 차이가 가장 큰 암은 위암이다.
② 육식률 80% 이상에서의 사망률이 50% 미만인 암과 육식률 50% 이상 80% 미만에서의 사망률이 50% 이상인 암의 수는 동일하다.
③ 채식률이 100%여도 육식하는 사람보다 사망률이 항상 낮지 않다.
④ 육식률 30% 이상 구간에서의 사망률이 1위인 암은 모두 동일하다.

04 다음은 A ~ D사의 남녀 직원 비율을 나타낸 자료이다. 이에 대한 설명으로 옳지 않은 것은?

〈회사별 남녀 직원 비율〉

(단위 : %)

구분	A사	B사	C사	D사
남	54	48	42	40
여	46	52	58	60

① 여직원 대비 남직원 비율이 가장 높은 회사는 A이며, 가장 낮은 회사는 D이다.
② B, C, D사의 여직원 수의 합은 남직원 수의 합보다 크다.
③ A사의 남직원이 B사의 여직원보다 많다.
④ A, B사의 전체 직원 중 남직원이 차지하는 비율이 52%라면 A사의 전체 직원 수는 B사 전체 직원 수의 2배이다.

05 다음은 A ~ F국의 2024년 GDP와 GDP 대비 국가자산총액을 나타낸 자료이다. 이에 대한 〈보기〉의 설명 중 옳은 것을 모두 고르면?

〈A ~ F국의 2024년 GDP와 GDP 대비 국가자산총액〉

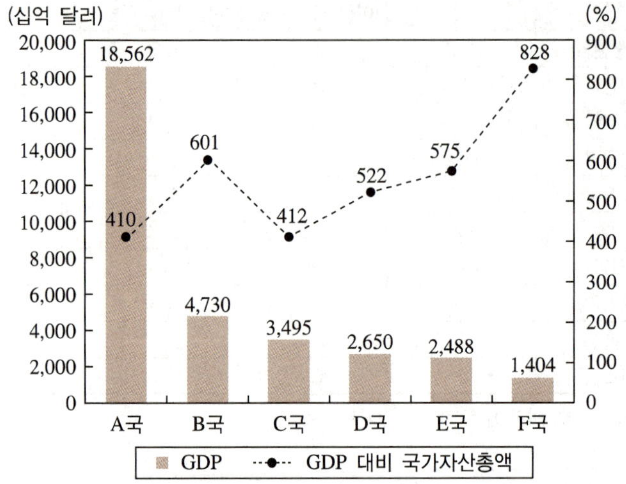

※ [GDP 대비 국가자산총액(%)] = $\left[\frac{(\text{국가자산총액})}{(\text{GDP})}\right] \times 100$

보기

ㄱ. GDP가 높은 국가일수록 GDP 대비 국가자산총액이 작다.
ㄴ. A국의 GDP는 나머지 5개국 GDP의 합보다 크다.
ㄷ. 국가자산총액은 F국이 D국보다 크다.

① ㄱ
② ㄴ
③ ㄱ, ㄴ
④ ㄴ, ㄷ

06 다음은 어느 해 개최된 올림픽에 참가한 6개국의 성적이다. 이에 대한 설명으로 옳지 않은 것은?

〈A ~ F 6개국의 올림픽 성적〉

(단위 : 개)

국가	참가선수(명)	금메달	은메달	동메달	메달 합계
A	240	4	28	57	89
B	261	2	35	68	105
C	323	0	41	108	149
D	274	1	37	74	112
E	248	3	32	64	99
F	229	5	19	60	84

① 획득한 금메달 수가 많은 국가일수록 은메달 수는 적었다.
② 금메달을 획득하지 못한 국가가 가장 많은 메달을 획득했다.
③ 참가선수의 수가 많은 국가일수록 획득한 동메달 수도 많았다.
④ 획득한 메달의 합계가 큰 국가일수록 참가선수의 수도 많았다.

CHAPTER 03

문제해결능력

합격 CHEAT KEY

문제해결능력은 업무를 수행하면서 여러 가지 문제 상황이 발생하였을 때, 창의적이고 논리적인 사고를 통하여 이를 올바르게 인식하고 적절히 해결하는 능력으로, 하위 능력에는 사고력과 문제처리능력이 있다.

문제해결능력은 NCS 기반 채용을 진행하는 대다수의 공사·공단에서 채택하고 있으며, 다양한 자료와 함께 출제되는 경우가 많아 어렵게 느껴질 수 있다. 특히, 난도가 높은 문제로 자주 출제되기 때문에 다른 영역보다 더 많은 노력이 필요할 수는 있지만 그렇기에 차별화를 할 수 있는 득점 영역이므로 포기하지 말고 꾸준하게 노력해야 한다.

01 질문의 의도를 정확하게 파악하라!

문제해결능력은 문제에서 무엇을 묻고 있는지 정확하게 파악하여 먼저 풀이 방향을 설정하는 것이 가장 효율적인 방법이다. 특히, 조건이 주어지고 답을 찾는 창의적·분석적인 문제가 주로 출제되고 있기 때문에 처음에 정확한 풀이 방향이 설정되지 않는다면 문제를 제대로 풀지 못하게 되므로 첫 번째로 출제 의도 파악에 집중해야 한다.

02 중요한 정보는 반드시 표시하라!

출제 의도를 정확히 파악하기 위해서는 문제의 중요한 정보를 반드시 표시하거나 메모하여 하나의 조건, 단서도 잊고 넘어가는 일이 없도록 해야 한다. 실제 시험에서는 시간의 압박과 긴장감으로 정보를 잘못 적용하거나 잊어버리는 실수가 많이 발생하므로 사전에 충분한 연습이 필요하다.

03 반복 풀이를 통해 취약 유형을 파악하라!

문제해결능력은 특히 시간관리가 중요한 영역이다. 따라서 정해진 시간 안에 고득점을 할 수 있는 효율적인 문제 풀이 방법을 찾아야 한다. 이때, 반복적인 문제 풀이를 통해 자신이 취약한 유형을 파악하는 것이 중요하다. 정확하게 풀 수 있는 문제부터 빠르게 풀고 취약한 유형은 나중에 푸는 효율적인 문제 풀이를 통해 최대한 고득점을 맞는 것이 중요하다.

대표기출유형

01 명제 추론

| 유형분석 |

- 주어진 조건을 토대로 논리적으로 추론하여 참 또는 거짓을 구분하는 문제이다.
- 자료를 제시하고 새로운 결과나 자료에 주어지지 않은 내용을 추론해 가는 형식의 문제가 출제된다.

A～E 5명이 다음 〈조건〉과 같이 일렬로 나란히 자리에 앉는다고 할 때, 바르게 추론한 것은?(단, 자리의 순서는 왼쪽을 기준으로 첫 번째 자리로 한다)

조건
- D는 A의 바로 왼쪽에 앉는다.
- B와 D 사이에 C가 있다.
- A는 마지막 자리가 아니다.
- A와 B 사이에 C가 있다.
- B는 E의 바로 오른쪽에 앉는다.

① D는 두 번째 자리에 앉을 수 있다.
② E는 네 번째 자리에 앉을 수 있다.
③ C는 두 번째 자리에 앉을 수 있다.
④ C는 A의 왼쪽에 앉을 수 있다.

정답 ②

첫 번째 조건에서 D는 A의 바로 왼쪽에 앉으며, 마지막 조건에서 B는 E의 바로 오른쪽에 앉으므로 'D－A', 'E－B'를 각각 한 묶음으로 생각할 수 있다. 두 번째 조건에서 C는 세 번째 자리에 앉아야 하며, 세 번째 조건에 의해 'D－A'는 각각 첫 번째, 두 번째 자리에 앉아야 한다. 이를 표로 정리하면 다음과 같다.

첫 번째 자리	두 번째 자리	세 번째 자리	네 번째 자리	다섯 번째 자리
D	A	C	E	B

오답분석

① D는 첫 번째 자리에 앉는다.
③ C는 세 번째 자리에 앉는다.
④ C는 A의 바로 오른쪽에 앉는다.

풀이 전략!

명제와 관련한 기본적인 논법에 대해서는 미리 학습해 두며, 이를 바탕으로 각 문장에 있는 핵심단어 또는 문구를 기호화하여 정리한 후, 선택지와 비교하여 참 또는 거짓을 판단한다.

대표기출유형 01 기출응용문제

01 어떤 고고학 탐사대가 발굴한 네 개의 유물 A~D에 대하여 다음 〈조건〉과 같은 사실을 알게 되었다. 발굴된 유물을 시대 순으로 오래된 것부터 나열한 것은?

> 조건
>
> - B보다 시대가 앞선 유물은 두 개다.
> - C는 D보다 시대가 앞선 유물이다.
> - A는 C에 비해 최근의 유물이다.
> - D는 B가 만들어진 시대 이후에 제작된 유물이다.

① C－A－B－D
② C－B－D－A
③ C－D－A－B
④ C－D－B－A

02 배달 앱으로 주문을 하면 꽃 배달 서비스를 이용할 수 있다. 다음 〈조건〉을 토대로 할 때, 분홍색 장미꽃과 흰색 안개꽃을 받게 될 사람은?

> 조건
>
> - 장미꽃은 빨간색과 분홍색으로 고를 수 있다.
> - 목화꽃과 안개꽃은 빨간색과 흰색으로 고를 수 있다.
> - 지영이는 민지가 주문한 꽃을 그대로 주문하였고, 장미꽃만 색이 같다.
> - 민지는 장미꽃과 안개꽃을 주문하였다.
> - 진아는 빨간색 장미꽃을 주문하였다.
> - 진아와 윤지는 안개꽃을 주문하였다.
> - 민지와 진아가 주문한 꽃 색깔은 모두 다르다.
> - 윤지는 목화꽃을 주문하였다.
> - 윤지는 모두 흰색꽃을 주문하였다.

① 지영
② 민지
③ 진아
④ 윤지

03 K대학교의 기숙사에 거주하는 A ~ D는 1층부터 4층에 매년 새롭게 방을 배정받고 있으며, 올해도 방을 배정받는다. 다음 〈조건〉을 참고할 때, 항상 참인 것은?

조건

- 한 번 배정받은 층에는 다시 배정받지 않는다.
- A와 D는 2층에 배정받은 적이 있다.
- B와 C는 3층에 배정받은 적이 있다.
- A와 B는 1층에 배정받은 적이 있다.
- A, B, D는 4층에 배정받은 적이 있다.

① C는 4층에 배정될 것이다.
② D는 3층에 배정받은 적이 있을 것이다.
③ D는 1층에 배정받은 적이 있을 것이다.
④ C는 2층에 배정받은 적이 있을 것이다.

04 K공단의 A대리는 다음과 같이 보고서 작성을 위한 방향을 구상 중이다. 다음 〈조건〉의 명제가 모두 참일 때, 공장을 짓는다는 결론을 얻기 위해 빈칸에 필요한 명제는?

조건

- 재고가 있다.
- 설비투자를 늘리지 않는다면, 재고가 있지 않다.
- 건설투자를 늘릴 때에만, 설비투자를 늘린다.
- ______________________________

① 설비투자를 늘린다.
② 건설투자를 늘리지 않는다.
③ 재고가 있거나 설비투자를 늘리지 않는다.
④ 건설투자를 늘린다면, 공장을 짓는다.

05 **다음 내용에 따라 문항출제위원을 위촉하고자 한다. 〈조건〉을 토대로 할 때, 항상 참인 것은?**

위촉하고자 하는 문항출제위원은 총 6명이다. 후보자는 논리학자 4명, 수학자 6명, 과학자 5명으로 추려졌다. 논리학자 2명은 형식논리를 전공했고 다른 2명은 비형식논리를 전공했다. 수학자 2명은 통계학을 전공했고 3명은 기하학을 전공했으며 나머지 1명은 대수학을 전공했다. 과학자들은 각각 물리학, 생명과학, 화학, 천문학, 기계공학을 전공했다.

조건

- 형식논리 전공자가 선정되면 비형식논리 전공자도 최소한 같은 인원만큼 선정된다.
- 수학자 중에서 통계학자만 선정되는 경우는 없다.
- 과학자는 최소 2명은 선정되어야 한다.
- 논리학자, 수학자는 최소 1명씩은 선정되어야 한다.
- 기하학자는 천문학자와 함께 선정되고, 기계공학자는 통계학자와 함께 선정된다.

① 형식논리 전공자와 비형식논리 전공자가 1명씩 선정된다.
② 서로 다른 전공을 가진 수학자가 2명 선정된다.
③ 과학자는 최대 4명까지 선정될 수 있다.
④ 통계학 전공자를 포함하면 수학자는 3명이 선정될 수 없다.

PART 1

02 SWOT 분석

| 유형분석 |

- 상황에 대한 환경 분석 결과를 통해 주요 과제를 도출하는 문제이다.
- 주로 3C 분석 또는 SWOT 분석을 활용한 문제들이 출제되고 있으므로 해당 분석도구에 대한 사전 학습이 요구된다.

N금융기업에 지원하여 최종 면접을 앞둔 K씨는 성공적인 PT 면접을 위해 회사에 대한 정보를 파악하고 그에 따른 효과적인 전략을 알아보고자 한다. K씨가 분석한 SWOT 결과가 다음과 같을 때, 분석 결과에 대응하기 위한 전략과 그 내용의 연결이 옳지 않은 것은?

〈SWOT 분석 결과〉

강점(Strength)	약점(Weakness)
• 우수한 역량의 인적자원 보유 • 글로벌 네트워크 보유 • 축적된 풍부한 거래 실적	• 고객 니즈 대응에 필요한 특정 분야별 전문성 미흡 • 신흥시장 진출 증가에 따른 경영 리스크
기회(Opportunity)	**위협(Threat)**
• 융·복합화를 통한 정부의 일자리 창출 사업 • 해외사업을 위한 협업 수요 확대 • 수요자 맞춤식 서비스 요구 증대	• 타사와의 경쟁 심화 • 정부의 예산 지원 감소 • 금융시장에 대한 일부 부정적 인식 존재

① SO전략 : 우수한 인적자원을 활용한 융·복합 사업 추진
② WO전략 : 분야별 전문 인력 충원을 통한 고객 맞춤형 서비스 제공 확대
③ ST전략 : 글로벌 네트워크를 통한 해외시장 진출
④ ST전략 : 풍부한 거래 실적을 바탕으로 시장에서의 경쟁력 확보

정답 ③

보유한 글로벌 네트워크를 통해 해외시장에 진출하는 것은 강점을 활용하여 외부환경의 기회를 포착하는 SO전략이다.

오답분석

① SO전략 : 강점을 활용하여 외부환경의 기회를 포착하는 전략이므로 적절하다.
② WO전략 : 약점을 보완하여 외부환경의 기회를 포착하는 전략이므로 적절하다.
④ ST전략 : 강점을 활용하여 외부환경의 위협을 회피하는 전략이므로 적절하다.

풀이 전략!

문제에 제시된 분석도구를 확인한 후, 분석 결과를 종합적으로 판단하여 각 선택지의 전략 과제와 일치 여부를 판단한다.

대표기출유형 02 기출응용문제

01 N공사의 기획팀 B팀장은 C사원에게 N공사에 대한 마케팅 전략 보고서를 요청하였다. C사원이 B팀장에게 제출한 SWOT 분석이 다음과 같을 때, 다음 ㉠~㉣ 중 SWOT 분석에 들어갈 내용으로 옳지 않은 것은?

〈SWOT 분석 결과〉

강점(Strength)	• 새롭고 혁신적인 서비스 • ㉠ 직원들에게 가치를 더하는 공사의 다양한 측면 • 특화된 마케팅 전문 지식
약점(Weakness)	• 낮은 품질의 서비스 • ㉡ 경쟁자의 시장 철수로 인한 시장 진입 가능성
기회(Opportunity)	• ㉢ 합작회사를 통한 전략적 협력 구축 가능성 • 글로벌 시장으로의 접근성 향상
위협(Threat)	• ㉣ 주력 시장에 나타난 신규 경쟁자 • 경쟁 기업의 혁신적 서비스 개발 • 경쟁 기업과의 가격 전쟁

① ㉠
② ㉡
③ ㉢
④ ㉣

02 K은행에서 근무 중인 A사원은 국내 금융 시장에 대한 보고서를 작성하면서 K은행에 대한 SWOT 분석을 진행하였다. 다음 중 위협 요인에 들어갈 내용으로 옳지 않은 것은?

〈SWOT 분석 결과〉

강점(Strength)	약점(Weakness)
• 지속적 혁신에 대한 경영자의 긍정적 마인드 • 고객만족도 1위의 높은 고객 충성도 • 다양한 투자 상품 개발	• 해외 투자 경험 부족으로 취약한 글로벌 경쟁력 • 소매 금융에 비해 부족한 기업 금융
기회(Opportunity)	**위협(Threat)**
• 국내 유동자금의 증가 • 해외 금융시장 진출 확대 • 정부의 규제 완화 정책	

① 정부의 정책 노선 혼란 등으로 인한 시장의 불확실성 증가
② 경기 침체 장기화
③ 부족한 리스크 관리 능력
④ 금융업의 경계 파괴에 따른 경쟁 심화

대표기출유형

03 규칙 적용

| 유형분석 |

- 주어진 상황과 규칙을 종합적으로 활용하여 푸는 문제이다.
- 일정, 비용, 순서 등 다양한 내용을 다루고 있어 유형을 한 가지로 단일화하기 어렵다.

갑과 을이 다음 〈조건〉에 따라 게임을 할 때, 옳지 않은 것은?

조건

- 갑과 을은 다음과 같이 시간을 표시하는 하나의 시계를 가지고 게임을 한다.

0	9	:	1	5

- 갑과 을이 각자가 일어났을 때, 시계에 표시된 4개의 숫자를 합산하여 게임의 승패를 결정한다. 숫자의 합이 더 작은 사람이 이기고, 숫자의 합이 같을 때에는 비긴다.
- 갑은 오전 6:00～6:59에 일어나고, 을은 오전 7:00～7:59에 일어난다.

① 갑이 오전 6시 정각에 일어나면, 반드시 갑이 이긴다.
② 을이 오전 7시 59분에 일어나면, 반드시 을이 진다.
③ 을이 오전 7시 30분에 일어나고, 갑이 오전 6시 30분 전에 일어나면 반드시 갑이 이긴다.
④ 갑과 을이 정확히 1시간 간격으로 일어나면, 반드시 갑이 이긴다.

정답 ③

을이 오전 7시 30분에 일어나고, 갑이 오전 6시 30분 전에 일어나면 갑이 이길 수도 있고 질 수도 있다.
예 갑이 6시 29분에 일어나면 $6+2+9>7+3+0$ → $17>10$이므로 갑이 진다.

오답분석

① 갑이 오전 6시 정각에 일어나면 을이 오전 7시 정각에 일어나도 갑의 합산 결과가 6으로 이긴다.
② 4개의 숫자를 합산하여 제일 큰 수를 만들 때는 을은 오전 7시 59분으로 21, 갑은 오전 6시 59분으로 20이다. 그러므로 을이 오전 7시 59분에 일어나면 을은 반드시 진다.
④ 갑과 을이 정확히 한 시간 간격으로 일어나면 뒤에 두 자리는 같다. 따라서 앞의 숫자가 작은 갑이 이기게 된다.

풀이 전략!

문제에 제시된 조건이나 규칙을 정확히 파악한 후, 선택지나 상황에 적용하여 문제를 풀어 나간다.

01 1번부터 5번까지의 학생들이 다음 〈조건〉의 규칙에 따라 번호별로 배열되어 있는 의자에 앉아 있다. 다음 중 옳은 것은?

조건

- 3명의 학생이 자기의 번호와 일치하지 않는 번호의 의자에 앉아 있다.
- 2명의 학생은 자기의 번호보다 작은 번호의 의자에 앉아 있다.
- 홀수 번호의 학생들은 모두 홀수 번호의 의자에 앉아 있다.

1	2	3	4	5

① 1번 학생은 5번 의자에 앉아 있다.

② 2번 학생은 4번 의자에 앉아 있다.

③ 3번 학생은 3번 의자에 앉아 있다.

④ 4번 학생은 2번 의자에 앉아 있다.

02 다음 〈조건〉을 근거로 〈보기〉를 계산한 값은?

조건

연산자 A, B, C, D는 다음과 같이 정의한다.

- A : 좌우에 있는 두 수를 더한다. 단, 더한 값이 10 미만이면 좌우에 있는 두 수를 곱한다.
- B : 좌우에 있는 두 수 가운데 큰 수에서 작은 수를 뺀다. 단, 두 수가 같거나 뺀 값이 10 미만이면 두 수를 곱한다.
- C : 좌우에 있는 두 수를 곱한다. 단, 곱한 값이 10 미만이면 좌우에 있는 두 수를 더한다.
- D : 좌우에 있는 두 수 가운데 큰 수를 작은 수로 나눈다. 단, 두 수가 같거나 나눈 값이 10 미만이면 두 수를 곱한다.

※ 연산은 '( )', '[ ]'의 순으로 함

보기

[(1A5)B(3C4)]D6

① 10 ② 12

③ 90 ④ 210

대표기출유형

04 자료 해석

| 유형분석 |

- 주어진 자료를 해석하고 활용하여 풀어가는 문제이다.
- 꼼꼼하고 분석적인 접근이 필요한 다양한 자료들이 출제된다.

※ K공단에서 일하는 A씨는 해외 출장을 앞두고 출장지의 항공사 초과수하물 규정을 찾아보았다. 다음 자료를 보고 이어지는 질문에 답하시오. **[1~2]**

〈미주 출발·도착 초과수하물 규정〉

무료 허용량
- 기내수하물 : 12kg(초과 불가능)
- 위탁수하물 : 각 20kg, 최대 2개

구분	위탁 수하물 1개 초과 시	21 ~ 34kg	35 ~ 45kg	45kg 초과
초과요금	개당 20만 원	15만 원	20만 원	불가능

〈유럽 출발·도착 초과수하물 규정〉

무료 허용량
- 기내수하물 : 8kg(초과 불가능)
- 위탁수하물 : 23kg, 최대 1개

구분	위탁 수하물 1개 초과 시	24 ~ 34kg	35 ~ 45kg	45kg 초과
초과요금	개당 15만 원	15만 원	23만 원	불가능

01 미국 출장을 가는 A씨의 가방 무게는 기내용 1kg과 위탁용 각각 3kg, 4kg이다. 가방 무게를 제외한 짐의 총무게는 60kg이다. 가장 저렴한 가격으로 짐을 보낼 때 어떻게 나누어 보내야 하는가?(단, 짐은 1kg 단위로 나누고 가방의 용량은 고려하지 않는다)

	기내용 1kg	위탁용 3kg	위탁용 4kg
①	10kg	33kg	17kg
②	10kg	18kg	32kg
③	11kg	29kg	20kg
④	11kg	33kg	16kg

02 A씨의 출장지가 미국에서 유럽으로 바뀌었다. 수하물의 총무게와 가방 무게가 변함이 없다고 한다면 유럽으로 보내는 수하물 요금과 미국으로 보내는 수하물 요금의 차이는 얼마인가?(단, 둘 다 최저요금으로 산정한다)

① 10만 원 ② 13만 원
③ 15만 원 ④ 18만 원

01

정답 ④

오답분석

미국 출장 시 기내수하물은 12kg까지 무료이므로 가방의 무게 1kg을 고려하여 기내용 가방에 최대 11kg의 짐을 넣는다. 위탁수하물은 20kg씩 2개가 무료이므로 가방 무게를 고려하여 3kg, 4kg짜리 위탁용 가방에 각각 17kg, 16kg을 넣는다. 가방에 넣은 짐을 제외한 나머지 짐의 무게는 60−(11+17+16)=16kg이다.
16kg을 8kg씩 나눠 3kg, 4kg 위탁용 가방 2개에 각각 담으면, 각각 28kg이 되므로 15+15=30만 원의 초과요금이 나온다. 하지만 16kg을 위탁용 가방 하나에 넣으면, 36kg이 되어 초과요금이 20만 원이므로 가장 저렴하다.
따라서 가장 저렴한 가격으로 짐을 나누어 담는 경우는 다음과 같다.

구분		기내용 1kg	위탁용 3kg	위탁용 4kg	합계
경우 1	짐 무게	11kg	33kg(17+16)	16kg	60kg
	총무게	12kg	36kg	20kg	68kg
	비용	무료	무게초과 : 20만 원	무료	20만 원
경우 2	짐 무게	11kg	17kg	32kg(16+16)	60kg
	총무게	12kg	20kg	36kg	68kg
	비용	무료	무료	무게초과 : 20만 원	20만 원

02

정답 ④

오답분석

유럽 출장 시 기내수하물은 8kg까지 무료이므로 가방의 무게 1kg을 고려하여 기내용 가방에 7kg의 짐을 넣는다.
나머지 짐의 무게는 53kg이므로 초과수하물 규정에 따라 한 가방에 넣을 수 없다. 즉, 위탁수하물 1개가 초과되므로 15만 원의 초과요금이 발생한다. 최저요금으로 산정하려면 무게에 대한 수하물 초과요금은 위탁수하물 2개 중 하나에서만 발생되어야 한다.

- 3kg 가방에 짐을 더 많이 넣는 경우
  4kg 가방에는 위탁수하물 허용량에 따라 최대 23−4=19kg을 넣을 수 있고, 3kg 가방에는 최소 53−19=34kg의 짐을 넣을 수 있다. 이때, 3kg 가방의 위탁수하물 무게는 34+3=37kg이고, 35~45kg짜리 수하물의 초과요금은 같으므로 3kg 가방에는 최대 45−3=42kg의 짐을 넣을 수 있고, 4kg 가방에는 최소 53−42=11kg의 짐을 넣을 수 있다.

유럽으로 보내는 수하물의 최저요금은 초과요금 15만 원과 42kg에서 발생한 23만 원을 더한 38만 원이다.
따라서 미국의 최저 수하물 요금 20만 원과 유럽의 최저 수하물 요금 38만 원의 차이는 18만 원이다.

풀이 전략!

문제 해결을 위해 필요한 정보가 무엇인지 먼저 파악한 후, 제시된 자료를 분석적으로 읽고 해석한다.

※ 다음은 이번 달 K공단의 업무일정에 대한 자료이다. 이어지는 질문에 답하시오. [1~2]

〈업무일정 기간 및 순서〉

구분	업무별 소요기간	선결업무
A업무	3일	
B업무	1일	A
C업무	6일	
D업무	7일	B
E업무	5일	A
F업무	3일	B, C

01 다음 중 모든 업무를 끝마치는 데 걸리는 최소 소요기간은?

① 8일
② 9일
③ 10일
④ 11일

02 다음 〈보기〉 중 옳지 않은 것을 모두 고르면?

보기

㉠ B업무의 소요기간이 4일로 연장된다면 D업무를 마칠 때까지 11일이 소요된다.
㉡ D업무의 선결업무가 없다면 모든 업무를 마치는데 최소 8일이 소요된다.
㉢ E업무의 선결업무에 C업무가 추가된다면 최소 소요기간은 11일이 된다.
㉣ C업무의 소요기간이 2일 연장되더라도 최소 소요기간은 변하지 않는다.

① ㉠, ㉡
② ㉠, ㉢
③ ㉡, ㉢
④ ㉡, ㉣

※ 다음은 K공단 근처에서 이용할 수 있는 교통수단 목록이다. 이어지는 질문에 답하시오. **[3~4]**

〈K공단 → G시청 교통수단〉

구분	출발시간	소요시간	비용
버스	정시부터 10분 간격	46분	1,300원(1km마다 추가요금 300원 부과)
지하철	매시 20분, 40분	28분	1,250원(2km마다 추가요금 200원 부과)
택시	제한 없음	13분	4,200원

※ K공단에서 G시청까지 거리는 4km임

〈G시청 → S공사 교통수단〉

구분	출발시간	소요시간	비용
버스	매시 정각, 30분	23분	1,200원(1km마다 추가요금 100원 부과)
지하철	매시 10분, 30분, 50분	12분	1,000원(1km마다 추가요금 200원 부과)
택시	제한 없음	9분	3,600원

※ G시청에서 S공사까지 거리는 3km임

03 A사원은 K공단에서 출발하여 G시청에 들러 일을 처리한 뒤, S공사로 이동하려고 한다. 다음 중 가장 저렴하게 이용할 수 있는 교통수단 방법은 무엇인가?

① 버스+버스
② 버스+지하철
③ 지하철+버스
④ 지하철+지하철

04 A사원은 K공단으로 돌아온 뒤 S공사에 서류를 두고 왔다는 것을 알아차렸다. S공사의 퇴근시간이 오후 6시라고 할 때, 5시에 K공단을 출발하여 퇴근시간 전까지 S공사에 도착하려면 다음 중 어떤 교통수단을 이용해야 하는가?(단, 환승 및 기타 이동시간은 무시한다)

① 버스+버스
② 버스+지하철
③ 지하철+버스
④ 택시+버스

대표기출유형

05 창의적 사고

| 유형분석 |

- 창의적 사고에 대한 개념을 묻는 문제가 출제된다.
- 창의적 사고 개발 방법에 대한 암기가 필요한 문제가 출제되기도 한다.

다음과 같은 특징을 가지고 있는 창의적 사고 개발 방법은?

> 일정한 주제에 대하여 회의를 하고, 참가하는 인원이 자유발언을 통해 아이디어를 제시하는 것으로서 다른 사람의 발언에 비판하지 않는다.

① 스캠퍼 기법 ② 여섯 가지 색깔 모자
③ 브레인스토밍 ④ TRIZ

정답 ③

브레인스토밍(Brainstorming)

- 한 사람이 생각하는 것보다 다수가 생각하는 것이 아이디어가 많다.
- 아이디어 수가 많을수록 질적으로 우수한 아이디어가 나올 수 있다.
- 아이디어는 비판이 가해지지 않으면 많아진다.

오답분석

① 스캠퍼(Scamper) 기법 : 창의적 사고를 유도하여 신제품이나 서비스 등을 생각하는 발상 도구이다.
② 여섯 가지 색깔 모자(Six Thinking Hats) : 각각 중립적, 감정적, 부정적, 낙관적, 창의적, 이성적 사고를 뜻하는 여섯 가지 색의 모자를 차례대로 바꾸어 쓰면서 모자 색깔이 뜻하는 유형대로 생각해보는 방법이다.
④ TRIZ(Teoriya Resheniya Izobretatelskikh Zadatch) : 문제에 대하여 이상적인 결과를 정하고, 그 결과를 얻는 데 모순이 되는 것을 찾아 모순을 극복할 수 있는 해결안을 찾는 40가지 방법에 대한 이론이다.

풀이 전략!

문제와 관련된 모듈이론에 대한 전반적인 학습을 미리 해두어야 하며, 이를 주어진 문제에 적용하여 빠르게 풀이한다.

01 다음 글에서 설명하고 있는 문제해결 방법은?

> 깊이 있는 커뮤니케이션을 통해 서로의 문제점을 이해하고 공감함으로써 창조적인 문제해결을 도모하며, 구성원의 동기가 강화되고 팀워크도 한층 강화된다는 특징을 보인다. 이 방법을 이용한 문제해결은 구성원이 자율적으로 실행하는 것으로 예정된 결론이 도출되어 가도록 해서는 안 된다.

① 명목집단법
② 델파이법
③ 하드 어프로치
④ 퍼실리테이션

02 창의적으로 사고하기 위해서는 다양한 사실이나 아이디어를 창출할 수 있는 발산적 사고가 필요하다. 이러한 발산적 사고에는 대표적으로 자유연상법, 강제연상법, 비교발상법 등이 있다. 다음 〈보기〉에서 강제연상법에 대한 설명으로 옳은 것을 모두 고르면?

> **보기**
> ㄱ. 생각나는 대로 자유롭게 발상함으로써 다양한 아이디어를 창출한다.
> ㄴ. 각종 힌트를 통해 사고 방향을 미리 정하고, 그와 연결 지어 아이디어를 발상한다.
> ㄷ. 주제의 본질과 닮은 것을 힌트로 하여 아이디어를 발상한다.
> ㄹ. 대상과 비슷한 것을 찾아내어 그것을 힌트로 새로운 아이디어를 창출한다.
> ㅁ. 실제로는 관련이 없어 보이는 것들을 조합하여 새로운 아이디어를 도출한다.
> ㅂ. 집단의 효과를 통해 아이디어의 연쇄반응을 일으켜 다양한 아이디어를 창출한다.
> ㅅ. 찾고자 하는 내용을 표로 정리해 차례대로 그와 관련된 아이디어를 도출한다.

① ㄱ, ㅂ
② ㄴ, ㅅ
③ ㄱ, ㄷ, ㄹ
④ ㄴ, ㅁ, ㅅ

CHAPTER 04

자원관리능력

합격 CHEAT KEY

자원관리능력은 현재 NCS 기반 채용을 진행하는 많은 공사·공단에서 핵심영역으로 자리 잡아, 대부분의 시험에서 출제되고 있다.

세부 유형은 비용 계산, 해외파견 지원금 계산, 주문 제작 단가 계산, 일정 조율, 일정 선정, 행사 대여 장소 선정, 최단거리 구하기, 시차 계산, 소요시간 구하기, 해외파견 근무 기준에 부합하는 또는 부합하지 않는 직원 고르기 등으로 나눌 수 있다.

01 시차를 먼저 계산하라!

시간 자원 관리의 대표유형 중 시차를 계산하여 일정에 맞는 항공권을 구입하거나 회의시간을 구하는 문제에서는 각각의 나라 시간을 한국 시간으로 전부 바꾸어 계산하는 것이 편리하다. 조건에 맞는 나라들의 시간을 전부 한국 시간으로 바꾸고 한국 시간과의 시차만 더하거나 빼면 시간을 단축하여 풀 수 있다.

02 선택지를 잘 활용하라!

계산을 해서 값을 요구하는 문제 유형에서는 선택지를 먼저 본 후 자리 수가 몇 단위로 끝나는지 확인해야 한다. 예를 들어 412,300원, 426,700원, 434,100원인 선택지가 있다고 할 때, 제시된 조건에서 100원 단위로 나올 수 있는 항목을 찾아 그 항목만 계산하는 방법이 있다. 또한, 일일이 계산하는 문제가 많다. 예를 들어 640,000원, 720,000원, 810,000원 등의 수를 이용해 푸는 문제가 있다고 할 때, 만 원 단위를 절사하고 계산하여 64, 72, 81처럼 요약하는 방법이 있다.

03 최적의 값을 구하는 문제인지 파악하라!

물적 자원 관리의 대표유형에서는 제한된 자원 내에서 최대의 만족 또는 이익을 얻을 수 있는 방법을 강구하는 문제가 출제된다. 이때, 구하고자 하는 값을 x, y로 정하고 연립방정식을 이용해 x, y 값을 구한다. 최소 비용으로 목표생산량을 달성하기 위한 업무 및 인력 할당, 정해진 시간 내에 최대 이윤을 낼 수 있는 업체 선정, 정해진 인력으로 효율적 업무 배치 등을 구하는 문제에서 사용되는 방법이다.

04 각 평가항목을 비교하라!

인적 자원 관리의 대표유형에서는 각 평가항목을 비교하여 기준에 적합한 인물을 고르거나, 저렴한 업체를 선정하거나, 총점이 높은 업체를 선정하는 문제가 출제된다. 이런 유형은 평가항목에서 가격이나 점수 차이에 영향을 많이 미치는 항목을 찾아 $1 \sim 2$개의 선택지를 삭제하고, 남은 $3 \sim 4$개의 선택지만 계산하여 시간을 단축할 수 있다.

대표기출유형

01 시간 계획

| 유형분석 |

- 시간 자원과 관련된 다양한 정보를 활용하여 풀어 가는 유형이다.
- 대체로 교통편 정보나 국가별 시차 정보가 제공되며, 이를 근거로 '현지 도착시간 또는 약속된 시간 내에 도착하기 위한 방안'을 고르는 문제가 출제된다.

K공단에서 근무하는 김사원은 수출계약 건으로 한국에 방문하는 바이어를 맞이하기 위해 인천공항에 가야 한다. 미국 뉴욕에서 오는 바이어는 현지시각으로 21일 오전 8시 30분에 한국행 비행기에 탑승할 예정이며, 비행시간은 17시간이다. K공단에서 인천공항까지는 1시간 30분이 걸리고, 바이어의 도착 예정시각보다는 30분 일찍 도착하여 대기하려고 할 때, 김사원이 적어도 회사에서 출발해야 하는 시각은?(단, 뉴욕은 한국보다 13시간이 느리다)

① 21일 10시 30분　　② 21일 12시 30분
③ 22일 12시　　④ 22일 12시 30분

정답 ④

- 한국시각 기준 비행기 탑승 시각 : 21일 8시 30분+13시간=21일 21시 30분
- 비행기 도착 시각 : 21일 21시 30분+17시간=22일 14시 30분

∴ 김사원의 출발 시각 : 22일 14시 30분−1시간 30분−30분=22일 12시 30분

풀이 전략!

문제에서 묻는 것을 정확히 파악한다. 특히 제한사항에 대해서는 빠짐없이 확인해 두어야 한다. 이후 제시된 정보(시차 등)에서 필요한 것을 선별하여 문제를 풀어 간다.

대표기출유형 01 기출응용문제

01 다음은 A직원이 지방 출장을 갈 때 이용할 수 있는 이동수단이다. 시간을 절약할 수 있는 최적의 방법은?

〈A직원이 이용할 수 있는 이동수단〉

A직원은 시외구간을 고속열차, 고속버스, 비행기, 자가용 중 하나로 이동한 후 해당 지역에서 출장지까지 택시로 이동할 예정(단, 자가용을 이용하는 경우 바로 출장지로 이동)

□ 시외구간
- 고속열차 : 2시간
- 고속버스 : 4시간
- 비행기 : 1시간
- 자가용 : 3시간

□ 시내구간(택시 이용)
- 기차역 ~ 출장지 : 40분
- 버스터미널 ~ 출장지 : 10분
- 공항 ~ 출장지 : 1시간
- 자가용 : 소요 시간 없음

① 고속열차
② 고속버스
③ 비행기
④ 자가용

PART 1

02 다음 교통수단별 특징을 고려할 때, 오전 9시에 회사에서 출발해 전주역까지 가장 먼저 도착하는 방법은 무엇인가?(단, 도보는 고려하지 않는다)

〈회사 ↔ 서울역 교통 현황〉

구분	소요시간	출발 시각
A버스	24분	매시 20분, 40분
B버스	40분	매시 정각, 20분, 40분
지하철	20분	매시 30분

〈서울역 ↔ 전주역 교통 현황〉

구분	소요시간	출발 시각
새마을호	3시간	매시 정각부터 5분 간격
KTX	1시간 32분	9시 정각부터 45분 간격

① A버스 – 새마을호
② B버스 – KTX
③ 지하철 – KTX
④ B버스 – 새마을호

03 자동차 부품을 생산하는 K기업은 반자동과 자동생산라인을 하나씩 보유하고 있다. K기업은 최근 일본의 자동차 회사와 수출계약을 체결하여 자동차 부품 34,500개를 납품하였다. 다음 자동차 부품 생산조건을 고려할 때, 일본에 납품할 부품을 생산하는 데 소요된 시간은 얼마인가?

〈자동차 부품 생산조건〉

- 반자동라인은 4시간에 300개의 부품을 생산하며, 그중 20%는 불량품이다.
- 자동라인은 3시간에 400개의 부품을 생산하며, 그중 10%는 불량품이다.
- 반자동라인은 8시간마다 2시간씩 생산을 중단한다.
- 자동라인은 9시간마다 3시간씩 생산을 중단한다.
- 불량 부품은 생산 후 폐기하고 정상인 부품만 납품한다.

① 230시간
② 240시간
③ 250시간
④ 260시간

04 K공단에서는 12월 한 달 동안 임직원을 대상으로 금연교육 4회, 부패방지교육 2회, 성희롱방지교육 1회를 진행하려고 한다. 다음 〈조건〉을 근거로 판단할 때, 항상 옳은 것은?

〈12월 달력〉

일	월	화	수	목	금	토
			1	2	3	4
5	6	7	8	9	10	11
12	13	14	15	16	17	18
19	20	21	22	23	24	25
26	27	28	29	30	31	

조건

- 교육은 하루에 하나만 실시할 수 있고, 주말에는 교육을 실시할 수 없다.
- 매주 월요일은 부서회의로 인해 교육을 실시할 수 없다.
- 12월 1일부터 3일까지는 공단의 주요 행사 기간이므로 어떠한 교육도 실시할 수 없다.
- 금연교육은 정해진 같은 요일에 주1회 실시한다.
- 부패방지교육은 20일 이전 수요일 또는 목요일에 시행하며, 이틀 연속 실시할 수 없다.
- 성희롱방지교육은 12월 31일에 실시한다.

① 12월 넷째 주에는 금연교육만 실시된다.
② 금연교육은 금요일에 실시될 수 있다.
③ 부패방지교육은 같은 요일에 실시되어야 한다.
④ 성희롱방지교육은 목요일에 실시된다.

대표기출유형

02 비용 계산

| 유형분석 |

- 예산 자원과 관련된 다양한 정보를 활용하여 문제를 풀어간다.
- 대체로 한정된 예산 내에서 수행할 수 있는 업무 및 예산 가격을 묻는 문제가 출제된다.

다음은 K공단이 창고업체를 통해 보관하고 있는 제품군에 대한 자료이다. 〈조건〉을 참고하여 K공단이 보관료로 지급해야 할 총금액은?

구분	매출액(억 원)	용량	
		용적(CUBIC)	무게(톤)
A제품군	300	3,000	200
B제품군	200	2,000	300
C제품군	100	5,000	500

조건

- A제품군은 매출액의 1%를 보관료로 지급한다.
- B제품군은 1CUBIC당 20,000원의 보관료를 지급한다.
- C제품군은 1톤당 80,000원의 보관료를 지급한다.

① 3억 2천만 원
② 3억 4천만 원
③ 3억 6천만 원
④ 3억 8천만 원

정답 ④

제품군별 지급해야 할 보관료는 다음과 같다.

- A제품군 : 300×0.01=3억 원
- B제품군 : 2,000×20,000=4천만 원
- C제품군 : 500×80,000=4천만 원

따라서 K공단이 보관료로 지급해야 할 총금액은 3억 8천만 원(=3억+4천만+4천만)이다.

풀이 전략!

제한사항인 예산을 고려하여 문제에서 묻는 것을 정확히 파악한 후, 제시된 정보에서 필요한 것을 선별하여 문제를 풀어간다.

대표기출유형 02 기출응용문제

01 K공단 직원 5명은 출장 업무를 위해 대전으로 가야 한다. 서울과 대전 간 교통편 및 비용이 다음과 같을 때, 원활한 업무 진행을 위해 편도로 2시간 30분을 초과하는 교통편을 이용할 수 없다면 이용할 수 있는 가장 저렴한 교통 및 편도 비용은?(단, 출장 출발일은 7월 15일이며 비용은 출발일 기준으로 지불한다)

〈서울 ↔ 대전 교통편 및 비용〉

구분	소요시간(편도)		비용	비고
기차	V호	1시간 30분	27,000원/인	5인 이상 구매 시 5% 할인
	G호	1시간 45분	18,000원/인	10인 이상 구매 시 10% 할인
고속버스	T여객	2시간	15,000원/인	할인 없음
	L여객	2시간 45분	12,000원/인	20인 이상 구매 시 15% 할인

	교통	비용
①	기차 V호	128,250원
②	기차 G호	81,000원
③	고속버스 T여객	75,000원
④	고속버스 L여객	60,000원

02 A팀장은 6월부터 10월까지 매월 부산에서 열리는 세미나에 참석하기 위해 숙소를 예약해야 한다. A팀장이 다음 〈조건〉에 따라 예약사이트 M투어, H트립, S닷컴, T호텔스 중 한 곳을 통해 숙소를 예약하고자 할 때, A팀장이 이용할 예약사이트와 6월부터 10월까지의 총 숙박비용이 바르게 연결된 것은?

〈예약사이트별 예약 정보〉

구분	가격(원/1박)	할인행사
M투어	120,500	3박 이용 시(연박 아니어도 3박 기록 있으면 유효) 다음 달에 30% 할인 쿠폰 1매 제공
H트립	111,000	6월부터 8월 사이 1박 이상 숙박 이용내역이 있을 시 10% 할인
S닷컴	105,500	2박 이상 연박 시 10,000원 할인
T호텔스	105,000	멤버십 가입 시 1박당 10% 할인(멤버십 가입비 20,000원)

조건

- 세미나를 위해 6월부터 10월까지 매월 1박 2일로 숙소를 예약한다.
- 숙소는 항상 ㅁㅁ호텔을 이용한다.
- A팀장은 6월부터 10월까지 총 5번의 숙박비용의 합을 최소화하고자 한다.

	예약사이트	총 숙박비용
①	M투어	566,350원
②	H트립	492,500원
③	S닷컴	532,800원
④	T호텔스	492,500원

03 다음 1분기 예산서에서 간접비의 총액은?

1분기 예산서		
비목	금액	세목
(　　)	930,000원	가. 인건비(5명) – 1월 : 300,000원 – 2월 : 250,000원 – 3월 : 380,000원
(　　)	4,500,000	나. 장비 및 재료비 – 프로그램 구입비 : 1,000,000원 – 컴퓨터 구입비 : 1,500,000원 – 시제품 제작비 : 2,000,000원
(　　)	1,200,000원	다. 활동비 – 조사비 : 800,000원 – 인쇄비 : 400,000원
(　　)	1,000,000원	라. 프로젝트 추진비 – 여비 : 700,000원 – 회의비 : 300,000원
(　　)	7,500,000원	마. 일반관리비 – 공과금 : 4,000,000 – 건물관리비 : 3,500,000원
계	15,130,000원	–

① 7,500,000원
② 7,630,000원
③ 8,700,000원
④ 9,700,000원

대표기출유형

03 품목 확정

| 유형분석 |

- 물적 자원과 관련된 다양한 정보를 활용하여 풀어 가는 문제이다.
- 주로 공정도·제품·시설 등에 대한 가격·특징·시간 정보가 제시되며, 이를 종합적으로 고려하는 문제가 출제된다.

다음은 S은행에서 판매하는 펀드 상품과 펀드 가입을 원하는 고객의 요구사항이다. 고객의 성향 및 요구사항에 가장 적합한 상품은 무엇인가?(단, 고객의 투자 성향 분석 결과는 보통 수준이다)

〈S은행 판매 펀드 상품〉

구분	종류	수익률(%)	환매기간	환매 수수료	보수(%)			위험등급
A상품	주식형	13	4영업일	없음	1	0.4	0.045	높음
B상품	채권형	2.3	5영업일	없음	0.3	0.075	0.020	낮음
C상품	혼합형	7	4영업일	없음	0.55	0.2	0.033	다소 높음
D상품	혼합형	7	5영업일	있음	0.8	0.4	0.033	보통

※ 투자 성향은 매우 '매우 높음, 높음, 다소 높음, 보통, 낮음, 매우 낮음'의 6단계로 구분함

〈고객 요구사항〉

- 어느 정도 위험을 감수하더라도 가능한 한 많은 수익을 올리고 싶은데, 주식형 펀드는 너무 위험하지 않나요?
- 수익이 비슷하다면 총보수가 낮은 상품으로 추천해 주세요.
- 해외 펀드도 상관없어요.
- 환매 후 빠른 시일 내로 지급되는 게 좋겠어요.

① A상품　　② B상품
③ C상품　　④ D상품

정답 ③

첫 번째 요구사항을 통해 고객은 '높음' 등급의 위험을 꺼려하지만 어느 정도의 위험은 감수할 수 있다는 것을 알 수 있다. 따라서 '높음' 등급의 A를 제외한다. 또한 감수할 수 있는 위험 범위 내에서 가능한 한 많은 수익을 올리기를 바라므로 '낮음' 등급의 B상품을 제외한다. D상품이 C상품과 수익률이 같지만 고객의 나머지 조건들에 있어서는 모두 C상품에 비해 불리하므로 고객의 요구에 가장 적합한 상품은 C상품이다.

풀이 전략!

문제에서 묻고자 하는 바를 정확히 파악하는 것이 중요하다. 문제에서 제시한 물적 자원의 정보를 문제의 의도에 맞게 선별하면서 풀어 간다.

01 K공단은 직원들의 여가를 위해 하반기 동안 다양한 프로그램을 운영하고자 한다. 운영할 프로그램은 분야별 프로그램 후보를 대상으로 한 수요도 조사 결과를 통해 결정된다. 다음 〈조건〉에 따라 프로그램을 선정할 때, 운영될 프로그램들을 바르게 나열한 것은?

〈프로그램 후보〉

분야	프로그램명	인기 점수	필요성 점수
운동	강변 자전거 타기	6	5
진로	나만의 책 쓰기	5	7
여가	자수교실	4	2
운동	필라테스	7	6
교양	독서토론	6	4
여가	볼링모임	8	3

※ 수요도 조사에는 전 직원이 참여하였음

조건

- 수요도는 인기 점수와 필요성 점수에 가점을 적용한 후, 2 : 1의 가중치에 따라 합산하여 판단한다.
- 각 프로그램의 인기 점수와 필요성 점수는 10점 만점으로 하여 전 직원들이 부여한 점수의 평균값이다.
- 단일 분야에 하나의 프로그램만 있는 경우, 그 프로그램의 필요성 점수에 2점을 가산한다.
- 단일 분야에 복수의 프로그램이 있는 경우, 분야별로 필요성 점수가 가장 낮은 프로그램은 후보에서 탈락한다.
- 수요도 점수가 동점일 경우, 인기 점수가 높은 프로그램을 우선시한다.
- 수요도 점수가 가장 높은 2개의 프로그램을 선정한다.

① 강변 자전거 타기, 볼링모임
② 나만의 책 쓰기, 필라테스
③ 자수교실, 독서토론
④ 필라테스, 볼링모임

02 대학교 입학을 위해 지방에서 올라온 대학생 S씨는 자취방을 구하려고 한다. 대학교 근처 자취방의 월세와 대학교까지 거리는 다음과 같다. 한 달을 기준으로 S씨가 지출하게 될 자취방 월세와 자취방에서 대학교까지 왕복 시 거리비용을 합산할 때, S씨가 선택할 수 있는 가장 저렴한 비용의 자취방은?

〈자취방별 월세 및 거리 정보〉

구분	월세	대학교까지 거리
A자취방	330,000원	1.8km
B자취방	310,000원	2.3km
C자취방	350,000원	1.3km
D자취방	320,000원	1.6km

※ 대학교 통학일(한 달 기준) : 15일
※ 거리비용 : 1km당 2,000원

① A자취방　② B자취방
③ C자취방　④ D자취방

03 귀하는 비품 담당자로서 지폐 계수기 구매 사업을 진행하여야 한다. 다음 제품의 비교 평가 결과와 구매 지침을 참고할 때, 어떤 제품을 선택해야 하는가?(단, 구매 지침을 모두 만족하는 제품 중 가장 저렴한 제품을 선택한다)

〈지폐 계수기 비교 평가 결과〉

구분	위폐감별	분당 계수 속도	투입구 용량	두께 조절 여부	가격	A/S
A제품	UV	1,400장	250장	가능	20만 원	방문
B제품	IR	1,500장	250장	가능	25만 원	1일 소요
C제품	UV/IR 선택 가능	1,500장	250장	불가능	35만 원	방문
D제품	UV	1,500장	250장	가능	22만 원	방문

〈구매 지침〉

- 위폐감별 방식은 UV 방식이나 IR 방식이어야 한다.
- 방문 A/S가 가능하여야 하나 불가한 경우 수리 기일이 3일 이내인 업체를 선정한다.
- 원화와 두께가 다른 외화 또한 계수가 가능하여야 한다.
- 계수 속도가 가능한 한 빠르고 투입구 용량은 큰 것이 좋다.

① A제품　② B제품
③ C제품　④ D제품

04 K공단에 근무하는 임직원은 7월 19일부터 21일까지 2박 3일간 워크숍을 가려고 한다. 워크숍 장소 예약을 담당하게 된 S대리는 〈조건〉에 따라 호텔을 예약하려고 한다. 다음 중 S대리가 예약할 호텔로 가장 적절한 것은?

〈워크숍 장소 현황〉

(단위 : 실, 명, 개)

구분	총 객실 수	객실 예약완료 현황			세미나룸 현황			
		7월 19일	7월 20일	7월 21일	최대수용인원	빔프로젝터	4인용 테이블	의자
A호텔	88	20	26	38	70	○	26	74
B호텔	70	11	27	32	70	×	22	92
C호텔	76	10	18	49	100	○	30	86
D호텔	84	18	23	19	90	○	15	70

〈K공단 임직원 현황〉

(단위 : 명)

구분	신사업기획처	신사업추진처	기술기획처	ICT융합기획처
처장	1	1	1	1
부장	3	4	2	3
과장	5	6	4	3
대리	6	6	5	4
주임	2	2	3	6
사원	3	4	3	2

조건

- 워크숍은 한 호텔에서 실시하며, 워크숍에 참여하는 모든 직원은 해당 호텔에서 숙박한다.
- 부장급 이상은 1인 1실을 이용하며, 나머지 임직원은 2인 1실을 이용한다.
- 워크숍에서는 빔프로젝터가 있어야 하며, 4인용 테이블과 의자는 참여하는 인원수만큼 필요하다.

① A호텔　　② B호텔

③ C호텔　　④ D호텔

대표기출유형

04 인원 선발

| 유형분석 |

- 인적 자원과 관련된 다양한 정보를 활용하여 풀어 가는 문제이다.
- 주로 근무명단, 휴무일, 업무할당 등의 주제로 다양한 정보를 활용하여 종합적으로 풀어 가는 문제가 출제된다.

다음 글의 내용이 참일 때, K공단의 신입사원으로 채용될 수 있는 최대 인원은 몇 명인가?

금년도 신입사원 채용에서 K공단이 요구하는 자질은 의사소통능력, 수리능력, 자원관리능력, 문제해결능력, 조직이해능력이다. K공단은 이 5가지 자질 중 적어도 3가지 자질을 지닌 사람을 채용하고자 한다. 지원자는 갑, 을, 병, 정 4명이며, 이들이 지닌 자질을 평가한 결과 다음과 같은 정보가 주어졌다.

㉠ 갑이 지닌 자질과 정이 지닌 자질 중 적어도 2가지는 일치한다.
㉡ 자원관리능력은 병만 가진 자질이다.
㉢ 만약 지원자가 의사소통능력을 지녔다면 그는 자원관리능력의 자질도 지닌다.
㉣ 의사소통능력의 자질을 지닌 지원자는 1명뿐이다.
㉤ 갑, 병, 정은 수리능력 자질을 지니고 있다.

① 1명 ② 2명
③ 3명 ④ 4명

정답 ①

㉡, ㉢, ㉣에 의해 의사소통능력과 자원관리능력을 지닌 사람은 오직 병뿐이라는 사실을 알 수 있다. 또한 ㉤에 의해 병이 수리능력도 가지고 있음을 알 수 있다. 이처럼 병은 5가지 자질 중에 3가지를 갖추고 있으므로 K공단의 신입사원으로 채용될 수 있다. 신입사원으로 채용되기 위해서는 적어도 3가지 자질이 필요한데, 5가지 자질 중 의사소통능력과 자원관리능력은 병만 지닌 자질임이 확인되었으므로 나머지 갑, 을, 정은 채용될 수 없다. 따라서 신입사원으로 채용될 수 있는 최대 인원은 병 1명이다.

풀이 전략!

문제에서 신입사원 채용이나 인력배치 등의 주제가 출제될 경우에는 주어진 규정 혹은 규칙을 꼼꼼히 확인하여야 한다. 이를 근거로 각 선택지가 어긋나지 않는지 검토하며 문제를 풀어 간다.

01 K공단에서 기계설비를 담당하는 귀하는 12월 주말근무표 초안을 작성하였는데, 이를 토대로 대체 근무자를 미리 반영하려고 한다. 다음 중 귀하가 배정한 인원으로 옳지 않은 것은?

• 주말근무 규정

① 1 ~ 3팀은 순차적으로 주말근무를 실시한다.

② 주말근무 후에는 차주 월요일(토요일 근무자) 및 화요일(일요일 근무자)을 휴무일로 한다.

③ 주말 이틀 연속 근무는 금한다.

④ 주말근무 예정자가 개인사정으로 인하여 근무가 어렵다면, 해당 주 휴무이거나 혹은 근무가 없는 팀의 일원 1명과 대체한다.

• 12월 주말 근무표

구분	1주 차		2주 차		3주 차		4주 차	
	5일(토)	6일(일)	12일(토)	13일(일)	19일(토)	20일(일)	26일(토)	27일(일)
근무자	1팀	2팀	3팀	1팀	2팀	3팀	1팀	2팀

• 기계설비팀 명단

1팀 : 강단해(팀장), 마징가, 차도선, 이방원, 황이성, 강의찬

2팀 : 사차원(팀장), 박정훈, 이도균, 김선우, 정선동, 박아천

3팀 : 마강수(팀장), 이정래, 하선오, 김광수, 김동수, 김대호

	휴무예정일자	휴무예정자	사유	대체근무자	대체근무일
①	12/5(토)	차도선	가족여행	하선오	12/12(토)
②	12/12(토)	이정래	지인 결혼식	박정훈	12/27(일)
③	12/19(토)	이도균	건강검진	이방원	12/13(일)
④	12/20(일)	김광수	가족여행	강의찬	12/26(토)

02 K사는 역량평가를 통해 등급을 구분하여 성과급을 지급한다. 성과급 등급 기준이 다음과 같을 때, 〈보기〉의 A ~ D직원 중 S등급에 해당하는 사람은?

〈성과급 점수별 등급〉

S등급	A등급	B등급	C등급
90점 이상	80점 이상	70점 이상	70점 미만

〈역량평가 반영 비율〉

구분	기본역량	리더역량	직무역량
차장	20%	30%	50%
과장	30%	10%	60%
대리	50%	–	50%
사원	60%	–	40%

※ 성과급 점수는 역량 점수(기본역량, 리더역량, 직무역량)를 직급별 해당 역량평가 반영 비율에 적용한 합산 점수임

보기

구분	직급	기본역량 점수	리더역량 점수	직무역량 점수
A	대리	85점	–	90점
B	과장	100점	85점	80점
C	사원	95점	–	85점
D	차장	80점	90점	85점

① A대리
② B과장
③ C사원
④ D차장

03 **1～3년 차 근무를 마친 K기업 직원들은 인사이동 시기를 맞아 근무지 이동을 해야 한다. 근무지 이동 규정과 각 직원이 근무지 이동을 신청한 내용이 다음과 같을 때, 이에 대한 설명으로 옳지 않은 것은?**

〈근무지 이동 규정〉

- 수도권 지역은 여의도, 종로, 영등포이고, 지방 지역은 광주, 제주, 대구이다.
- 2번 이상 같은 지역을 신청할 수 없다(예 여의도 → 여의도 ×).
- 3년 연속 같은 수도권 지역이나 지방 지역을 신청할 수 없다.
- 2, 3년 차보다 1년 차 신입 및 1년 차 근무를 마친 직원이 신청한 내용이 우선된다.
- 1년 차 신입은 전년도 평가 점수를 100점으로 한다.
- 직원 A～E는 서로 다른 곳에 배치된다.
- 같은 지역으로의 이동을 신청한 경우 전년도 평가 점수가 더 높은 사람이 우선하여 이동한다.
- 규정에 부합하지 않게 이동 신청을 한 경우, 신청한 곳에 배정받을 수 없다.

〈근무지 이동 신청〉

구분	1년 차 근무지	2년 차 근무지	3년 차 근무지	신청지	전년도 평가
A	대구	–	–	종로	–
B	여의도	광주	–	영등포	92점
C	종로	대구	여의도	미정	88점
D	영등포	종로	–	여의도	91점
E	광주	영등포	제주	영등포	89점

① B는 영등포로 이동하게 될 것이다.
② C는 지방 지역으로 이동하고, E는 여의도로 이동하게 될 것이다.
③ A는 대구를 1년 차 근무지로 신청하였을 것이다.
④ D는 자신의 신청지로 이동하게 될 것이다.

CHAPTER 05

조직이해능력

합격 CHEAT KEY

조직이해능력은 업무를 원활하게 수행하기 위해 조직의 체제와 경영을 이해하고 국제적인 추세를 이해하는 능력이다. 현재 많은 공사・공단에서 출제 비중을 높이고 있는 영역이기 때문에 미리 대비하는 것이 중요하다. 실제 업무 능력에서 조직이해능력을 요구하기 때문에 중요도는 점점 높아 질 것이다.

세부 유형은 조직 체제 이해, 경영 이해, 업무 이해, 국제 감각으로 나눌 수 있다. 조직도를 제시하는 문제가 출제되거나 조직의 체계를 파악해 경영의 방향성을 예측하고, 업무의 우선순위를 파악하는 문제가 출제된다.

01 문제 속에 정답이 있다!

경력이 없는 경우 조직에 대한 이해가 낮을 수밖에 없다. 그러나 문제 자체가 실무적인 내용을 담고 있어도 문제 안에는 해결의 단서가 주어진다. 부담을 갖지 않고 접근하는 것이 중요하다.

02 경영・경제학원론 정도의 수준은 갖추도록 하라!

지원한 직군마다 차이는 있을 수 있으나, 경영・경제이론을 접목시킨 문제가 꾸준히 출제되고 있다. 따라서 기본적인 경영・경제이론은 익혀 둘 필요가 있다.

03 지원하는 공사 · 공단의 조직도를 파악하라!

출제되는 문제는 각 공사 · 공단의 세부내용일 경우가 많기 때문에 지원하는 공사 · 공단의 조직도를 파악해 두어야 한다. 조직이 운영되는 방법과 전략을 이해하고, 조직을 구성하는 체제를 파악하고 간다면 조직이해능력에서 조직도가 나올 때 단기간에 문제를 풀 수 있을 것이다.

04 실제 업무에서도 요구되므로 이론을 익혀라!

각 공사 · 공단의 직무 특성상 일부 영역에 중요도가 가중되는 경우가 있어서 많은 취업준비생들이 일부 영역에만 집중하지만, 실제 업무 능력에서 직업기초능력 10개 영역이 골고루 요구되는 경우가 많고, 현재는 필기시험에서도 조직이해능력을 출제하는 기관의 비중이 늘어나고 있기 때문에 미리 이론을 익혀 둔다면 모듈형 문제에서 고득점을 노릴 수 있다.

대표기출유형

01 경영 전략

| 유형분석 |

- 경영전략에서 대표적으로 출제되는 문제는 마이클 포터(Michael Porter)의 본원적 경쟁전략이다.
- 경쟁전략의 기본적인 이해와 구조를 물어보는 문제가 자주 출제되므로 전략별 특징 및 개념에 대한 이론 학습이 요구된다.

다음은 경영 전략 추진과정이다. (가)에 대한 사례 중 그 성격이 다른 것은?

〈경영 전략 추진과정〉

전략목표 설정 → (가) → 경영전략 도출 → 경영전략 실행 → 평가 및 피드백

① 제품 개발을 위해 우리가 가진 예산의 현황을 파악해야 해.

② 우리 제품의 시장 개척을 위해 법적으로 문제가 없는지 확인해 봐야겠군.

③ 이번에 발표된 정부의 정책으로 우리 제품이 어떠한 영향을 받을 수 있는지 확인해 볼 필요가 있어.

④ 신제품 출시를 위해 경쟁사들의 동향을 파악해 봐야겠어.

정답 ①

(가)는 경영전략 추진과정 중 환경 분석이며, 이는 외부 환경 분석과 내부 환경 분석으로 구분된다. 외부 환경으로는 기업을 둘러싸고 있는 경쟁자, 공급자, 소비자, 법과 규제, 정치적 환경, 경제적 환경 등을 볼 수 있으며, 내부 환경은 기업구조, 기업문화, 기업자원 등이 해당된다.

따라서 ①에서 설명하는 예산은 기업자원으로서 내부 환경 분석의 성격을 가지며, 다른 사례들은 모두 외부 환경 분석의 성격을 가짐을 알 수 있다.

풀이 전략!

대부분의 기업들은 마이클 포터의 본원적 경쟁전략을 사용하고 있다. 각 전략에 해당하는 대표적인 기업을 연결하고, 그들의 경영전략을 상기하며 문제를 풀어보도록 한다.

대표기출유형 01 기출응용문제

01 **다음 중 경영에 대한 설명으로 적절하지 않은 것은?**

① 조직의 목적을 달성하기 위한 전략·관리·운영활동이다.
② 과거에는 단순히 관리라고 생각하였다.
③ 조직을 둘러싼 환경이 급변하면서 이에 적응하기 위한 전략의 중요성이 감소하고 있다.
④ 경영활동에서는 전략·관리·운영이 동시에 복합되어 이루어진다.

02 **다음 중 경영참가제도의 목적으로 옳지 않은 것을 〈보기〉에서 모두 고르면?**

> **보기**
> ㄱ. 사내 문제의 공동 해결
> ㄴ. 노사 간 세력 균형 해소
> ㄷ. 의견 공유를 통한 경영효율성 제고 가능성 확보
> ㄹ. 노사 간 상호 신뢰 증진

① ㄱ　　② ㄴ
③ ㄱ, ㄷ　　④ ㄴ, ㄹ

대표기출유형

02 조직 구조

| 유형분석 |

- 조직 구조 유형에 대한 특징을 물어보는 문제가 자주 출제된다.
- 기계적 조직과 유기적 조직의 차이점과 사례 등을 숙지하고 있어야 한다.
- 조직 구조 형태에 따라 기능적 조직, 사업별 조직으로 구분하여 출제되기도 한다.

다음 대화를 읽고 조직목표의 기능과 특징으로 적절하지 않은 것은?

이대리 : 박부장님께서 우리 회사의 목표가 무엇인지 생각해 본 적 있냐고 하셨을 때 당황했어. 평소에 딱히 생각하고 지내지 않았던 것 같아.
김대리 : 응, 그러기 쉽지. 개인에게 목표가 있어야 그것을 위해서 무언가를 하는 것처럼 당연히 조직에도 목표가 있어야 하는데 조직에 속해 있으면 당연히 알아두어야 한다고 생각해.

① 조직이 존재하는 정당성을 제공한다.
② 의사결정을 할 때뿐만 아니라 하고 나서의 기준으로도 작용한다.
③ 공식적 목표와 실제적 목표는 다를 수 있다.
④ 동시에 여러 개를 추구하는 것보다 하나씩 순차적으로 처리해야 한다.

정답 ④

목표의 층위·내용 등에 따라 우선순위가 있을 수는 있지만, 하나씩 순차적으로 처리해야 하는 것은 아니다. 즉, 조직의 목표는 동시에 여러 개가 추구될 수 있다.

풀이 전략!

조직 구조는 유형에 따라 다양하게 구분할 수 있으므로 조직 구조별 특징을 정확하게 이해하는 것이 중요하다. 또한, 조직 전반과 관련된 모듈이론을 충분히 암기하고 있어야 한다.

대표기출유형 02 기출응용문제

01 다음 중 맥킨지의 7S 모형에 대한 설명으로 옳지 않은 것은?

① 기업, 부서 등 조직의 내부역량을 분석하는 도구이다.
② 전략, 공유가치, 관리기술은 경영전략의 목표와 지침이 된다.
③ 하위 4S는 상위 3S를 지원하는 하위 지원 요소를 말한다.
④ 지방자치단체, 국가와 같은 큰 조직에는 적절하지 않다.

02 다음 설명에 해당하는 조직 유형은?

> 의사결정 권한이 조직의 상층부에 집중되어 있다. 조직의 규모가 작거나 신설 조직이며 조직의 활동에 많은 예산이 필요할 때, 조직이 위기에 처하거나 직원들의 능력이 부족할 때 장점을 가지게 되는 구조로, 행정의 통일성, 빠른 결정 등이 가능하다.

① 분권화 ② 집권화
③ 수평적 ④ 공식성

03 다음 중 조직목표의 특징에 대한 설명으로 옳은 것은?

① 다수의 조직목표들은 수평적 관계로 상호 영향을 주고받는다.
② 조직자원의 변화에 따라 조직목표가 수정 혹은 신설되는 경우도 있다.
③ 한 번 수립된 조직목표는 달성할 때까지 지속된다.
④ 한 조직이 복수의 조직목표를 갖고 있는 것보다 단일 조직목표를 갖고 있는 것이 바람직하다.

04 **다음 중 조직 구조의 형태에 대한 설명으로 적절하지 않은 것은?**

① 조직도를 통해 조직 내적인 구조를 확인할 수 있지만 구성원들의 임무, 수행하는 과업, 일하는 장소 등과 같은 일하는 방식과 관련된 체계는 알 수 없다.

② 대부분의 조직은 조직의 CEO가 조직의 최상층에 있고, 조직구성원들이 단계적으로 배열되는 구조를 가지고 있다.

③ 환경이 안정적이거나 일상적인 기술, 조직의 내부 효율성을 중요시하고 기업의 규모가 작을 때에는 업무의 내용이 유사하고 관련성이 있는 것들을 결합하여 기능적 조직 구조의 형태를 이루었다.

④ 급변하는 환경변화에 효과적으로 대응하고 제품, 지역, 고객별 차이에 신속하게 적응하기 위하여 분권화된 의사결정이 가능한 사업별 조직 구조가 나타나게 되었다.

05 **인사팀 채부장은 신입사원들을 대상으로 조직의 의미에 대해 다음과 같이 설명하였다. 이에 근거할 때, 조직으로 적절하지 않은 것은?**

조직은 특정한 목적을 추구하기 위하여 의도적으로 구성된 사람들의 집합체로, 외부환경과 여러 가지 상호 작용을 하는 사회적 단위라고 말할 수 있다. 이러한 상호 작용이 유기적인 협력체제하에서 행해지면서 조직이 추구하는 목적을 달성하기 위해서는 내부적인 구조가 있어야만 한다. 어떤 특정한 조직구성원들의 공통된 목표를 달성하기 위하여 업무와 기능의 분배, 권한과 위임을 통해 여러 사람의 활동을 합리적으로 조정한 것이야말로 조직의 정의를 가장 잘 나타내주는 말이라고 할 수 있다.

① 영화 촬영을 위해 모인 스태프와 배우들

② 주말을 이용해 춘천까지 다녀오기 위해 모인 자전거 동호회원들

③ 열띤 응원을 펼치고 있는 야구장의 관중들

④ 야간자율학습을 하고 있는 K고등학교 3학년 2반 학생들

06 **조직 구조의 형태 중 사업별 조직 구조는 제품이나 고객별로 부서를 구분한다. 다음 중 사업별 조직 구조의 형태로 적절하지 않은 것은?**

①
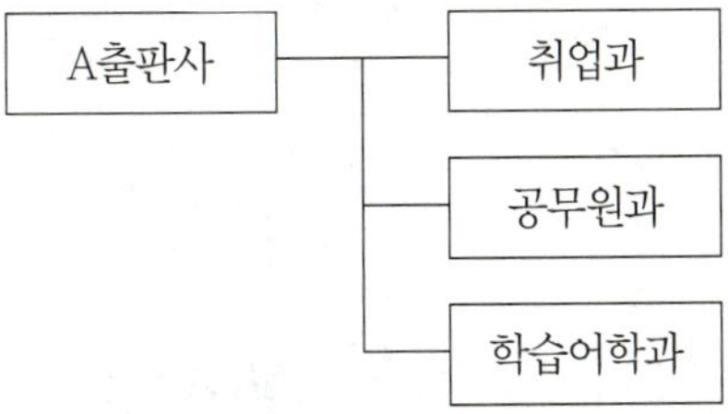

②
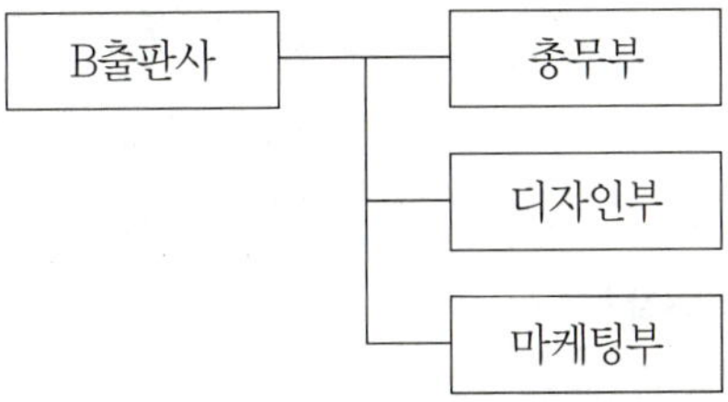

③
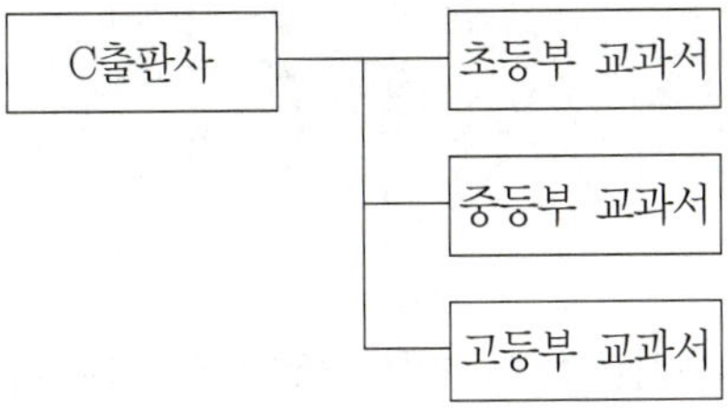

④
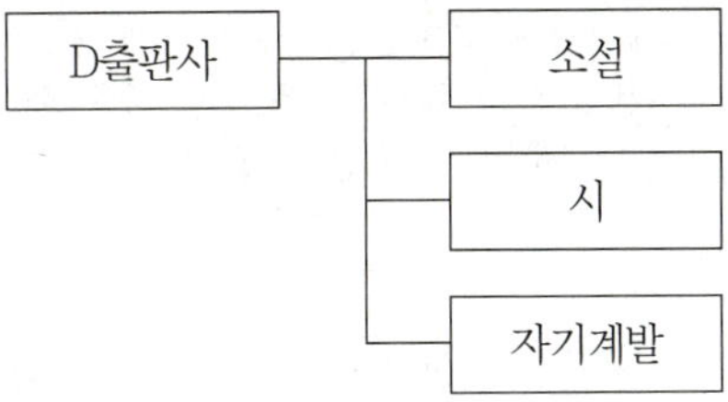

03 업무 종류

| 유형분석 |

- 부서별 주요 업무에 대해 묻는 문제이다.
- 부서별 특징과 담당 업무에 대한 이해가 필요하다.
- 직무전결규정 등 업무의 흐름을 이해하는 것도 중요하다.

다음은 K공단 직무전결표의 일부분이다. 이에 따라 문서를 처리하였을 경우 옳지 않은 것은?

직무 내용	대표이사	위임 전결권자		
		전무	이사	부서장
정기 월례 보고				○
각 부서장급 인수인계		○		
3천만 원 초과 예산 집행	○			
3천만 원 이하 예산 집행		○		
각종 위원회 위원 위촉	○			
해외 출장			○	

① 인사부장의 인수인계에 관하여 전무에게 결재받은 후 시행하였다.
② 인사징계위원회 위원을 위촉하기 위하여 대표이사 부재중에 전무가 전결하였다.
③ 영업팀장의 해외 출장을 위하여 이사에게 사인을 받았다.
④ 3천만 원에 해당하는 물품 구매를 위하여 전무 전결로 처리하였다.

정답 ②

각종 위원회 위원 위촉에 관한 전결규정은 없다. 따라서 정답은 ②가 된다.
단, 대표이사의 부재중에 부득이하게 위촉을 해야 하는 경우가 발생했다면 차하위자(전무)가 대결을 할 수는 있다.

풀이 전략!

조직은 목적의 달성을 위해 업무를 효과적으로 분배하고 처리할 수 있는 구조를 확립해야 한다. 조직의 목적이나 규모에 따라 구분되는 업무의 종류를 미리 이해하고 있어야 하며, 직무전결규정 등 조직 내 업무의 흐름을 파악하는 것이 중요하다.

01 직무 전결 규정상 전무이사가 전결인 '과장의 국내출장 건'의 결재를 시행하고자 한다. 박기수 전무이사가 해외출장으로 인해 부재중이어서 직무대행자인 최수영 상무이사가 결재하였다. 다음 〈보기〉 중 이와 관련하여 옳지 않은 것을 모두 고르면?

보기

ㄱ. 최수영 상무이사가 결재한 것은 전결이다.
ㄴ. 공문의 결재표상에는 '과장 최경옥, 부장 김석호, 상무이사 전결, 전무이사 최수영'이라고 표시되어 있다.
ㄷ. 박기수 전무이사가 출장에서 돌아와서 해당 공문을 검토하는 것은 후결이다.
ㄹ. 위임 전결받은 사항에 대해서는 원결재자인 대표이사에게 후결을 받는 것이 원칙이다.

① ㄱ, ㄴ
② ㄱ, ㄹ
③ ㄱ, ㄴ, ㄹ
④ ㄴ, ㄷ, ㄹ

02 다음은 K회사의 신제품 관련 회의가 끝난 후 작성된 회의록이다. 이를 이해한 내용으로 옳지 않은 것은?

회의일시	2025.○.○	부서	홍보팀, 영업팀, 기획팀
참석자	홍보팀 팀장, 영업팀 팀장, 기획팀 팀장		
회의안건	신제품 홍보 및 판매 방안		
회의내용	– 경쟁 업체와 차별화된 마케팅 전략 필요 – 적극적인 홍보 및 판매 전략 필요 – 대리점 실적 파악 및 소비자 반응 파악 필요 – 홍보팀 업무 증가에 따라 팀원 보충 필요		
회의 결과	– 홍보용 보도 자료 작성 및 홍보용 사은품 구매 요청 – 대리점별 신제품 판매량 조사 실시 – 마케팅 기획안 작성 및 공유 – 홍보팀 경력직 채용 공고		

① 이번 회의안건은 여러 팀의 협업이 필요한 사안이다.
② 기획팀은 마케팅 기획안을 작성하고, 이를 다른 팀과 공유해야 한다.
③ 홍보팀 팀장은 경력직 채용 공고와 관련하여 인사팀에 업무협조를 요청해야 한다.
④ 영업팀은 홍보용 보도 자료를 작성하고, 홍보용 사은품을 구매해야 한다.

03 다음은 K회사 디자인팀의 주간회의록이다. 이에 대한 설명으로 옳은 것은?

<table>
<tr><th colspan="6">주간회의록</th></tr>
<tr><td>회의일시</td><td>2025-11-11(화)</td><td>부서</td><td>디자인팀</td><td>작성자</td><td>이사원</td></tr>
<tr><td>참석자</td><td colspan="5">김과장, 박주임, 최사원, 이사원</td></tr>
<tr><td>회의안건</td><td colspan="5">1. 개인 주간 스케줄 및 업무 점검
2. 2026년 회사 홍보 브로슈어 기획</td></tr>
<tr><td rowspan="3">회의내용</td><td colspan="3">내용</td><td colspan="2">비고</td></tr>
<tr><td colspan="3">1. 개인 주간 스케줄 및 업무 점검
• 김과장 : 브로슈어 기획 관련 홍보팀 미팅,
외부 디자이너 미팅
• 박주임 : 신제품 SNS 홍보 이미지 작업,
회사 영문 서브페이지 2차 리뉴얼 작업 진행
• 최사원 : 2026년도 홈페이지 개편 작업 진행
• 이사원 : 12월 사보 편집 작업</td><td colspan="2">• 12월 15일 AM 10:00
디자인팀 전시회 관람</td></tr>
<tr><td colspan="3">2. 2026년도 회사 홍보 브로슈어 기획
• 브로슈어 주제 : ‘신뢰’
– 창립 ○○주년을 맞아 고객의 신뢰로 회사가 성장했음을 강조
– 한결같은 모습으로 고객들의 지지를 받아왔음을 기업 이미지로 표현
• 20페이지 이내로 구성 예정</td><td colspan="2">• 12월 12일까지 홍보팀에서 2026년도 브로슈어 최종원고 전달 예정</td></tr>
<tr><td rowspan="3">결정사항</td><td colspan="2">내용</td><td>작업자</td><td colspan="2">진행일정</td></tr>
<tr><td colspan="2">브로슈어 표지 이미지 샘플 조사</td><td>최사원, 이사원</td><td colspan="2">2025-11-11 ~ 2025-11-12</td></tr>
<tr><td colspan="2">브로슈어 표지 시안 작업 및 제출</td><td>박주임</td><td colspan="2">2025-11-11 ~ 2025-11-14</td></tr>
<tr><td>특이사항</td><td colspan="5">다음 회의 일정 : 12월 18일
• 브로슈어 표지 결정, 내지 1차 시안 논의</td></tr>
</table>

① K회사는 외부 디자이너에게 브로슈어 표지 이미지 샘플을 요청하였다.
② 디자인팀은 이번 주 수요일에 전시회를 관람할 예정이다.
③ 김과장은 이번 주에 내부 미팅, 외부 미팅을 모두 할 예정이다.
④ 이사원은 이번 주에 12월 사보 편집 작업만 하면 된다.

04 다음은 K기업 직무전결표의 일부분이다. 이에 따라 문서를 처리한 내용 중 옳지 않은 것을 〈보기〉에서 모두 고르면?

직무내용	대표이사	위임전결권자		
		전무	이사	부서장
직원 채용 승인	○			
직원 채용 결과 통보				○
교육훈련 대상자 선정			○	
교육훈련 프로그램 승인		○		
직원 국내 출장 승인			○	
직원 해외 출장 승인		○		
임원 국내 출장 승인		○		
임원 해외 출장 승인	○			

보기

㉠ 전무가 출장 중이어서 교육훈련 프로그램 승인을 위해서 일단 이사 전결로 처리하였다.
㉡ 인사부장 명의로 영업부 직원 채용 결과서를 통보하였다.
㉢ 영업부 대리의 국내 출장을 승인받기 위해서 이사의 결재를 받았다.
㉣ 기획부의 교육 대상자를 선정하기 위해서 기획부장의 결재를 받아 처리하였다.

① ㉠, ㉡　　② ㉠, ㉡, ㉢
③ ㉠, ㉡, ㉣　　④ ㉠, ㉢, ㉣

PART 1

04 국제 동향

| 유형분석 |

- 국제 매너에 대한 이해를 묻는 문제이다.
- 국제 공통 예절과 국가별 예절을 구분해서 알아야 하며, 특히 식사 예절은 필수로 알아 두어야 한다.

다음 대화 내용 중 국제문화에 대해 적절하지 않은 말을 한 사람은?

철수 : 12월에 필리핀에 흑색경보가 내려져서 안 가길 잘했어. 아직 해제 발표가 없으니 지금도 들어가지 못할 거야.
만수 : 요새 환율이 올라서 해외여행을 하기에 좋아.
영수 : 환율이 올라서 수출 사업하는 사람들이 이득을 보겠네.
희수 : 미국에 가고 싶었는데 ESTA 신청을 안 해서 관광을 못 할 것 같아.

① 철수 ② 만수
③ 영수 ④ 희수

정답 ②

환율이 상승하면 원화가치가 하락하기 때문에 해외여행자 수는 감소한다.

여행경보 제도
1. 여행 유의(남색경보) : 신변안전 유의
2. 여행 자제(황색경보) : 신변안전 특별 유의, 여행 필요성 신중 검토
3. 철수 권고(적색경보) : 긴급 용무가 아닌 한 귀국, 가급적 여행 취소·연기
4. 여행 금지(흑색경보) : 즉시 대피·철수, 방문 금지

미국 정부의 전자여행허가제(ESTA)
대한민국 국민으로서 관광 및 상용 목적으로 90일 이내 기간 동안 미국을 방문하고자 하는 경우, 2008년 11월 17일부터 원칙적으로 비자 없이 미국 입국이 가능하지만 미국 정부의 전자여행허가제에 따라 승인을 받아야만 한다.

풀이 전략!

국제 매너가 우리나라의 예절 상식과 항상 같지는 않음에 유의하며, 문제에서 묻는 내용(적절한, 적절하지 않은)을 분명히 확인한 후 문제를 풀어야 한다.

대표기출유형 04 기출응용문제

01 다음 〈보기〉 중 조직의 환경 적응에 대한 설명으로 적절하지 않은 것을 모두 고르면?

> 보기
>
> ㄱ. 기업에 대한 세계화의 영향은 진출시장, 투자 대상 확대 등 기업의 대외적 경영 측면으로 국한된다.
>
> ㄴ. 특정 국가에서의 업무 동향 점검 시에는 거래 기업에 대한 정보와 시장의 특성뿐 아니라 법규에 대하여도 파악하는 것이 필수적이다.
>
> ㄷ. 이문화 이해는 곧 상이한 문화와의 언어적 소통을 가리키므로 현지에서의 인사법 등 예절에 주의하여야 한다.
>
> ㄹ. 이문화 이해는 특정 타 지역에 오랜 기간 형성된 문화를 이해하는 것으로, 단기간에 집중적인 학습으로 신속하게 수월한 언어적 능력을 갖추는 것이 최선이다.

① ㄱ
② ㄱ, ㄷ
③ ㄱ, ㄷ, ㄹ
④ ㄴ, ㄷ, ㄹ

02 다음 중 외국인을 대하는 예절에 대한 설명으로 적절하지 않은 것은?

① 미국인과는 상대의 눈을 마주보고 미소를 지으며 악수한다.
② 머리를 조아리거나 허리를 굽실거리는 수줍은 태도의 악수는 비겁하게 보일 수 있다.
③ 영문 명함이 아닐 경우에는 교환하지 않는다.
④ 여성 / 연장자에서 남성 / 연소자 순으로 소개한다.

03 다음 대화 내용 중 경제 상식에 대해 적절하지 않은 말을 한 사람은?

> A사원 : 주식을 볼 때 미국은 나스닥, 일본은 자스닥, 한국은 코스닥을 운영하고 있던가?
> B사원 : 응, 국가마다 기준이 다른데 MSCI 지수를 통해 상호 비교할 수 있어.
> C사원 : 그렇지. 그리고 요즘 기축통화에 대해 들었어? 한국의 결제나 금융거래에서 기본이 되는 화폐인데 이제 그 가치가 더 상승한대.
> D사원 : 그래? 고도의 경제성장률을 보이는 이머징마켓에 속한 국가들 때문에 그런가?

① A사원
② B사원
③ C사원
④ D사원

CHAPTER 06
기술능력

합격 CHEAT KEY

기술능력은 업무를 수행함에 있어 도구, 장치 등을 포함하여 필요한 기술에 어떠한 것들이 있는지 이해하고, 실제 업무를 수행함에 있어 적절한 기술을 선택하여 적용하는 능력이다.

세부 유형은 기술 이해 · 기술 선택 · 기술 적용으로 나눌 수 있다. 제품설명서나 상황별 매뉴얼을 제시하는 문제 또는 명령어를 제시하고 규칙을 대입할 수 있는지 묻는 문제가 출제되기 때문에 이런 유형들을 공략할 수 있는 전략을 세워야 한다.

01 긴 지문이 출제될 때는 보기의 내용을 미리 보라!

기술능력에서 자주 출제되는 제품설명서나 상황별 매뉴얼을 제시하는 문제에서는 기술을 이해하고, 상황에 알맞은 원인 및 해결방안을 고르는 문제가 출제된다. 실제 시험장에서 문제를 풀 때는 시간적 여유가 없기 때문에 보기를 먼저 읽고, 그다음 긴 지문을 보면서 동시에 보기와 일치하는 내용이 나오면 확인해 가면서 푸는 것이 좋다.

02 모듈형에도 대비하라!

모듈형 문제의 비중이 늘어나는 추세이므로 공기업을 준비하는 취업준비생이라면 모듈형 문제에 대비해야 한다. 기술능력의 모듈형 이론 부분을 학습하고 모듈형 문제를 풀어보고 여러 번 읽으며 이론을 확실히 익혀두면 실제 시험장에서 이론을 묻는 문제가 나왔을 때 단번에 답을 고를 수 있다.

03 전공 이론도 익혀 두어라!

지원하는 직렬의 전공 이론이 기술능력으로 출제되는 경우가 많기 때문에 전공 이론을 익혀두는 것이 좋다. 깊이 있는 지식을 묻는 문제가 아니더라도 출제되는 문제의 소재가 전공과 관련된 내용일 가능성이 크기 때문에 최소한 지원하는 직렬의 전공 용어는 확실히 익혀 두어야 한다.

04 쉽게 포기하지 말라!

직업기초능력에서 주요 영역이 아니면 소홀한 경우가 많다. 시험장에서 기술능력을 읽어보지도 않고 포기하는 경우가 많은데 차근차근 읽어보면 지문만 잘 읽어도 풀 수 있는 문제들이 출제되는 경우가 있다. 이론을 모르더라도 풀 수 있는 문제인지 파악해보자.

대표기출유형

01 기술 이해

| 유형분석 |

- 업무수행에 필요한 기술의 개념 및 원리, 관련 용어에 대한 문제가 자주 출제된다.
- 기술 시스템의 개념과 발전 단계에 대한 문제가 출제되므로 각 단계의 순서와 그에 따른 특징을 숙지하여야 하며, 단계별로 요구되는 핵심 역할이 다름에 유의한다.

다음 중 기술선택에 대한 설명으로 옳은 것은?

① 상향식 기술선택은 체계적인 분석을 통해 기업이 획득해야 하는 대상기술과 목표기술수준을 결정하는 것이다.

② 상향식 기술선택은 시장의 고객들이 요구하는 제품이나 서비스를 개발하는 데 부적합한 기술이 선택될 수 있다.

③ 하향식 기술선택은 체계적인 분석이나 검토 없이 연구자나 엔지니어들이 자율적으로 기술을 선택하는 것이다.

④ 하향식 기술선택은 기술 개발 실무를 담당하는 기술자들의 흥미를 유발할 수 있다.

정답 ②

상향식 기술선택(Bottom-up Approach)

기업 전체 차원에서 필요한 기술에 대한 체계적인 분석이나 검토 없이 연구자나 엔지니어들이 자율적으로 기술을 선택하는 것이다. 이러한 방법은 기술 개발 실무를 담당하는 기술자들의 흥미를 유발하고, 그들의 창의적인 아이디어를 활용할 수 있다는 장점이 있다. 반면, 기술자들이 자신의 과학기술 전문 분야에 대한 지식과 흥미만을 고려하여 기술을 선택할 경우, 시장의 고객들이 요구하는 제품이나 서비스를 개발하는 데 부적합한 기술이 선택되거나, 경쟁기업과의 경쟁에서 승리할 수 없는 기술이 선택될 수 있는 단점이 있다.

하향식 기술선택(Top-down Approach)

기술경영진과 기술기획담당자들에 의한 체계적인 분석을 통해 기업이 획득해야 하는 대상기술과 목표기술수준을 결정하는 것이다. 이 방법은 먼저 기업이 직면하고 있는 외부환경과 기업의 보유 자원에 대한 분석을 통해 기업의 중장기적인 사업목표를 설정하고, 이를 달성하기 위해 확보해야 하는 핵심고객층과 그들에게 제공하고자 하는 제품과 서비스를 결정해야 한다. 그다음으로는 사업전략의 성공적인 수행을 위해 필요한 기술들을 열거하고, 각각의 기술에 대한 획득의 우선순위를 결정하는 것이다.

풀이 전략!

문제에 제시된 내용만으로는 풀이가 어려울 수 있으므로, 사전에 관련 기술 이론을 숙지하고 있어야 한다. 자주 출제되는 개념을 확실하게 암기하여 빠르게 문제를 풀 수 있도록 하는 것이 좋다.

대표기출유형 01 기출응용문제

01 다음 설명에 해당하는 벤치마킹으로 가장 적절한 것은?

> 프로세스에 있어 최고로 우수한 성과를 보유한 동일 업종의 비경쟁적 기업을 대상으로 한다. 접근 및 자료 수집이 용이하고, 비교 가능한 업무 / 기술 습득이 상대적으로 용이한 반면, 문화 및 제도적인 차이로 발생되는 효과에 대한 검토가 없을 경우, 잘못된 분석 결과의 발생 가능성이 높은 단점이 있다.

① 내부 벤치마킹
② 경쟁적 벤치마킹
③ 비경쟁적 벤치마킹
④ 글로벌 벤치마킹

02 다음 중 기술관리자의 능력에 대한 설명으로 옳지 않은 것은?

① 시스템적인 관점이 필요하다.
② 추세에 대한 이해 능력은 필요하지 않다.
③ 혁신적인 환경을 조성할 수 있는 능력이 필요하다.
④ 기술팀을 통합할 수 있는 능력이 필요하다.

03 다음 글을 읽고 이해한 내용으로 가장 적절한 것은?

> 최근 환경오염의 주범이었던 화학회사들이 환경 보호 정책을 표방하고 나섰다. 기업의 분위기가 변하면서 대학의 엔지니어뿐만 아니라 기업에 고용된 엔지니어들도 점차 대체기술, 환경기술, 녹색디자인 등을 추구하는 방향으로 전환해 가고 있는 것이다.
> 또한, 최근 각광받고 있는 3R의 구호 '줄이고(Reduce), 재사용하고(Reuse), 재처리하자(Recycle)'는 엔지니어들로 하여금 미래 사회를 위한 자신들의 역할에 대해 방향을 제시해 주고 있다.

① 개발이라는 이름으로 행해지는 개발독재의 사례로 볼 수 있다.
② 자연과학기술에 대한 연구개발의 사례로 볼 수 있다.
③ 균형과 조화를 위한 지속가능한 개발의 사례로 볼 수 있다.
④ 기술이나 자금을 위한 개발수입의 사례로 볼 수 있다.

04 **다음 중 A사와 B사가 활용한 벤치마킹의 종류가 바르게 연결된 것은?**

> A사는 기존 신용카드사가 시도하지 않았던 새로운 분야를 개척하며 성장했다. A사만의 독특한 문화와 경영방식 중 상당 부분은 회사 바깥에서 얻었다. 이런 작업의 기폭제가 바로 'Insight Tour'이다. A사 직원들은 업종을 불문하고 새로운 마케팅으로 주목받는 곳을 방문한다. 심지어 혁신적인 미술관이나 자동차 회사까지 찾아간다. 금융회사는 가급적 가지 않는다. 카드사는 고객이 결제하는 카드만 취급하는 것이 아니라 회사의 고객 라이프 스타일까지 디자인하는 곳이라는 게 A사의 시각이다. A사의 브랜드 실장은 "카드사는 생활과 밀접한 분야에서 통찰을 얻어야 한다. 'Insight Tour'는 고객의 삶을 업그레이드하는 데 역점을 둔다."고 강조했다.
> B사의 첫 벤치마킹 대상은 선반이 높은 창고형 매장을 운영한 월마트였다. 하지만 한국 문화에 맞지 않았다. 3년 후 일본 할인점인 이토요카토로 벤치마킹 대상을 바꿨다. 신선식품에 주력하고 시식행사도 마련하였고, 결과는 성공이었다. 또한 자체브랜드(PL; Private Label) 전략도 벤치마킹을 통해 가다듬었다. 기존 B사의 PL은 저가 이미지가 강했지만, 이를 극복하기 위해 B사는 'PL 종주국' 유럽을 벤치마킹했다. 유럽의 기업인 테스코는 PL 브랜드를 세분화해서 '테스코 파이니스트 – 테스코 노멀 – 테스코 벨류'란 브랜드를 달았다. 이와 유사하게 B사도 '베스트 – 벨류 – 세이브' 등의 브랜드로 개편했다.

	A사	B사
①	경쟁적 벤치마킹	비경쟁적 벤치마킹
②	간접적 벤치마킹	글로벌 벤치마킹
③	비경쟁적 벤치마킹	글로벌 벤치마킹
④	직접적 벤치마킹	경쟁적 벤치마킹

05 **다음 빈칸에 들어갈 내용으로 적절하지 않은 것은?**

> 기술능력은 직업에 종사하기 위해 모든 사람들이 필요로 하는 능력이며, 이것을 넓은 의미로 확대해 보면 기술교양(Technical Literacy)이라는 개념으로 사용될 수 있다. 즉, 기술능력은 기술교양의 개념을 보다 구체화시킨 개념으로 볼 수 있다. 일반적으로 기술교양을 지닌 사람들은 ______________________________

① 기술학의 특성과 역할을 이해한다.

② 기술과 관련된 이익을 가치화하지 않는다.

③ 기술에 의한 윤리적 딜레마에 대해 합리적으로 반응할 수 있다.

④ 기술체계가 설계되고, 사용되고, 통제되는 방법을 이해한다.

06 다음은 기술의 특징을 설명하는 글이다. 이를 읽고 이해한 내용으로 적절하지 않은 것은?

> 일반적으로 기술에 대한 특징은 다음과 같이 정의될 수 있다.
> 첫째, 하드웨어나 인간에 의해 만들어진 비자연적인 대상, 혹은 그 이상을 의미한다.
> 둘째, 기술은 '노하우(Knowhow)'를 포함한다. 즉, 기술을 설계하고, 생산하고, 사용하기 위해 필요한 정보, 기술, 절차를 갖는데 노하우(Knowhow)가 필요한 것이다.
> 셋째, 기술은 하드웨어를 생산하는 과정이다.
> 넷째, 기술은 인간의 능력을 확장시키기 위한 하드웨어와 그것의 활용을 뜻한다.
> 다섯째, 기술은 정의 가능한 문제를 해결하기 위해 순서화되고 이해 가능한 노력이다.
> 이와 같은 기술이 어떻게 형성되는가를 이해하는 것과 사회에 의해 형성되는 방법을 이해하는 것은 두 가지 원칙에 근거한다. 먼저 기술은 사회적 변화의 요인이다. 기술체계는 의사소통의 속도를 증가시켰으며, 이것은 개인으로 하여금 현명한 의사결정을 할 수 있도록 도와준다. 또한, 사회는 기술개발에 영향을 준다. 사회적, 역사적, 문화적 요인은 기술이 어떻게 활용되는가를 결정한다.
> 기술은 두 개의 개념으로 구분될 수 있으며, 하나는 모든 직업 세계에서 필요로 하는 기술적 요소들로 이루어지는 광의의 개념이고, 다른 하나는 구체적 직무수행능력 형태를 의미하는 협의의 개념이다.

① 기술은 건물, 도로, 교량, 전자장비 등 인간이 만들어낸 모든 물질적 창조물을 생산하는 과정으로 볼 수 있다.

② 전기산업기사, 건축산업기사, 정보처리산업기사 등의 자격 기술은 기술의 광의의 개념으로 볼 수 있다.

③ 영국에서 시작된 산업혁명 역시 기술 개발에 영향을 주었다고 볼 수 있다.

④ 컴퓨터의 발전은 기술체계가 개인으로 하여금 현명한 의사결정을 할 수 있는 사례로 볼 수 있다.

대표기출유형

02 기술 적용

| 유형분석 |

- 주어진 자료를 해석하고 기술을 적용하여 풀어가는 문제이다.
- 자료 등을 읽고 제시된 문제 상황에 적절한 해결 방법을 찾는 문제가 자주 출제된다.
- 지문의 길이가 길고 복잡하므로, 문제에서 요구하는 정보를 놓치지 않도록 주의해야 한다.

K공단의 정보 보안팀 A사원은 유·무선 공유기 HI-804A를 설치하기 위해 몇 가지 사항들을 점검하였다. 다음 중 A사원이 점검한 내용으로 옳지 않은 것은?

■ 공유기 설치 전 확인사항
- 현재 사용 중인 공유기가 있다면 HI-804A의 IP주소와 충돌을 일으킬 수 있으므로 현재 사용 중인 공유기가 있는지 확인해 주세요.
- HI-804A 공유기의 IP주소는 http://190.275.2.3입니다.
- 사용 중인 공유기의 IP주소가 http://190.275.2.3인 경우 사용 중인 공유기의 IP주소를 변경한 후 설치를 시작합니다.
- 사용자 이름은 admin이며, 비밀번호는 0000입니다.
- 기존에 사용 중인 공유기가 없다면 바로 설치를 진행합니다.

■ 공유기 설치 시작
1) HI-804A, 외장형 모뎀, PC의 전원을 모두 끕니다.
2) 현재 인터넷이 되는 PC에 연결된 외장형 모뎀을 분리합니다.
3) 분리한 외장형 모뎀에서 인터넷케이블로 HI-804A의 INTERNET포트에 연결합니다.
4) PC와 LAN포트를 LAN케이블로 연결합니다.
5) 외장형 모뎀을 켜서 1분 정도 기다립니다.
6) HI-804A 전원을 켜서 1분 정도 기다립니다.
7) PC 전원을 켜서 부팅을 합니다.

■ 공유기 설정 및 무선 설정
1) 스마트폰에서 'HI-NETWORK' 앱을 설치합니다.
2) 앱을 실행한 후 '기본 설정 마법사'를 실행합니다.
3) 자동으로 검색된 HI-804A를 터치합니다.
4) 장치의 비밀번호는 기본 세팅이 되어 있는데, 변경을 원하면 비밀번호 터치 후 새로 입력한 뒤 '저장'을 터치하세요.
5) 동작 방식을 [Router 방식], 연결 방식을 [유동 IP방식]으로 설정합니다.
6) 와이파이의 이름과 비밀번호가 자동 세팅되는데, 변경을 원하면 새로 입력한 뒤 '저장'을 터치하세요.
7) 설정이 완료되면 '확인' 버튼을 터치하세요.

① 현재 사내에서 사용 중인 다른 공유기가 있는지 확인하였다.

② HI-804A의 IP주소를 확인하였다.

③ 현재 사용 중인 공유기의 IP주소를 확인하였다.

④ IP주소가 충돌하여 HI-804A의 IP주소를 변경하였다.

정답 ④

사용 중인 공유기의 IP주소가 http://190.275.2.3으로 HI-804A의 IP주소와 동일할 경우 HI-804A 공유기가 아닌 사용 중인 공유기의 IP주소를 다른 IP주소로 변경하여야 한다.

풀이 전략!

문제에 제시된 자료 중 필요한 정보를 빠르게 파악하는 것이 중요하다. 질문을 먼저 읽고 문제 상황을 파악한 뒤 제시된 선택지를 하나씩 소거하며 문제를 푸는 것이 좋다.

대표기출유형 02 기출응용문제

※ 교육서비스 업체인 H사에서는 업무 효율화를 위해 업무용 태블릿PC '에듀프랜드'를 전 직원에게 제공하기로 결정하였다. 이어지는 질문에 답하시오. **[1~2]**

■ 지원기능

1. 학습자 관리
   - 인적사항 등록 매뉴얼에서 학습자 인적사항을 등록할 수 있습니다.
   - 학습자 지도 및 평가 계획안을 첨부하여 등록할 수 있습니다.
   - 입력된 학습자 인적사항은 가나다순 또는 등록일자순, 나이순, 지역순으로 정렬할 수 있습니다.
   - 키워드 입력을 통해 원하는 학습자 정보를 검색할 수 있습니다.
2. 교사 스케줄링
   - 캘린더에 일정을 등록할 수 있고, 등록된 일정은 월별·주별·시간대별로 설정하여 확인할 수 있습니다.
   - 중요한 일정은 알람을 설정할 수 있습니다.
   - 위치정보를 활용해 학습자 방문지와의 거리 및 시간 정보와 경로를 탐색할 수 있습니다.
   - Office 문서작성을 지원하며, 터치펜으로 메모를 작성할 수 있습니다.
3. 커뮤니티
   - 커뮤니티에 접속해 공지사항을 확인할 수 있고, 게시판 기능을 활용할 수 있습니다.
   - 화상전화를 지원하여, 학습자와 시간과 장소에 제한 없이 소통할 수 있습니다.

■ 제품사양

프로세서	CPU 속도 1.7GHz	
디스플레이	Size 165.5×77×8.8mm, Weight 200g	
	해상도 2,960×1,440	
메모리	내장 500GB, 외장 500GB(총 1TB 지원)	
카메라	표준 2,400만 화소	
연 결	USB 지원	블루투스 지원
	GPS 지원	이어잭 지원
	Wi-Fi 지원	
배터리	표준 배터리 용량 4,000mAh	
	비디오 재생시간 20h	

■ 주의사항

- 물 또는 빗물에 던지거나 담그지 마십시오.
- 젖은 배터리를 사용하거나 충전하지 마십시오.
- 화기 가까이 두지 마십시오(가급적 0 ~ 40°C 사이에서 사용하세요).
- 신용카드, 전화카드, 통장 등의 자성을 이용한 제품에 가까이 두지 마십시오.
- 소량의 유해물질이 있으니 기기를 분해하지 마십시오.
- 기기를 떨어뜨리지 마십시오.

01 **A사원은 '에듀프랜드'를 제공받아 업무를 수행하였다. 다음 중 A사원이 에듀프랜드를 사용하여 수행한 업무로 적절하지 않은 것은?**

① 인적사항 등록 매뉴얼에서 A사원이 관리하는 학생 100명의 인적사항을 등록하였다.
② 학습자 지도 및 평가 계획안의 메모리가(600GB) 커서 일부분을 업로드하지 못하였다.
③ A사원의 관리대상인 학습자 B군과 미팅을 잡고, 캘린더에 일정 알람을 등록하였다.
④ GPS를 켜서 학습자 B군의 집까지 최적 경로와 소요 시간을 탐색하였다.

02 **A사원이 '에듀프랜드'를 사용하기 위해 전원 버튼을 눌렀지만, 전원이 켜지지 않았다. 다음 중 에듀프랜드의 전원이 켜지지 않는 원인으로 적절하지 않은 것은?**

① 차량용 자석 거치대를 설치하여 운전 시에 에듀프랜드를 자석 거치대 위에 두었다.
② 식당에서 물을 쏟아 가방에 들어있던 에듀프랜드가 물에 젖어버렸다.
③ 윗주머니에 들어 있던 에듀프랜드를 바닥으로 떨어뜨렸다.
④ 에듀프랜드에 보호 커버를 씌우고, 보호 커버 위에 매직펜으로 이름을 썼다.

※ 다음은 어떤 제품의 사용 시 주의사항과 문제발생 시 확인사항이다. 이어지는 질문에 답하시오. **[3~5]**

〈사용 시 주의사항〉

- 운전 중에 실내기나 실외기의 흡입구를 열지 마십시오.
- 침수가 되었을 때에는 반드시 서비스 센터에 의뢰하십시오.
- 청소 시에는 전원 플러그를 뽑아 주십시오.
- 세척 시 부식을 발생시키는 세척제를 사용하지 마십시오. 특히 내부 세척은 전문가의 도움을 받으십시오.
- 필터는 반드시 끼워서 사용하고 2주에 1회가량 필터를 청소해 주십시오.
- 운전 중에 가스레인지 등 연소기구 이용 시 수시로 환기를 시키십시오.
- 어린이가 제품 위로 올라가지 않도록 해 주십시오.

〈문제발생 시 확인사항〉

발생 문제	확인사항	조치
제품이 작동하지 않습니다.	전원 플러그가 뽑혀 있지 않습니까?	전원플러그를 꽂아 주십시오.
	전압이 너무 낮지 않습니까?	공급 전력이 정격 전압 220V인지 확인하십시오.
	리모컨에 이상이 없습니까?	건전지를 교환하거나 (+), (−)극에 맞게 다시 투입하십시오.
찬바람이 지속적으로 나오지 않습니다.	전원을 끈 후 곧바로 운전시키지 않았습니까?	실외기의 압축기 보호장치 작동으로 약 3분 후 다시 정상작동됩니다.
	희망온도가 실내온도보다 높게 설정되어 있지 않습니까?	희망온도를 실내온도보다 낮게 설정하십시오.
	제습모드나 절전모드는 아닙니까?	운전모드를 냉방으로 변경하십시오.
배출구에 이슬이 맺힙니다.	실내 습도가 너무 높지 않습니까?	공기 중의 습기가 이슬로 맺히는 자연스러운 현상으로, 증상이 심한 경우 마른 수건으로 닦아 주십시오.
예약운전이 되지 않습니다.	예약시각이 올바르게 설정되었습니까?	설명서를 참고하여 올바른 방법으로 예약해 주십시오.
	현재시각이 올바르게 설정되어 있습니까?	현재시각을 다시 설정해 주십시오.
실내가 원하는 만큼 시원해지지 않습니다.	제품의 냉방 가능 면적이 실내 면적보다 작지 않습니까?	냉방 가능 면적이 실내 면적과 일치하는 성능의 제품을 사용하십시오.
	실내기와 실외기의 거리가 멀지 않습니까?	실내기와 실외기 사이가 5m 이상이 되면 냉방능력이 다소 떨어질 수 있습니다.
	실내에 인원이 너무 많지 않습니까?	실내에 인원이 많으면 냉방효과가 다소 떨어질 수 있습니다.
	햇빛이 실내로 직접 들어오지 않습니까?	커튼이나 블라인드 등으로 햇빛을 막아 주십시오.
	문이나 창문이 열려있지 않습니까?	찬 공기가 실외로 빠져나가지 않도록 문을 닫아 주십시오.
	실내기·실외기 흡입구나 배출구가 막혀 있지 않습니까?	실내기·실외기 흡입구나 배출구의 장애물을 제거해 주십시오.
	필터에 먼지 등 이물질이 끼지 않았습니까?	필터를 깨끗이 청소해 주십시오.

리모컨이 작동하지 않습니다.	건전지의 수명이 다 되지 않았습니까?	새 건전지로 교체하십시오.
	주변에 너무 강한 빛이 있지 않습니까?	네온사인이나 삼파장 형광등 등 강한 빛이 발생하는 주변에서는 간혹 리모컨이 작동하지 않을 수 있으므로 실내기 수신부 앞에서 에어컨을 작동시키십시오.
	리모컨의 수신부가 가려져 있지 않습니까?	가리고 있는 물건을 치우십시오.
냄새가 나고 눈이 따갑습니다.	냄새를 유발하는 다른 요인(조리, 새집의 인테리어 및 가구, 약품 등)이 있지 않습니까?	환풍기를 작동하거나 환기를 해 주십시오.
	곰팡이 냄새가 나지 않습니까?	제품에서 응축수가 생겨 잘 빠지지 않을 경우 냄새가 날 수 있습니다. 배수호스를 점검해 주세요.
제품이 저절로 꺼집니다.	꺼짐 예약 또는 취침예약이 되어있지 않습니까?	꺼짐 예약이나 취침예약을 취소하십시오.
실내기에서 안개 같은 것이 발생합니다.	습도가 높은 장소에서 사용하고 있지 않습니까?	습도가 높으면 습기가 많은 바람이 나오면서 안개 같은 것이 배출될 수 있습니다.
	기름을 많이 사용하는 장소에서 사용하고 있지 않습니까?	음식점 등 기름을 많이 사용하는 장소에서 사용할 경우 기기 내부를 정기적으로 청소해 주십시오.

03 다음은 어떤 제품에 대한 사용설명서인가?

① 가스레인지
② 냉장고
③ TV
④ 에어컨

04 다음 중 제품에서 곰팡이 냄새가 날 때는 어떻게 해야 하는가?

① 환기를 해야 한다.
② 제품 내부를 청소해야 한다.
③ 직사광선이 심한지 확인한다.
④ 배수호스를 점검해야 한다.

05 **귀하는 K전자 고객지원팀에서 온라인 문의에 대한 답변 업무를 하고 있다. 다음 중 답변으로 옳지 않은 것은?**

① Q : 제품이 더러워져서 청소를 하려고 해요. 마트에 갔더니 가전제품 전용 세제가 있어서 사왔는데, 이걸로 청소를 하면 괜찮을까요?

A : 외부 청소만 하신다면 상관이 없으나, 기기 내부 청소의 경우에는 반드시 전문가의 도움을 받으셔야 합니다.

② Q : 예약시각을 매번 정확히 입력하는데도 예약운전이 되지 않아요.

A : 기기의 현재시각이 올바르게 설정되어 있는지 확인해 주시기 바랍니다.

③ Q : 리모컨이 작동하지 않네요. 확인해 보니까 건전지는 아직 남아 있습니다. 고장인가요?

A : 삼파장 형광등이나 네온사인 같은 강한 빛이 나는 물건을 주변에서 치워 보시고, 이후에도 미해결 시 A/S센터로 연락주십시오.

④ Q : 구입한 지 시간이 좀 지나서 필터 청소를 하려고 합니다. 필터 청소 주기는 어떻게 되나요?

A : 필터 청소는 2주에 1회가량을 권장하고 있습니다.

PART 2

최종점검 모의고사

제1회
최종점검 모의고사

※ 국가철도공단 최종점검 모의고사는 2025 하반기 채용공고와 시험 후기를 기준으로 구성한 것으로, 실제 시험과 다를 수 있습니다.

■ 취약영역 분석

번호	O/×	영역	번호	O/×	영역	번호	O/×	영역
01		의사소통능력	18		수리능력	35		자원관리능력
02			19			36		
03			20			37		
04			21		문제해결능력	38		
05			22			39		
06			23			40		
07			24			41		조직이해능력 / 기술능력
08			25			42		
09			26			43		
10			27			44		
11		수리능력	28			45		
12			29			46		
13			30			47		
14			31		자원관리능력	48		
15			32			49		
16			33			50		
17			34					

평가문항	50문항	평가시간	50분
시작시간	:	종료시간	:
취약영역			

제1회 최종점검 모의고사

사무직 기술직

문항 수 : 50문항 응시시간 : 50분

정답 및 해설 p.042

| 01 | 공통 영역

01 다음 글을 읽고 알 수 있는 내용으로 적절하지 않은 것은?

> 국가철도공단은 철도산업 경쟁력 강화·일자리 창출·안전사고 예방 등을 위해 공사·용역 분야 계약기준을 개정한다고 밝혔다. 공사 분야 3건, 용역 분야 7건 등 개정된 계약기준은 공단 홈페이지 및 전자조달시스템 사이트에 공개하였으며, 2024년 10월 4일 입찰 공고한 '신안산선(1～6공구) 건설사업관리용역'부터 적용한다.
> 공사 분야에서는 당초 상위 40%, 하위 20%의 입찰금액을 제외했던 종합심사제 균형가격 산정 기준을 상·하위 20% 입찰금액으로 완화해 적정공사비를 지급하고, 안전 관련 비용 등을 제외하여 저가 투찰 유인요소를 개선하고 입찰가격 평가를 합리화하였다. 또한 종합심사제 '건설인력 고용' 심사 항목을 공사수행능력 평가에 포함하여 0.6점에서 1점으로 배점을 확대하였고, 신인도에서 건설 고용지수, 일자리 창출 실적 등의 '고용개선' 심사 항목을 신설하여 건설 일자리 확대를 도모하였다.
> 용역 분야에서는 신용평가 등급 기준을 A－에서 BBB－로 낮추고, 신기술개발 및 투자실적 평가의 만점 기준을 완화하여 중소기업의 경영 부담을 줄였다. 또한 경력·실적 만점 기준을 각각 20년에서 15년, 15건에서 10건으로 완화하여 청년기술자 고용 확대 및 업계의 상생·균형 발전을 제도적으로 지원한다.
> 아울러, 공사 분야 사망사고에 대한 신인도 감점을 회당 －2점에서 －5점으로, 용역 분야 사망사고에서는 9건당 －1점에서 －3점으로 강화하여 철도 건설 현장의 안전을 제고하였다.
> 국가철도공단의 이사장은 "금번 계약제도 개편은 국민 눈높이에 맞는 계약제도 실현을 위해 지난 6월 공단에서 자체 발족한 '고객 중심·글로벌 계약실현 추진반' 성과의 일환"이라며, "공단은 앞으로도 철도산업 경쟁력 강화를 위해 지속적으로 제도를 개선해나가겠다."라고 밝혔다.

① 개정된 계약기준을 확인하는 방법
② 개정된 계약기준의 적용일
③ 종합심사제에서 삭제된 심사 항목
④ 변경된 경력·실적 평가의 만점 기준

02 **다음 중 효과적인 경청 방법에 대한 설명으로 적절하지 않은 것은?**

① 대화를 하는 동안 시간 간격이 있으면, 다음에 무엇을 말할 것인가를 추측하려고 노력해야 한다.
② 상대방이 전달하려는 메시지가 무엇인가를 생각해보고 자신의 삶, 목적, 경험과 관련지어 본다.
③ 대화 도중에 주기적으로 대화의 내용을 요약하면 상대방이 전달하려는 메시지를 이해하고, 사상과 정보를 예측하는 데 도움이 된다.
④ 상대방이 말하는 사이에 질문을 하면 질문에 대한 답이 즉각적으로 이루어질 수 없으므로 되도록 질문하지 않고 상대방의 이야기에 집중한다.

03 **다음 〈보기〉 중 상황에 따른 문서 작성법에 대한 설명으로 옳지 않은 것을 모두 고르면?**

보기

ㄱ. 요청이나 확인을 부탁하는 경우, 일반적으로 공문서의 형태로 양식을 준수하여 작성하여야 한다.
ㄴ. 정보제공을 위해 문서를 작성하는 경우, 시각적 자료는 내용전달을 방해할 수 있으므로 최소화하는 것이 좋다.
ㄷ. 정보제공을 위해 문서를 작성하는 경우, 문서는 최대한 신속히 작성하여 전달하는 것이 효과적이다.
ㄹ. 제안이나 기획을 하려는 경우, 상대방이 합리적으로 판단할 수 있게 객관적 사실만을 기입하고 개인의 주관은 포함시키지 않는 것이 좋다.

① ㄱ, ㄴ
② ㄱ, ㄹ
③ ㄴ, ㄷ
④ ㄴ, ㄹ

PART 2

04 **다음 중 밑줄 친 부분의 맞춤법이 옳은 것은?**

① 나의 바램대로 내일은 흰 눈이 왔으면 좋겠다.
② 엿가락을 고무줄처럼 늘였다.
③ 학생 신분에 알맞는 옷차림을 해야 한다.
④ 계곡물에 손을 담구니 시원하다.

05 **다음 글의 중심 내용으로 가장 적절한 것은?**

> 통계는 다양한 분야에서 사용되며 막강한 위력을 발휘하고 있다. 그러나 모든 도구나 방법이 그렇듯이, 통계 수치에도 함정이 있다. 함정에 빠지지 않으려면 통계 수치의 의미를 정확히 이해하고, 도구와 방법을 올바르게 사용해야 한다. 친구 5명이 만나서 이야기를 나누다가 연봉이 화제가 되었다. 2천만 원이 4명, 7천만 원이 1명이었는데, 평균을 내면 3천만 원이다. 이 숫자에 대해 4명은 "나는 봉급이 왜 이렇게 적을까?"하며 한숨을 내쉬었다. 그러나 이 평균값 3천만 원이 5명의 집단을 대표하는 데에 아무 문제가 없을까? 물론 계산 과정에는 하자가 없지만, 평균을 집단의 대푯값으로 사용하는 데에 어떤 한계가 있을 수 있는지 깊이 생각해 보지 않는다면, 우리는 잘못된 생각에 빠질 수도 있다. 평균은 극단적으로 아웃라이어(비정상적인 수치)에 민감하다. 집단 내에 아웃라이어가 하나만 있어도 평균이 크게 바뀐다는 것이다. 위의 예에서 1명의 연봉이 7천만 원이 아니라 100억 원이었다고 하자. 그러면 평균은 20억 원이 넘게 된다.
> 나머지 4명은 자신의 연봉이 평균치의 100분의 1밖에 안 된다며 슬퍼해야 할까? 연봉 100억 원인 사람이 아웃라이어이듯이 처음의 예에서 연봉 7천만 원인 사람도 아웃라이어인 것이다. 두드러진 아웃라이어가 있는 경우에는 평균보다는 최빈값이나 중앙값이 대푯값으로서 더 나을 수 있다.

① 평균은 집단을 대표하는 수치로서는 매우 부적당하다.
② 통계는 숫자 놀음에 불과하므로 통계 수치에 일희일비할 필요가 없다.
③ 평균보다는 최빈값이나 중앙값을 대푯값으로 사용해야 한다.
④ 통계 수치의 의미와 한계를 정확히 인식하고 사용할 필요가 있다.

06 다음 빈칸에 들어갈 내용으로 가장 적절한 것은?

> 우리는 도시의 세계에 살고 있다. 2010년에 인류 역사상 처음으로 세계 전체에서 도시 인구수가 농촌 인구수를 넘어섰다. 이제 우리는 도시가 없는 세계를 상상하기 힘들며, 세계 최초의 도시들을 탄생시킨 근본적인 변화가 무엇이었는지를 상상하는 것도 쉽지 않다.
> 인류는 약 1만 년 전부터 5천 년 전까지 도시가 아닌 작은 농촌 마을에서 살았다. 이 시기 농촌 마을의 인구는 대부분 약 2천 명 정도였다. 약 5천 년 전부터 이라크 남부, 이집트, 파키스탄, 인도 북서부에서 1만 명 정도의 사람이 모여 사는 도시가 출현하였다. 이런 세계 최초의 도시들을 탄생시킨 원인은 무엇인가? 이 질문에 대해서 몇몇 사람들은 약 1만 년 전부터 5천 년 전 사이에 일어난 농업의 발전에 의해서 농촌의 인구가 점차적으로 증가해 도시가 되었다고 말한다. 과연 농촌의 인구는 점차적으로 증가했는가? 고고학적 연구는 그렇지 않다고 말해주는 듯하다. 농업 기술의 발전에 의해서 마을이 점차적으로 거대해졌다면, 거주 인구가 2천 명과 1만 명 사이인 마을들이 빈번하게 발견되어야 한다. 그러나 2천 명이 넘는 인구를 수용한 마을은 거의 발견되지 않았다. 이는 약 5천 년 전 즈음 마을의 거주 인구가 비약적으로 증가했다는 것을 보여준다.
> 그렇다면 무엇 때문에 이런 거주 인구의 비약적인 변화가 가능했는가? 이 질문에 대한 답은 사회적 제도의 발명에서 찾을 수 있다. ______________________ 따라서 거주 인구가 비약적으로 증가하기 위해서는 사람들을 조직하고, 이웃들 간의 분쟁을 해소하는 것과 같은 문제들을 해결하는 사회적 제도의 발명이 필수적이다. 이런 이유에서 도시의 발생은 사회적 제도의 발명에 영향을 받았다고 생각할 수 있다. 그리고 이런 사회적 제도의 출현은 이후 인류 역사의 모습을 형성하는 데 결정적인 역할을 한 사건이었다.

① 사회적 제도 없이 사람들이 함께 모여 살 수 있는 인구 규모의 최대치는 2천 명 정도밖에 되지 않는다.

② 농업 기술의 발전에 의해서 마을이 점차적으로 거대해졌다면, 약 1만 년 전 농촌 마을의 거주 인구는 2천 명 정도여야 한다.

③ 거주 인구가 2천 명이 넘지 않는 마을은 도시라고 할 수 없다.

④ 2천 명 정도의 인구를 가진 농촌 마을도 행정조직과 같은 사회적 제도를 가지고 있었다.

PART 2

07 다음 문단을 논리적 순서대로 바르게 나열한 것은?

(가) 닭 한 마리가 없어져서 뒷집 식구들이 모두 나서서 찾았다. 그런데 앞집 부엌에서 고기 삶는 냄새가 났다. 왜 우리 닭을 잡아먹었느냐고 따지자 주인은 아니라고 잡아뗐다. 부엌에서 나는 고기 냄새는 무어냐고 물었더니, 냄새가 날 리 없다고, 아마도 네가 오랫동안 고기 맛을 보지 못해서 환장했을 거라고 면박을 준다. 너희 집 두엄 더미에 버려진 닭 털은 어찌된 거냐고 들이대자 오리 발을 들고 나와 그것은 네 집 닭 털이 아니라 우리 집 오리털이라고 변명한다. 네 집 닭을 훔쳐 먹은 것이 아니라 우리 집 오리를 내가 잡은 것인데, 그게 무슨 죄가 되냐고 오히려 큰소리친다.

(나) 남의 닭을 훔쳐다 잡아먹고서 부인할 수는 있다. 그러나 뭐 뀐 놈이 성내는 것도 분수가 있지, 피해자를 가해자로 몰아 처벌하게 하는 데야 말문이 막힐 수밖에 없는 일이 아닌가. 적반하장도 유분수지, 도둑이 주인을 도둑으로 처벌해 달라고 고소하는 일은 별로 흔하지 않을 것이다.

(다) 뒷집 사람은 원님에게 불려 가게 되었다. 뒷집에서 우리 닭을 훔쳐다 잡아먹었으니 처벌해 달라고 앞집 사람이 고소했던 것이다. 이번에는 증거물이 있었다. 바로 앞집 사람이 잡아먹고 남은 닭발이었는데, 그것을 뒷집 두엄 더미에 넣어 두었던 것이다. 뒷집 사람은 앞집에서는 증조부 때 이후로 닭을 기른 적이 없다고 항변했지만 그것을 입증해 줄 만한 사람은 없었다. 뒷집 사람은 어쩔 수 없이 앞집에 닭 한 마리 값을 물어 주었다.

(라) '닭 잡아먹고 오리 발 내민다.'라는 속담이 있다. 제가 저지른 나쁜 일이 드러나게 되니 어떤 수단을 써서 남을 속이려 한다는 뜻이다. 남을 속임으로써 난감한 처지에서 벗어나고자 하는 약삭빠른 사람의 행위를 이렇게 비유해서 말하는 것이다.

① (라) – (가) – (다) – (나)
② (라) – (나) – (가) – (다)
③ (라) – (나) – (다) – (가)
④ (라) – (다) – (나) – (가)

08 다음 글의 빈칸에 들어갈 알맞은 접속어는?

단감은 비타민C와 비타민A가 풍부하여 감기 예방과 피로 해소에 좋다. ________ 단감의 타닌 성분은 알코올 농도 상승을 막고 흡수를 더디게 하여 숙취 해소에 도움을 준다.

① 그러나
② 그러므로
③ 왜냐하면
④ 또한

09 **다음 중 가장 적절한 의사 표현법을 사용하고 있는 사람은?**

① A대리 : (늦잠으로 지각한 후배 사원의 잘못을 지적하며) "오늘도 지각을 했네요. 어제도 늦게 출근하지 않았나요? 왜 항상 지각하는 거죠?"

② B대리 : (후배 사원의 고민을 들으며) "방금 뭐라고 이야기했죠? 미안해요. 아까 이야기한 고민에 대해서 어떤 답을 해줘야 할지 생각하고 있었어요."

③ C대리 : (후배 사원의 실수가 발견되어 이를 질책하며) "이번 프로젝트를 위해 많이 노력했다는 것 압니다. 다만, 발신 메일 주소를 한 번 더 확인하는 습관을 갖는 것이 좋겠어요. 앞으로는 더 잘할 거라고 믿어요."

④ D대리 : (거래처 직원에게 변경된 계약서에 서명할 것을 설득하며) "이 정도는 그쪽에 큰 손해 사항도 아니지 않습니까? 지금 서명해 주지 않으시면 곤란합니다."

10 **다음 글에서 ㉠~㉣의 수정 방안으로 적절하지 않은 것은?**

> 최근 진로 교육이 강화되고 있다. 교육부는 학생들의 현장 직업 체험 교육을 포함해, 진로 교육을 위한 창의·인성 체험활동을 더욱 강화하고 있다고 밝혔다. ㉠ <u>따라서</u> 학교 현장에서는 충분한 준비가 갖추어지지 않아 진로 교육이 내실 있게 운영되지 ㉡ <u>못 하고</u> 있는 실정이다. ㉢ <u>실제로 직업을 체험할 수 있는</u> 사업장을 구하지 못해 직업 체험이 형식적으로 이루어지는 경우가 많고, 교내에서 이루어지는 진로 교육도 직업 관련 영상물을 시청하는 정도의 수준에 머물고 있다. 학생의 개인 특성을 고려하여 실질적이고 체계적인 진로 교육이 이루어지고 있는 선진국들에 ㉣ <u>비춰</u> 보면 우리의 진로 교육은 아직도 매우 미흡한 수준이다. 이러한 현상은 대학 진학에 대한 부담이 큰 고등학교에서 가장 심하게 나타나고 있다.

① ㉠ : 문장을 자연스럽게 연결하기 위해 '하지만'으로 고친다.

② ㉡ : 띄어쓰기가 올바르지 않으므로 '못하고'로 수정한다.

③ ㉢ : 필요한 문장 성분이 생략되었으므로 문장 앞에 '학생들이'를 추가한다.

④ ㉣ : 문맥의 흐름을 고려하여 '비쳐'로 수정한다.

11 둘레의 길이가 1km인 공원이 있다. 철수와 영희는 서로 반대 방향으로 걸어서 중간에서 만나기로 했다. 철수는 1분에 70m를 걷고, 영희는 1분에 30m를 걸을 때, 두 사람이 처음 만날 때까지 걸린 시간은?

① 5분
② 10분
③ 20분
④ 30분

12 매일의 날씨 자료를 수집 및 분석한 결과, 전날의 날씨를 기준으로 그다음 날의 날씨가 변할 확률은 다음과 같았다. 만약 내일 날씨가 화창하다면, 사흘 뒤에 비가 올 확률은 얼마인가?

전날 날씨	다음 날 날씨	확률
화창	화창	25%
화창	비	30%
비	화창	40%
비	비	15%

※ 날씨는 '화창'과 '비'로만 구분하여 분석함

① 12%
② 13%
③ 14%
④ 15%

13 다음과 같이 일정한 규칙으로 수를 나열할 때, 빈칸에 들어갈 수는?

5 1 ( ) 2 −1 3 −4

① 1
② −1
③ 2
④ −2

14 다음은 2024년 우리나라 시·도별 연평균 문화예술 및 스포츠 관람횟수에 대해 조사한 자료이다. 이에 대한 설명으로 옳지 않은 것은?

〈2024년 시·도별 연평균 문화예술 및 스포츠 관람횟수〉

(단위 : 회)

구분	음악·연주회	연극·마당극·뮤지컬	무용	영화	박물관	미술관	스포츠
전국	2.5	2.4	2.7	6.6	2.6	2.5	3.5
서울특별시	2.9	2.5	2.7	7.2	2.8	2.9	3.9
부산광역시	2.0	2.0	2.0	6.6	2.7	2.0	3.2
대구광역시	2.7	2.2	3.4	6.3	2.5	1.9	2.9
인천광역시	2.2	2.4	2.8	6.3	2.5	2.5	3.6
광주광역시	2.4	2.1	2.7	6.8	2.6	2.3	3.5
대전광역시	2.9	2.1	3.2	6.9	3.1	2.2	3.1
울산광역시	2.2	2.0	2.3	6.2	2.4	2.3	2.9
세종특별자치시	2.7	2.2	3.0	6.8	2.9	2.4	3.2
경기도	2.3	2.5	2.4	6.6	2.4	2.5	3.5
강원도	2.7	2.0	4.9	6.9	2.7	2.5	3.5
충청북도	2.3	2.2	2.3	6.5	2.4	1.9	2.8
충청남도	2.1	2.3	2.2	6.1	2.7	2.0	2.8
전라북도	2.1	2.6	2.6	6.2	2.5	2.1	2.9
전라남도	2.2	2.0	3.5	5.7	2.5	2.5	3.2
경상북도	2.4	2.1	2.9	6.1	2.7	2.1	2.9
경상남도	2.3	2.1	3.4	6.9	2.6	2.4	3.8
제주특별자치도	2.5	2.0	2.1	6.2	2.9	2.7	3.2

① 모든 시·도는 연평균 무용 관람횟수보다 연평균 영화 관람횟수가 더 많다.

② 경상남도에서 영화 다음으로 연평균 관람횟수가 많은 항목은 스포츠이다.

③ 연평균 무용 관람횟수가 가장 많은 시·도는 연평균 스포츠 관람횟수도 가장 높다.

④ 대구광역시의 연평균 박물관 관람횟수는 제주특별자치도의 연평균 박물관 관람횟수의 80% 이상이다.

15 다음은 사내전화 평균 통화시간을 조사한 자료이다. 평균 통화시간이 6 ~ 9분인 여자의 수는 12분 초과인 남자의 수의 몇 배인가?

〈사내전화 평균 통화시간〉

평균 통화시간	남자	여자
3분 미만	33%	26%
3 ~ 6분	25%	21%
6 ~ 9분	18%	18%
9 ~ 12분	14%	16%
12분 초과	10%	19%
대상 인원수	600명	400명

① 1.1배　　② 1.2배

③ 1.3배　　④ 1.4배

16 가로 길이가 $x$cm이고 세로 길이가 $y$cm인 직사각형의 둘레의 길이는 20cm이고 넓이는 24cm^{2}이다. 이 직사각형의 가로 길이와 세로 길이를 3cm씩 늘일 때, 늘어난 직사각형의 넓이는?

① 61cm^2　　② 62cm^2

③ 63cm^2　　④ 64cm^2

17 다음은 제조업의 업종별 수익성 관련 주요지표에 대한 자료이다. 이에 대한 설명으로 옳은 것은?

〈제조업 업종별 수익성 관련 주요지표〉

(단위 : %)

구분	매출액 영업 이익률		매출액 세전 순이익률		이자보상비율	
	2022년	2023년	2022년	2023년	2022년	2023년
제조업(평균)	6.2	6.9	6	7	417.1	545.4
식음료 · 담배	7.2	6.7	7.2	7.9	472.1	438.6
섬유 · 의복 · 가죽	5.4	5.5	4.2	4.8	360.8	415.2
목재 · 종이 · 인쇄	6.5	4.9	5.3	3.6	258.4	236
석유화학	6.2	6.9	5.5	6.9	442.5	672.5
비금속광물제품	13	13.5	11.2	12.1	570.5	645.3
금속제품	6.4	7.5	5.8	6.8	350.4	466.7
기계 · 전기전자	5.8	6.8	6	6.3	437.2	584.4
운송장비	5.3	6.5	6.1	8.8	419.1	560.3
가구 및 기타	5.7	5	4.6	4.7	347	319.9

① 2023년 식음료 · 담배 업종의 매출액 영업 이익률은 2022년에 비해 상승하였으나, 매출액 세전 순이익률은 하락하였다.

② 2023년 매출액 영업 이익률이 전년에 비해 하락한 업종은 식음료 · 담배, 목재 · 종이 · 인쇄, 가구 및 기타 업종이다.

③ 전년 대비 2023년 매출액 영업 이익률이 가장 큰 폭으로 상승한 업종은 운송장비이고, 그다음으로 금속제품, 석유화학의 순서이다.

④ 2022년 조사 대상 업종의 매출액 세전 순이익률은 분야별로 보았을 때 과반수가 제조업 평균치를 넘는다.

18 어떤 일을 A가 혼자 하면 15일, B가 혼자 하면 10일, C가 혼자 하면 30일이 걸린다. A, B, C가 함께 일하면 총 며칠이 걸리겠는가?

① 5일 ② 6일
③ 7일 ④ 8일

19 철수는 다음과 같은 길을 따라 A에서 C까지 최단 거리로 이동을 하려고 한다. 이때, 최단 거리로 이동하는 동안 점 B를 거쳐서 이동하는 경우의 수는?

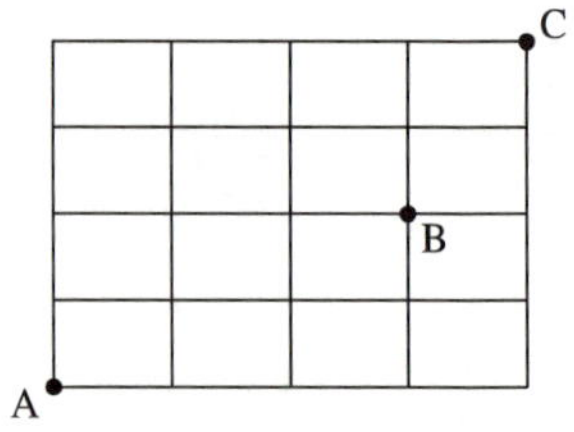

① 15가지 ② 24가지
③ 28가지 ④ 30가지

20 다음은 국민권익위원회에서 발표한 행정기관들의 고충민원 접수처리 현황이다. 〈보기〉 중 이에 대한 설명으로 옳은 것을 모두 고르면?(단, 소수점 셋째 자리에서 반올림한다)

〈고충민원 접수처리 현황〉

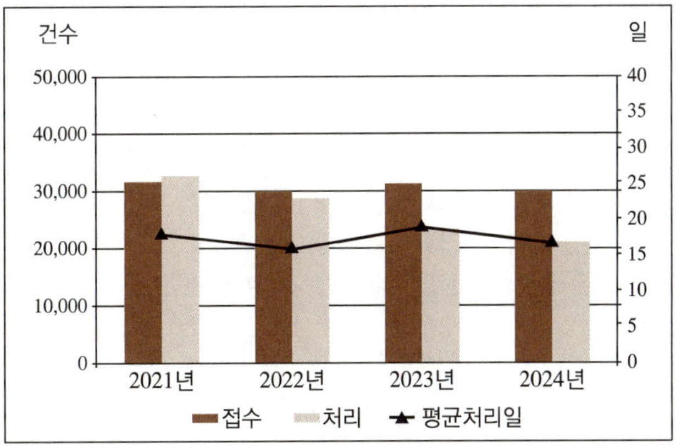

〈고충민원 접수처리 항목별 세부현황〉

(단위 : 건, 일)

구분		2021년	2022년	2023년	2024년
접수		31,681	30,038	31,308	30,252
처리		32,737	28,744	23,573	21,080
인용	시정권고	277	257	205	212
	제도개선	0	0	0	0
	의견표명	467	474	346	252
	조정합의	2,923	2,764	2,644	2,567
	소계	3,667	3,495	3,195	3,031
단순안내		12,396	12,378	10,212	9,845
기타처리		16,674	12,871	10,166	8,204
평균처리일		18	16	19	17

보기

ㄱ. 기타처리 건수의 전년 대비 감소율은 매년 증가하였다.
ㄴ. 처리 건수 중 인용 건수 비율은 2024년이 2021년에 비해 3%p 이상 높다.
ㄷ. 처리 건수 대비 조정합의 건수의 비율은 2022년이 2023년보다 높다.
ㄹ. 평균처리일이 짧은 해일수록 조정합의 건수 대비 의견표명 건수 비율이 높다.

① ㄱ
② ㄴ
③ ㄴ, ㄷ
④ ㄷ, ㄹ

21 이벤트에 당첨된 A ~ C에게 〈조건〉에 따라 경품을 지급하였다. 다음 중 옳은 것을 〈보기〉에서 모두 고르면?

조건

- 지급된 경품은 냉장고, 세탁기, 에어컨, 청소기가 각각 프리미엄형과 일반형 1대씩이었고, 전자레인지는 1대였다.
- 당첨자 중 1등은 A, 2등은 B, 3등은 C였으며, 이 순서대로 경품을 각각 3개씩 가져갔다.
- A는 프리미엄형 경품을 총 2개 골랐는데, 청소기 프리미엄형은 가져가지 않았다.
- B는 청소기를 고르지 않았다.
- C가 가져간 경품 중 A와 겹치는 종류가 1개 있다.
- B와 C가 가져간 경품 중 겹치는 종류가 1개 있다.
- 한 사람이 같은 종류의 경품을 2개 이상 가져가지 않았다.

보기

㉠ C는 반드시 전자레인지를 가져갔을 것이다.
㉡ A는 청소기를 가져갔을 수도, 그렇지 않을 수도 있다.
㉢ B가 가져갈 수 있는 프리미엄형 가전은 최대 1개이다.
㉣ C는 프리미엄형 가전을 가져가지 못했을 것이다.

① ㉠, ㉢
② ㉡, ㉢
③ ㉡, ㉣
④ ㉢, ㉣

22 다음 중 〈보기〉의 상황과 문제 유형이 바르게 연결된 것은?

보기

ㄱ. A회사의 에어컨 판매부서는 현재 어느 정도 매출이 나오고 있는 상황이지만, 경쟁이 치열해지고 있기 때문에 생산성 제고를 위한 활동을 하려 한다.
ㄴ. A회사의 에어컨을 구매한 고객이 고장이 났다며 해결을 요청하고 있다.
ㄷ. 에어컨에 주력하던 A회사는 올해부터 새로운 사업으로 공기청정기 분야에 진출하기 위한 계획을 해야 한다.

	ㄱ	ㄴ	ㄷ
①	발생형 문제	탐색형 문제	설정형 문제
②	설정형 문제	탐색형 문제	발생형 문제
③	설정형 문제	발생형 문제	탐색형 문제
④	탐색형 문제	발생형 문제	설정형 문제

23 다음 ㄱ ~ ㄷ의 문제해결 방법을 바르게 연결한 것은?

> ㄱ. 상이한 문화적 토양을 가지고 있는 구성원을 가정하고, 서로의 생각을 직설적으로 주장하고 논쟁이나 협상을 통해 서로의 의견을 조정해 가는 방법이다. 이때 논리, 즉 사실과 원칙에 근거한 토론이 중심적 역할을 한다.
> ㄴ. 깊이 있는 커뮤니케이션을 통해 서로의 문제점을 이해하고 공감함으로써 창조적인 문제해결을 도모한다. 초기에 생각하지 못했던 창조적인 해결 방법이 도출되고, 동시에 구성원의 동기와 팀워크가 강화된다.
> ㄷ. 조직 구성원들을 같은 문화적 토양을 가지고 이심전심으로 서로를 이해하는 상황으로 가정한다. 무언가를 시사하거나 암시를 통하여 의사를 전달하고 기분을 서로 통하게 함으로써 문제해결을 도모하려고 한다.

	ㄱ	ㄴ	ㄷ
①	퍼실리테이션	하드 어프로치	소프트 어프로치
②	소프트 어프로치	하드 어프로치	퍼실리테이션
③	소프트 어프로치	퍼실리테이션	하드 어프로치
④	하드 어프로치	퍼실리테이션	소프트 어프로치

24 다음 중 영업팀 A사원에게 해줄 수 있는 조언으로 가장 적절한 것은?

> 제약회사의 영업팀에 근무 중인 A사원은 성장세를 보이고 있는 타사에 비해 자사의 수익과 성과가 지나치게 적다는 것을 알았다. 그 이유에 대해 알아보기 위해 타사에 근무하고 있는 친구에게 물어본 결과, 친구의 회사에서는 영업사원을 대상으로 판매 교육을 진행한다는 것을 알게 되었다. A사원은 이를 바탕으로 개선 방향에 대한 보고서를 제출하였으나, A사원의 상사는 구체적인 문제해결 방법이 될 수 없다며 A사원의 보고서를 반려하였다.

① 문제와 해결방안이 상위 시스템과 어떻게 연결되어 있는지 생각하는 전략적 사고가 필요합니다.
② 전체를 각각의 요소로 나누어 각 요소마다 의미를 도출한 후 구체적인 문제해결 방법을 실행하는 분석적 사고가 필요합니다.
③ 기존에 가지고 있는 인식의 틀을 전환하여 새로운 관점에서 세상과 사물을 바라보는 발상의 전환이 필요합니다.
④ 문제해결에 필요한 기술, 재료, 방법 등 필요한 자원 확보 계획을 수립하고, 내·외부자원을 효과적으로 활용해야 합니다.

25 다음 중 3C 분석에 대한 설명으로 옳은 것은?

① 고객, 경쟁사, 자사를 각각 분석한다.

② 시장을 세분화하고, 목표시장을 설정한 후 적절한 제품 포지셔닝을 한다.

③ 제품, 가격, 유통경로, 프로모션을 효과적으로 조합한다.

④ 기업 내부의 강점과 약점, 외부환경의 기회, 위협 요인을 조사한다.

26 A씨는 영업비밀 보호를 위해 자신의 컴퓨터 속 각 문서의 암호를 〈규칙〉에 따라 만들었다. 파일 이름이 다음과 같을 때, 이 파일의 암호는 무엇인가?

〈규칙〉

1. 비밀번호 중 첫 번째 자리에는 파일 이름의 첫 문자가 한글일 경우 @, 영어일 경우 #, 숫자일 경우 *로 특수문자를 입력한다.
   → 고습Dochi=@, haRAMY801=#, 1app루=*
2. 두 번째 자리에는 파일 이름의 총 자리 개수를 입력한다.
   → 고습Dochi=@7, haRAMY801=#9, 1app루=*5
3. 세 번째 자리부터는 파일 이름 내에 숫자를 순서대로 입력한다. 숫자가 없을 경우 0을 두 번 입력한다.
   → 고습Dochi=@700, haRAMY801=#9801, 1app루=*51
4. 그다음 자리에는 파일 이름 중 한글이 있을 경우 초성만 순서대로 입력한다. 없다면 입력하지 않는다.
   → 고습Dochi=@700ㄱㅅ, haRAMY801=#9801, 1app루=*51ㄹ
5. 그다음 자리에는 파일 이름 중 영어가 있다면 뒤에 덧붙여 순서대로 입력하되, a, e, I, o, u만 'a=1, e=2, I=3, o=4, u=5'로 변형하여 입력한다(대문자·소문자 구분 없이 모두 소문자로 입력한다).
   → 고습Dochi=@700ㄱㅅd4ch3, haRAMY801=#9801h1r1my, 1app루=*51ㄹ1pp

2022매운전골Cset3인기준recipe8

① @23202238ㅁㅇㅈㄱㅇㄱㅈcs2trecipe

② @23202238ㅁㅇㅈㄱㅇㄱㅈcs2tr2c3p2

③ *23202238ㅁㅇㅈㄱㅇㄱㅈcs2trecipe

④ *23202238ㅁㅇㅈㄱㅇㄱㅈcs2tr2c3p2

27 안전본부 사고분석 개선처에 근무하는 B대리는 혁신우수 연구대회에 출전하여 첨단장비를 활용한 차종별 보행자 사고 모형개발 자료를 발표했다. 연구 추진방향을 도출하기 위해 SWOT 분석을 한 결과가 다음과 같을 때, 분석 결과에 대응하는 전략과 그 내용이 잘못 짝지어진 것은?

〈SWOT 분석 결과〉

강점(Strength)	약점(Weakness)
10년 이상 지속적인 교육과 연구로 신기술 개발을 위한 인프라 구축	보행자 사고 모형개발을 위한 예산 및 실차 실험을 위한 연구소 부재
기회(Opportunity)	**위협(Threat)**
첨단 과학장비(3D스캐너, MADYMO) 도입으로 정밀 시뮬레이션 분석 가능	교통사고에 대한 국민의 관심과 분석수준 향상으로 공단의 사고분석 질적 제고 필요

① SO전략 : 과학장비를 통한 정밀 시뮬레이션 분석을 토대로 국내 차량의 전면부 형상을 취득하고 보행자 사고를 분석해 신기술 개발에 도움을 준다.

② WO전략 : 실차 실험 대신 과학장비를 통한 시뮬레이션 연구로 모형개발에 힘쓴다.

③ ST전략 : 지속적 교육과 연구로 쌓아온 데이터를 바탕으로 사고분석 프로그램 신기술 개발을 통해 사고분석 질적 향상에 기여한다.

④ WT전략 : 신기술 개발을 위한 연구대회를 개최해 인프라를 더욱 탄탄히 구축한다.

28 다음 글에 해당하는 창의적 사고 개발 방법은 무엇인가?

> '신차 출시'라는 같은 주제에 대해서 판매방법, 판매대상 등의 힌트를 통해 사고 방향을 미리 정해서 발상한다. 이때, 판매방법이라는 힌트에 대해서는 '신규 해외 수출 지역을 물색한다.'라는 아이디어를 떠올릴 수 있을 것이다.

① 자유연상법
② 비교발상법
③ 강제연상법
④ 비교연상법

29 K공단에서는 직원들에게 다양한 혜택이 있는 복지카드를 제공한다. 복지카드의 혜택사항과 B사원의 일과가 다음과 같을 때, ⓐ~ⓔ 중에서 복지카드로 혜택을 볼 수 없는 것은?

〈복지카드 혜택사항〉

구분	세부내용
교통	대중교통(지하철, 버스) 3~7% 할인
의료	병원 5% 할인(동물병원 포함, 약국 제외)
쇼핑	의류, 가구, 도서 구입 시 5% 할인
영화	영화관 최대 6천 원 할인

〈B사원의 일과〉

B는 오늘 친구와 백화점에서 만나 쇼핑을 하기로 약속을 했다. 집에서 ⓐ 지하철을 타고 약 20분이 걸려 백화점에 도착한 B는 어머니 생신 선물로 ⓑ 화장품과 옷을 산 후, 동생의 이사 선물로 줄 ⓒ 침구류도 구매하였다. 쇼핑이 끝난 후 B는 ⓓ 버스를 타고 집에 돌아와 자신이 키우는 애완견의 예방접종을 위해 ⓔ 병원에 가서 진료를 받았다.

① ⓑ, ⓒ
② ⓒ, ⓔ
③ ⓐ, ⓑ, ⓒ
④ ⓑ, ⓓ, ⓔ

30 A건설은 지방정부종합청사 건설사업과 관련한 입찰부정 의혹사건으로 감사원의 집중감사를 받았다. 감사원에서는 이 사건에 연루된 윤부장, 이과장, 김대리, 박대리, 입찰담당자 강주임을 조사하여 최종적으로 다음 〈조건〉과 같은 결론을 내렸다. 이때, 입찰부정에 실제로 가담한 사람은?

조건

- 입찰부정에 가담한 사람은 정확히 두 명이다.
- 이과장과 김대리는 함께 가담했거나 혹은 가담하지 않았다.
- 윤부장이 가담하지 않았다면, 이과장과 입찰담당자 강주임도 가담하지 않았다.
- 박대리가 가담하지 않았다면 김대리도 가담하지 않았다.
- 박대리가 가담하였다면 입찰담당자 강주임도 분명히 가담하였다.

① 윤부장, 이과장
② 이과장, 김대리
③ 김대리, 박대리
④ 윤부장, 강주임

31 현재 K마트에서는 배추를 한 포기당 3,000원에 판매하고 있다. 다음 산지별 배추 유통 과정을 참고하여 최대의 이익을 내고자 할 때, X · Y산지 중 어느 곳을 선택해야 하며, 이때 K마트에서 배추 한 포기당 얻을 수 있는 이익은 얼마인가?(단, 소수점 첫째 자리에서 반올림한다)

〈산지별 배추 유통 과정〉

구분	X산지	Y산지
재배 원가	1,000원	1,500원
산지 → 경매인	재배 원가에 20%의 이윤을 붙여서 판매한다.	재배 원가에 10%의 이윤을 붙여서 판매한다.
경매인 → 도매상인	산지가격에 25%의 이윤을 붙여서 판매한다.	산지가격에 10%의 이윤을 붙여서 판매한다.
도매상인 → 마트	경매가격에 30%의 이윤을 붙여서 판매한다.	경매가격에 10%의 이윤을 붙여서 판매한다.

	산지	이익
①	X	1,003원
②	X	1,050원
③	Y	1,003원
④	Y	1,050원

32 다음 사례에서 A씨가 물적자원을 적절하게 활용하지 못하는 이유로 옳지 않은 것은?

A씨는 홈쇼핑이나 SNS 광고를 보다가 혹하여 구매를 자주 하는데, 이는 지금 당장은 필요 없지만 추후에 필요한 경우가 반드시 생길 것이라 생각하기 때문이다. 이렇다보니 쇼핑 중독 수준에 이르러 집에는 포장도 뜯지 않은 박스들이 널브러져 있었다. 이에 A씨는 오늘 모든 물품들을 정리하였는데, 지금 당장 필요한 것만 빼놓고 나머지를 창고에 마구잡이로 올려놓는 식이었다. 며칠 뒤 A씨는 전에 샀던 물건이 필요하게 되어 창고를 들어갔지만, 물건이 순서 없이 쌓여져 있는 탓에 찾다가 포기하고 돌아서 나오다가 옆에 있던 커피머신을 떨어뜨려 고장 내었다.

① 물품을 정리하지 않고 보관한 경우
② 물품의 보관 장소를 파악하지 못하는 경우
③ 물품이 훼손된 경우
④ 물품을 분실한 경우

33 다음은 K회사 신제품 개발1팀의 하루 업무 스케줄에 대한 자료이다. 신입사원 A씨는 스케줄을 바탕으로 금일 회의 시간을 정하려고 한다. 1시간 동안 진행될 팀 회의의 가장 적절한 시간대는 언제인가?

〈K회사 신제품 개발1팀 스케줄〉

시간	직급별 스케줄				
	부장	차장	과장	대리	사원
09:00 ~ 10:00	업무 회의				
10:00 ~ 11:00					비품 요청
11:00 ~ 12:00			시장조사	시장조사	시장조사
12:00 ~ 13:00	점심식사				
13:00 ~ 14:00	개발전략 수립		시장조사	시장조사	시장조사
14:00 ~ 15:00		샘플검수	제품구상	제품구상	제품구상
15:00 ~ 16:00			제품개발	제품개발	제품개발
16:00 ~ 17:00					
17:00 ~ 18:00			결과 보고	결과 보고	

① 09:00 ~ 10:00
② 10:00 ~ 11:00
③ 16:00 ~ 17:00
④ 17:00 ~ 18:00

34 다음 〈보기〉는 효율적인 시간관리로 인한 효과를 개인 및 기업 차원에서 구분한 내용이다. 개인과 기업 차원에 따른 시간관리 효과가 잘못 연결된 것을 모두 고르면?

보기

구분	개인	기업
㉠	스트레스 감소	시장 점유율 증가
㉡	균형적인 삶 영위	비용 감소
㉢	업무 위임 자제	생산성 향상
㉣	자기계발 목표 달성	인건비 증가

① ㉠, ㉡
② ㉠, ㉢
③ ㉡, ㉣
④ ㉢, ㉣

35 다음 사례에서 고려해야 할 인적 배치 방법으로 가장 적절한 것은?

> 갑은 사람들과 어울리기 좋아하는 외향적인 성격에 매사 긍정적인 사람으로, 이전 직장에서 회계부서에서 일한 결과, 자신의 성격이 가만히 사무실에 앉아서 일하는 것을 답답하고 힘들어한다는 것을 알고, 이번에는 영업부서로 지원을 하였다. 그러나 회사에서는 갑을 인사부서로 배정하였다. 이에 갑은 실망했지만, 부서에 적응하도록 노력했다. 하지만, 인사부서는 다른 직원들의 긍정적인 면은 물론 부정적인 면을 평가해야했고, 이렇게 평가된 내용으로 직원들의 보상과 불이익이 결정되어 다른 부서 직원들은 갑과 가깝게 지내기 꺼려했다. 이에 갑은 회사에 다니기가 점점 더 싫어졌다.

① 적재적소 배치
② 능력 배치
③ 균형 배치
④ 양적 배치

36 K공단은 적합한 인재를 채용하기 위하여 NCS 기반 능력중심 공개채용을 시행하였다. 1차 서류전형, 2차 직업기초능력평가, 3차 직무수행능력평가, 4차 면접전형을 모두 마친 면접자들의 평가점수를 최종 합격자 선발기준에 따라 판단하여 A～E 중 상위자 2명을 최종 합격자로 선정하고자 한다. 다음 중 최종 합격자가 바르게 짝지어진 것은?

〈최종 합격자 선발기준〉

평가요소	의사소통능력	문제해결능력	조직이해능력	대인관계능력	합계
평가비중	40%	30%	20%	10%	100%

〈면접평가 결과〉

구분	A	B	C	D	E
의사소통능력	A^+	A^+	A^+	B^+	C
문제해결능력	B^+	B+5	A^+	B+5	A+5
조직이해능력	A+5	A	C^+	A^+	A
대인관계능력	C	A^+	B^+	C^+	B^++5

※ 등급별 변환 점수 : A^+=100, A=90, B^+=80, B=70, C^+=60, C=50
※ 면접관의 권한으로 등급별 점수에 +5점을 가점할 수 있음

① A, B
② B, C
③ C, D
④ D, E

37 K사의 사원 월급과 사원 수를 알아보기 위해 조사하여 다음과 같은 정보를 얻었다. 이를 참고할 때 K사의 사원 수와 사원 월급 총액을 바르게 연결한 것은?(단, 월급 총액은 K사가 사원 모두에게 주는 한 달 월급의 합을 말한다)

〈정보〉

- 사원은 모두 동일한 월급을 받는다.
- 사원이 10명 더 늘어나면, 기존 월급보다 100만 원 작아지고, 월급 총액은 기존의 80%이다.
- 사원이 20명 줄어들면, 월급은 기존과 동일하고, 월급 총액은 기존의 60%가 된다.

	사원 수	월급 총액
①	45명	1억 원
②	45명	1억 2천만 원
③	50명	1억 2천만 원
④	50명	1억 5천만 원

38 K공단은 사원들의 복지 증진을 위해 안마의자를 구매할 계획이다. K공단의 평가기준이 다음과 같을 때, 〈보기〉 중 어떤 안마의자를 구매하겠는가?

〈K공단의 안마의자 구입 시 평가기준〉

- 사원들이 자주 사용할 것으로 생각되니 A/S 기간이 2년 이상이어야 한다.
- 사무실 인테리어를 고려하여 안마의자의 컬러는 블랙이어야 한다.
- 겨울철에도 이용할 경우를 위해 안마의자에 온열기능이 있어야 한다.
- 안마의자의 구입 예산은 최대 2,500만 원까지며, 가격이 예산 안에만 해당하면 모두 구매 가능하다.
- 안마의자의 프로그램 개수는 최소 10개 이상은 되어야 하며, 많으면 많을수록 좋다.

보기

구분	가격	컬러	A/S 기간	프로그램	옵션
A안마의자	2,200만 원	블랙	2년	12개	온열기능
B안마의자	2,100만 원	레드	2년	13개	온열기능
C안마의자	2,600만 원	블랙	3년	15개	–
D안마의자	2,400만 원	블랙	2년	13개	온열기능

① A안마의자
② B안마의자
③ C안마의자
④ D안마의자

39 인천공항에서 A ~ D비행기가 이륙 준비를 하고 있다. 다음 〈조건〉을 만족할 때, 출발 시각이 가장 빠른 비행기는?

〈비행 정보〉

구분	A비행기	B비행기	C비행기	D비행기
도착지	도하	나리타	로스앤젤레스	밴쿠버
GMT	+3	+9	−8	−8
비행시간	9시간	2시간 10분	13시간	11시간 15분

조건

- 각 비행기의 도착지는 도하, 나리타, 로스앤젤레스, 밴쿠버 중 하나이며, 모두 직항이다.
- C비행기는 A비행기와 도착 시 현지 시각이 같다.
- B비행기는 C비행기보다 1시간 빨리 출발한다.
- D비행기는 C비행기보다 한국 시간으로 2시간 빨리 도착한다.
- 한국의 시차는 GMT+9이다.

① A비행기　② B비행기
③ C비행기　④ D비행기

40 다음은 R대리가 부산 출장을 갔다 올 때, 선택할 수 있는 교통편에 대한 자료이다. R대리가 교통편 하나를 선택하여 왕복티켓을 모바일로 예매하려고 할 때, 가장 저렴한 교통편은 무엇인가?

〈출장 시 이용 가능한 교통편 현황〉

교통편	종류	비용	기타
버스	일반버스	24,000원	−
	우등버스	32,000원	모바일 예매 1% 할인
기차	무궁화호	28,000원	왕복 예매 시 15% 할인
	새마을호	36,000원	왕복 예매 시 20% 할인
	KTX	58,000원	1+1 이벤트(편도 금액으로 왕복 예매 가능)

① 일반버스　② 우등버스
③ 무궁화호　④ 새마을호

| 02 | 조직이해능력(사무직)

41 다음 상황에서 K주임이 처리해야 할 업무를 순서대로 바르게 나열한 것은?

> 안녕하세요, K주임님. 언론홍보팀 L대리입니다. 다름이 아니라 이번에 공단에서 진행하는 '소셜벤처 성장지원사업'에 관한 보도 자료를 작성하려고 하는데, 디지털소통팀의 업무 협조가 필요하여 연락드렸습니다. 디지털소통팀 P팀장님께 K주임님이 협조해 주신다는 이야기를 전해 들었습니다. 자세한 요청 사항은 회의를 통해서 말씀드리도록 하겠습니다. 혹시 내일 오전 10시에 회의를 진행해도 괜찮을까요? 일정 확인하시고 오늘 내로 답변 주시면 감사하겠습니다. 일단 회의 전에 알아두시면 좋을 것 같은 자료는 메일로 발송하였습니다. 회의 전에 미리 확인하셔서 관련 사항 숙지하시고 회의에 참석해 주시면 좋을 것 같습니다. 아! 그리고 오늘 2시에 홍보실 각 팀 팀장 회의가 있다고 하니, P팀장님께 꼭 전해주세요.

① 팀장 회의 참석 – 익일 업무 일정 확인 – 메일 확인 – 회의 일정 답변 전달
② 팀장 회의 참석 – 메일 확인 – 익일 업무 일정 확인 – 회의 일정 답변 전달
③ 팀장 회의 일정 전달 – 메일 확인 – 회의 일정 답변 전달 – 익일 업무 일정 확인
④ 팀장 회의 일정 전달 – 익일 업무 일정 확인 – 회의 일정 답변 전달 – 메일 확인

42 다음 글에서 설명하는 조직의 경영 기법은 무엇인가?

> 모든 조직은 경영의 기본 활동인 계획 – 실행 – 평가를 통해 조직이 원하는 성과를 창출해 낸다. 해당 기법은 이러한 조직의 경영 활동을 체계적으로 지원하는 관리 도구로, 경영자 및 관리자들이 시간관리를 통해서 개인 자기 자신을 관리하듯 목표를 통해서 개인 및 조직성과를 관리한다. 성과 향상을 위해서는 목표를 설정하고, 이를 지속적으로 관리하는 것이 중요하다. 평가 결과는 과정의 산물이며, 성과 개선에 영향을 미치는 부수적인 요인이다. 따라서 기업들은 해당 기법을 활용할 경우 평가나 그 결과의 활용보다는 목표 설정, 중간 점검 등의 단계에 더욱 많은 관심을 기울여야 한다.

① 과업평가계획(PERT)
② 목표관리(MBO)
③ 조직개발(OD)
④ 전사적자원관리(ERP)

43 **다음 중 국제 동향을 파악하는 방법으로 적절하지 않은 것은?**

① 업무와 관련된 국제적 법규나 규정을 숙지한다.
② 특정 국가의 관련 업무에 대한 동향을 점검한다.
③ 국제적인 상황 변화에 관심을 두도록 한다.
④ 현지인의 의견보다는 국내 전문가의 의견에 따른다.

44 **다음 〈보기〉 중 비영리조직으로 적절한 것을 모두 고르면?**

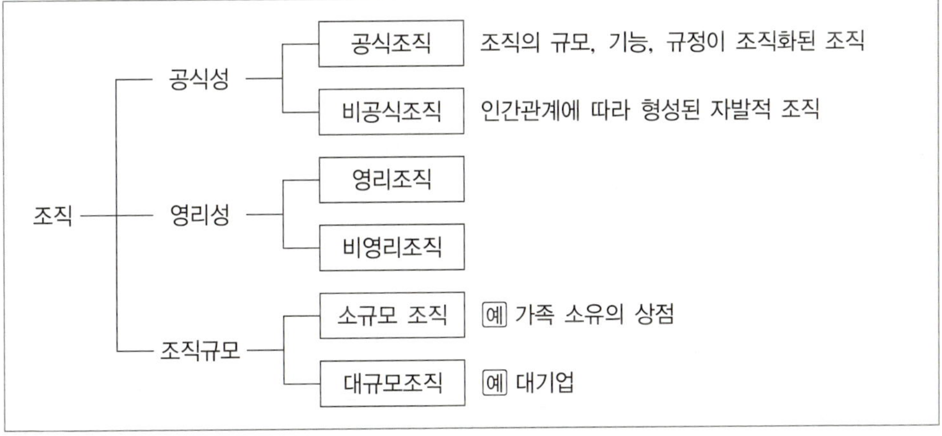

보기

㉠ 사기업
㉡ 정부조직
㉢ 병원
㉣ 대학
㉤ 시민단체

① ㉠, ㉢
② ㉠, ㉢, ㉣
③ ㉡, ㉣, ㉤
④ ㉡, ㉢, ㉣, ㉤

45 다음은 K사의 직무전결표의 일부분이다. 이에 따라 결재한 기안문으로 옳은 것은?

〈직무전결표〉

직무 내용	위임 시 전결권자			대표이사
	부서장	상무	부사장	
주식관리 – 명의개서 및 제신고		○		
기업공시에 관한 사항				○
주식관리에 관한 위탁계약 체결				○
문서이관 접수	○			
인장의 보관 및 관리	○			
4대 보험 관리		○		
직원 국내출장			○	
임원 국내출장				○

① 신입직원의 고용보험 가입신청을 위한 결재처리 – 대리 김철민 / 부장 전결 박경석 / 상무 후결 최석우

② 최병수 부장의 국내출장을 위한 결재처리 – 대리 서민우 / 부장 박경석 / 상무 대결 최석우 / 부사장 전결

③ 임원변경에 따른 기업공시를 위한 결재처리 – 부장 최병수 / 상무 임철진 / 부사장 대결 신은진 / 대표이사 전결 김진수

④ 주식의 명의개서를 위한 결재처리 – 주임 신은현 / 부장 전결 최병수 / 상무 후결 임철진

46 다음 중 조직 구조에 대한 설명으로 옳지 않은 것을 〈보기〉에서 모두 고르면?

보기

ㄱ. 기계적 조직은 구성원들의 업무분장이 명확하게 이루어져 있는 편이다.

ㄴ. 기계적 조직은 조직 내 의사소통이 비공식적 경로를 통해 활발히 이루어진다.

ㄷ. 유기적 조직은 의사결정권한이 조직 하부구성원들에게 많이 위임되어 있으며, 업무내용이 명확히 규정되어 있는 것이 특징이다.

ㄹ. 유기적 조직은 기계적 조직에 비해 조직의 형태가 가변적이다.

① ㄱ, ㄴ
② ㄱ, ㄷ
③ ㄴ, ㄷ
④ ㄷ, ㄹ

47 다음 글에서 설명하는 리더십능력은 무엇인가?

> 개인이 지닌 능력을 최대한 발휘하여 목표를 이룰 수 있도록 돕는 일로, 커뮤니케이션 과정의 모든 단계에서 활용할 수 있다. 직원들에게 질문을 던지는 한편 직원들의 의견을 적극적으로 경청하고, 필요한 지원을 아끼지 않아 생산성을 높이고 기술 수준을 발전시키며, 자기 향상을 도모하는 직원들에게 도움을 주고 업무에 대한 만족감을 높이는 과정이다. 즉, 관리가 아닌 커뮤니케이션의 도구이다.

① 코칭
② 티칭
③ 멘토링
④ 컨설팅

48 다음 〈보기〉 중 조직변화 유형에 대한 설명으로 옳은 것은 모두 몇 개인가?

> **보기**
> ㉠ 조직의 변화는 조직의 내부 관리뿐 아니라 대외적 경영 등 모든 방면에서 이루어질 수 있다.
> ㉡ 새로운 시장 개척을 위해서는 제품이나 서비스의 변화보다는 기술변화가 더 필요하다.
> ㉢ 조직의 목적을 달성하고 효율성을 높이기 위해서는 서비스 품질 개선보다는 경영전략을 변화시키는 것이 더 적합하다.
> ㉣ 문화의 변화는 구성원들의 사고방식이나 가치체계를 변화시키는 것이다.

① 0개
② 1개
③ 2개
④ 3개

49 **다음 체크리스트의 성격을 볼 때, (A)에 추가적으로 들어갈 내용으로 가장 적절한 것은?**

No.	항목	현재능력				
		매우 낮음	낮음	보통	높음	매우 높음
1	경쟁국 업체의 주요 현황을 알고 있다.	①	②	③	④	⑤
2	다른 나라의 문화적 차이를 인정하고 이에 대해 개방적인 태도를 견지하고 있다.	①	②	③	④	⑤
3	현재 세계의 정치적 이슈가 무엇인지 잘 알고 있다.	①	②	③	④	⑤
4	업무와 관련된 최근 국제이슈를 잘 알고 있다.	①	②	③	④	⑤
5	(A)	①	②	③	④	⑤

① 분기별로 고객 구매 데이터를 분석하고 있다.
② 업무와 관련된 국제적인 법규를 이해하고 있다.
③ 인사 관련 경영 자료의 내용을 파악하고 있다.
④ 자신의 연봉과 연차수당을 계산할 수 있다.

50 **다음 지시사항에 대한 설명으로 적절하지 않은 것은?**

은경씨, 금요일 오후 2시부터 인·적성검사 합격자 10명의 1차 면접이 진행될 예정입니다. 5층 회의실 사용 예약을 지금 진행 중인 미팅이 끝난 직후 해 주시고, 2명씩 다섯 조로 구성하여 10분씩 면접을 진행하니 지금 드리는 지원 서류를 참고하여 수요일 오전까지 다섯 조를 구성한 보고서를 저에게 주십시오. 그리고 2명의 면접위원님께 목요일 오전에 면접진행에 대해 말씀드려 미리 일정 조정을 완료해 주시기 바랍니다.

① 면접은 10분씩 진행된다.
② 은경씨는 수요일 오전까지 보고서를 제출해야 한다.
③ 면접은 금요일 오후에 10명을 대상으로 실시된다.
④ 인·적성검사 합격자는 본인이 몇 조인지 알 수 있다.

| 03 | 기술능력(기술직)

41 **다음 중 새로운 기술을 습득하기 위한 방법에 대한 설명으로 옳지 않은 것은?**

① 전문 연수원을 통해 기술과정을 연수하여 이론을 겸한 실무중심의 교육을 실시할 수 있다.
② E-learning을 활용한 기술교육은 시간적·공간적으로 독립적이다.
③ 상급학교 진학을 통한 기술교육은 자체적으로 교육하는 것보다 연수비가 저렴하며 고용보험환급을 받을 수 있다.
④ OJT를 활용한 기술교육은 교육자와 피교육자 사이에 친밀감을 조성할 수 있다.

PART 2

42 **다음은 산업재해를 예방하기 위해 제시되고 있는 하인리히의 법칙이다. 이를 참고할 때, 산업재해의 예방을 위해 조치를 취해야 하는 단계는 무엇인가?**

> 1931년 미국의 한 보험회사에서 근무하던 하인리히는 회사에서 접한 수많은 사고를 분석하여 하나의 통계적 법칙을 발견하였다. '1 : 29 : 300 법칙'이라고도 부르는 이 법칙은 큰 사고로 인해 산업재해가 발생하면 이 사고가 발생하기 이전에 같은 원인으로 발생한 작은 사고 29번, 잠재적 사고 징후가 300번이 있었다는 것을 나타낸다.
> 하인리히는 이처럼 심각한 산업재해의 발생 전에 여러 단계의 사건이 도미노처럼 발생하기 때문에 앞 단계에서 적절히 대처한다면 산업재해를 예방할 수 있다고 주장했다.

① 사회 환경적 문제가 발생한 단계
② 개인 능력의 부족이 보이는 단계
③ 기술적 결함이 나타난 단계
④ 불안전한 행동 및 상태가 나타난 단계

※ 다음 글을 읽고 이어지는 질문에 답하시오. [43~44]

박사원은 반도체 생산기업에 기술직으로 입사한 신입사원이다. 기술 시스템 관련 교육에 참석한 박사원은 기술직뿐만 아니라 다양한 직무의 신입사원들이 함께 교육받는다는 것을 알고 의아해했다. 그러나 기술 시스템의 발전 단계를 보고 각 단계에서 중요한 역할을 하는 직무 및 사람이 다르다는 것을 알게 되어 의문이 풀렸다. 아래는 박사원이 교육받은 내용이다.

• 기술 시스템의 의미
  개별 기술이 네트워크와 결합하여 만들어진 것으로, 인공물의 집합체뿐만 아니라 회사, 투자회사, 법적 제도, 더 나아가 정치, 과학, 자연자원을 모두 포함하는 개념이다. 기술적인 것과 사회적인 것이 결합하여 공존하므로 사회기술 시스템이라고 불리기도 한다.

• 기술 시스템의 발전 단계
  1) 발명·개발·혁신의 단계 : 기술 시스템이 탄생하고 성장
  2) ㉠ : 성공적인 기술이 다른 지역으로 이동
  3) ㉡ : 기술 시스템 사이의 경쟁
  4) 기술 공고화 단계 : 경쟁에서 승리한 기술 시스템의 관성화

43 다음 기술 시스템의 발전 단계 중 ㉠에 해당하는 내용으로 옳은 것은?

① 기술 상세화 단계
② 기술 이전의 단계
③ 기술 이후의 단계
④ 기술 경쟁의 단계

44 다음 중 ㉡ 단계에서 중요한 역할을 하는 사람은?

① 자문 엔지니어
② 기술자
③ 금융 전문가
④ 기업가

※ 다음 글을 읽고 이어지는 질문에 답하시오. [45~46]

IT기술을 개발하는 회사의 글로벌 전략부 이과장은 새로운 기술을 도입하기 위해 기술선택을 하려고 한다. 이과장은 ㉠ <u>기술경영진과 기술기획담당자들에 의한 체계적인 분석을 통해 기업이 획득해야 하는 대상기술과 목표기술수준을 결정</u>한다. 이과장의 기술선택 과정에서의 진행상황은 다음과 같다. 먼저 수요 변화 및 경쟁자 변화, 기술 변화 등을 분석하고 기업의 장기 비전, 중장기 매출목표 및 이익목표를 설정했다. 다음으로 기술능력, 생산능력, 마케팅 및 영업능력, 재무능력 등을 분석하였다. 그리고 최근에 사업 영역을 결정하고 경쟁 우위 확보 방안을 수립했다.

45 다음 중 ㉠이 설명하는 기술선택 방식은?

① 확장적 기술선택
② 상향식 기술선택
③ 하향식 기술선택
④ 복합적 기술선택

46 다음 중 윗글에 제시된 이과장의 기술선택 과정 다음으로 진행해야 할 절차가 아닌 것은?

① 핵심기술 선택
② 기술전략 수립
③ 제품 생산공정 분석
④ 내부역량 분석

47 다음 중 기술적용 형태에 대한 설명으로 옳지 않은 것은?

① 선택한 기술은 그대로 적용해야 한다.
② 불필요한 기술을 과감히 버릴 경우 비용절감의 효과를 누릴 수 있다.
③ 선택한 기술이 적합하지 않은 경우 실패로 돌아갈 수 있다.
④ 선택한 기술을 분석하고 가공하여 활용하면 시간적 부담이 줄어든다.

※ 다음은 K공단에서 발표한 전력수급 비상단계 발생 시 행동요령이다. 이어지는 질문에 답하시오. **[48~49]**

> 〈전력수급 비상단계 발생 시 행동요령〉
>
> • 가정
> 1. 전기 냉난방기기의 사용을 중지합니다.
> 2. 다리미, 청소기, 세탁기 등 긴급하지 않은 모든 가전기기의 사용을 중지합니다.
> 3. TV, 라디오 등을 통해 신속하게 재난상황을 파악하여 대처합니다.
> 4. 안전, 보안 등을 위한 최소한의 조명을 제외한 실내외 조명은 모두 소등합니다.
>
> • 사무실
> 1. 건물관리자는 중앙조절식 냉난방설비의 가동을 중지하거나 온도를 낮춥니다.
> 2. 사무실 내 냉난방설비의 가동을 중지합니다.
> 3. 컴퓨터, 프린터, 복사기, 냉온수기 등 긴급하지 않은 모든 사무기기 및 설비의 전원을 차단합니다.
> 4. 안전, 보안 등을 위한 최소한의 조명을 제외한 실내외 조명은 모두 소등합니다.
>
> • 공장
> 1. 사무실 및 공장 내 냉난방기의 사용을 중지합니다.
> 2. 컴퓨터, 복사기 등 각종 사무기기의 전원을 일시적으로 차단합니다.
> 3. 꼭 필요한 경우를 제외한 사무실 조명은 모두 소등하고 공장 내부의 조명도 최소화합니다.
> 4. 비상발전기의 가동을 점검하고 운전 상태를 확인합니다.
>
> • 상가
> 1. 냉난방설비의 가동을 중지합니다.
> 2. 안전·보안용을 제외한 모든 실내 조명등과 간판 등을 일시 소등합니다.
> 3. 식기건조기, 냉온수기 등 식재료의 부패와 관련 없는 가전제품의 가동을 중지하거나 조정합니다.
> 4. 자동문, 에어커튼의 사용을 중지하고 환기팬 가동을 일시 정지합니다.

48 다음 중 전력수급 비상단계 발생 시 행동요령에 대한 설명으로 적절하지 않은 것은?

① 가정에 있을 경우 대중매체를 통해 재난상황에 대한 정보를 파악할 수 있다.
② 사무실에 있을 경우 즉시 사용이 필요하지 않은 복사기, 컴퓨터 등의 전원을 차단하여야 한다.
③ 가정에 있을 경우 모든 실내외 조명을 소등하여야 한다.
④ 공장에 있을 경우 비상발전기 가동을 준비해야 한다.

49 다음 〈보기〉 중 전력수급 비상단계 발생 시 행동요령에 따른 행동으로 적절하지 않은 것을 모두 고르면?

> **보기**
> ㉠ 집에 있던 김사원은 세탁기 사용을 중지하고 실내조명을 최소화하였다.
> ㉡ 본사 전력관리실에 있던 이주임은 사내 중앙보안시스템의 전원을 즉시 차단하였다.
> ㉢ 공장에 있던 박주임은 즉시 공장 내부 조명 밝기를 최소화하였다.
> ㉣ 상가에서 횟집을 운영하는 최사장은 모든 냉동고의 전원을 차단하였다.

① ㉠, ㉡
② ㉠, ㉢
③ ㉡, ㉢
④ ㉡, ㉣

50 다음은 벤치마킹의 절차를 나타낸 자료이다. 이에 대한 설명으로 옳지 않은 것은?

〈벤치마킹의 절차〉

벤치마킹 대상 결정
↓
벤치마킹팀 구성
↓
벤치마크 파트너 선정
↓
벤치마킹 데이터의 수집과 분석
↓
실행과 보고

① 벤치마킹팀의 경우 관계자 모두에게 벤치마킹이 명확하게 할당되고 중심 프로젝트가 정해지는 것을 돕기 위한 프로젝트 관리 기구가 필요하다.
② 벤치마킹 대상이 결정되면 대상을 조사하기 위해 필요한 정보와 자원이 무엇인지 파악해야 한다.
③ 벤치마크 파트너 선정은 벤치마크 정보를 수집하는 데 이용될 정보의 원천을 확인하는 단계이다.
④ 벤치마킹 데이터를 수집·분석할 경우 문서 편집 시스템보다는 수기로 작업하는 것이 좋다.

제2회

최종점검 모의고사

※ 국가철도공단 최종점검 모의고사는 2025년 하반기 채용공고와 시험 후기를 기준으로 구성한 것으로, 실제 시험과 다를 수 있습니다.

■ 취약영역 분석

번호	O/×	영역	번호	O/×	영역	번호	O/×	영역
01		의사소통능력	18		수리능력	35		자원관리능력
02			19			36		
03			20			37		
04			21		문제해결능력	38		
05			22			39		
06			23			40		
07			24			41		조직이해능력 / 기술능력
08			25			42		
09			26			43		
10			27			44		
11		수리능력	28			45		
12			29			46		
13			30			47		
14			31		자원관리능력	48		
15			32			49		
16			33			50		
17			34					

평가문항	50문항	평가시간	50분
시작간	:	종료시간	:
취약영역			

제2회 최종점검 모의고사

사무직 기술직

문항 수 : 50문항 응시시간 : 50분

정답 및 해설 p.055

| 01 | 공통 영역

01 다음 중 보고서에 반드시 포함되어야 할 내용으로 가장 적절한 것은?

Ⅰ. 해외출장 개요

1. 목적 : K공사 호주 연구개발 정책 및 기술현황 조사
2. 기간 : 2025년 7월 1일 ~ 2025년 7월 10일(10일간)
3. 국가 : 호주(멜버른, 시드니)
4. 출장자 인적사항

소속		직위	성명	비고
사업실	사업기획부	1급	김영훈	단장
	사업관리부	2급	김중민	단원
	품질관리부	4급	최고진	단원
	자산관리부	4급	이기현	단원
	수수료관리부	3급	정유민	단원
인사실	인사관리부	2급	서가람	단원

Ⅱ. 주요업무 수행 사항

1. 출장의 배경 및 세부 일정

가. 출장 배경

ㄱ. K공사는 호주 기관과 1998년 2월 양자협력 양해각서(MOU)를 체결하여 2년 주기로 양 기관 간 협력 회의 개최

ㄴ. 연구개발 주요 정책 및 중장기 핵심 정책 조사

ㄷ. 지역특화 연구개발 서비스 현황 조사

① 대상이 되는 사람들의 나이와 성별 정보, 시간 단위별로 제시된 자세한 일정 관련 정보

② 출장지에서 특별히 주의해야 할 사항, 과거 협력 회의 시 다루었던 내용 요약

③ 시간 단위별로 제시된 자세한 일정 관련 정보, 과거 협력 회의 시 다루었던 내용 요약

④ 과거 협력 회의 시 다루었던 내용 요약, 대상이 되는 사람들의 나이와 성별 정보

02 다음 글의 빈칸에 들어갈 내용으로 가장 적절한 것은?

> 아리스토텔레스는 인간은 그 스스로 결정하는 일에 참여할 뿐만 아니라 그런 기회를 실제로 가짐으로써 비로소 결정하는 법을 배우게 되는 사회적 동물이라고 했다. 따라서 도덕적 결정을 어떻게 하는지 알기 위해서는 ______________________ 훌륭한 시민은 태어나는 것이 아니다. 사회 교육적으로 만들어지는 것이다. 그리스 도시는 그리스 청소년에게 전인격적 인간을 만들어 주는 사회 교육의 장이었으며, 문명의 장이었던 것이다. 물론 도시를 학교화시키는 그리스의 사회 교육적 노력은 궁극적으로는 소수 시민이나 정치적 지배자를 양성하기 위한 정치 교육적 노력이었다는 점은 비판되어야 하지만, 사회가 교실이라는 논리만큼은 현대의 산업 사회에서도 적용될 수 있다고 판단된다.

① 그와 관계되는 교육적 프로그램을 다양하게 개발해야 한다.
② 그런 일에 직접 참여해 보는 경험보다 더 중요한 것은 없다.
③ 그 방면의 권위자의 견해를 학습하는 것이 선행되어야 한다.
④ 그와 관계되는 적절한 학습 동기를 부여하는 것이 중요하다.

03 다음 중 경청을 방해하는 요인에 해당하지 않는 것은?

① 상대방의 말을 짐작하면서 듣기
② 대답할 말을 미리 준비하며 듣기
③ 상대방의 마음상태를 이해하며 듣기
④ 상대방의 말을 판단하며 듣기

04 다음 중 문서 작성의 의미와 중요성에 대한 설명으로 적절하지 않은 것은?

① 문서란 제안서, 보고서, 기획서, 편지, 메모, 공지사항 등과 같이 문자로 구성된 것을 말한다.
② 문서를 작성할 때는 주로 한자를 사용하여 상대방이 쉽게 이해할 수 있도록 한다.
③ 문서 내용에는 대상·목적·시기가 포함되어야 하며, 제안서는 경우에 따라 기대효과가 포함되어야 한다.
④ 문서는 한 사안을 한 장의 용지에 작성해야 한다.

05 다음 글에 대한 내용으로 적절하지 않은 것은?

> 4차 산업이라는 단어와 함께 세상의 관심을 끄는 것 중의 하나가 드론이다. 드론이란 다양한 무게와 크기의 무인비행기를 무선전파로 조종하는 무인비행장치이다. 드론은 배달, 군사, 기상, 농업, 건설 등 여러 분야에서 미래에 중요한 역할을 할 것으로 예측되어 어른 아이 할 것 없이 드론을 배우고자 하는 사람의 수가 급상승하였다. 이에 따라 저렴한 가격의 드론이 출시되어 누구나 드론을 접할 수 있게 되었다.
> 하지만 쉽게 드론을 구할 수 있다고 해서 덥석 드론을 샀다간 낭패를 볼 수 있다. 우리나라에서는 드론 비행이 규제되고 있기 때문이다. 현재 국내 항공안전법상 드론 비행이 제한되는 지역은 행사장 등 인구밀집지역, 공항 주변이나 군 시설 주변 등이다. 이를 위반할 경우 최대 200만 원의 벌금이 부과된다. 야간 비행과 가시권 밖 비행은 2017년 7월에 항공안전법 개정안이 통과되면서 원천금지에서 허가제로 규제가 완화되었다. 이렇게 규제가 점점 풀리고는 있지만 국가 주요시설이 몰려있는 서울은 대부분 드론 비행이 금지된 구역이다. 그나마 규제 적용을 덜 받을 수 있는 곳은 국내에 드론 시범사업지역 7곳과 드론 전용 비행구역 10곳뿐인데 이마저도 대부분 지방에 위치해 있다. 드론 수요를 충족하기엔 턱없이 부족하다는 지적과 함께, 드론과 관련된 사업이 많아지고 있고 드론 관련 직업이 미래 유망 직업으로 떠오르고 있어 드론 규제를 완화해야 한다는 목소리가 커지고 있다.
> 해외에서도 드론 비행을 규제하고 있는데 각 나라마다 규제 정도는 다르다. 중국의 경우는 우리나라의 규제와 비슷하지만 베이징을 제외하면 비교적 자유롭게 비행할 수 있는 지역이 많다. 일본은 드론 규제가 점점 완화되고 있는 우리나라와는 반대로 정부청사에 드론을 이용한 테러가 일어나는 등 일본 전역에서 드론 관련 사건이 발생해 규제가 강화되었다. 또한 러시아는 규제가 강한 나라 중 하나인데 러시아 어느 지역이든지 드론을 비행시키려면 사전 허가를 받아야 할 뿐만 아니라 드론 비행을 책임질 조종사와 이를 감시할 사람으로 이루어진 2인 1조로 드론을 운행해야 한다.

① 드론은 무선전파를 이용하여 조종할 수 있는 무인비행장치이다.
② 드론으로 야간 비행을 할 경우 최대 200만 원의 벌금이 부과된다.
③ 드론 시범사업지역과 드론 전용 비행구역은 대부분 지방에 위치해 있다.
④ 드론 비행을 할 수 있는 장소의 수용량보다 드론의 수요가 훨씬 많다.

06 다음 중 결재에 대한 설명으로 옳지 않은 것은?

① 안건에 따라서는 상위자가 직접 기안하거나 처리지침을 지시할 수 있다.
② 보조 기관의 명의로 발신하는 문서는 보조 기관의 결재를 받아야 한다.
③ 전결이란 결재권자가 결재할 수 없을 때 그 직무를 대리하는 자가 행하는 결재를 의미한다.
④ 대결한 문서 중 내용이 중요하다고 판단되는 문서는 결재권자에게 사후에 보고하여야 한다.

07 다음은 업무에서 사용되는 문서의 일부이다. 잘못 쓰여진 단어는 모두 몇 개인가?(단, 띄어쓰기는 무시한다)

〈공사계약서 작성방법 안내〉

■ 시설공사의 계약서 작성에 필요한 서류와 편철 순서는 다음과 같으며, 해당사항을 기입 및 출력하여 사용하시기 바랍니다.

1. 시설공사 도급계약서 1부
2. 공사계약특수조건 1부
3. 공사계약일반조건 1부
4. 청렴계약특수조건 1부
5. 공동수급표준협정서(공동이행방식 및 분담이행방식) 1부
   - 입찰참가 시 제시한 내용대로 기자하여야 합니다.
6. 청렴계약이행각서 1부
7. 입찰금액 산출내역서(부대입찰서 포함) 1부
   - 입찰참가 시 제출한 내용과 동일하게 작성하여야 합니다.
     다만, 우리 청에서 산출내역서를 조정하였을 경우에는 조정된 내용에 따라 내역서를 작성하여야 합니다.
   - 부대입찰서는 입찰공고 시 부대입찰조건인 때에만 해당됩니다.

① 1개 ② 2개
③ 3개 ④ 4개

08 다음 중 문서이해능력에 대한 설명으로 옳지 않은 것은?

① 자신의 업무와 관련된 문서를 읽고, 무엇이 자신에게 필요한 정보인지 구분할 줄 알아야 한다.
② 자신의 업무와 관련된 문서를 읽은 후, 필요하다면 그와 관련된 도표나 기호 등으로 문서를 나타낼 수 있어야 한다.
③ 문서를 볼 때는 문서에 나타난 정보의 출처를 파악할 수 있어야 한다.
④ 문서에 타인의 의견이 제시된 경우, 그 의견을 이해하되 옳고 그름의 판단은 하지 않아야 한다.

09 다음 글의 제목으로 가장 적절한 것은?

요한 제바스티안 바흐는 '경건한 종교음악가'로서 천직을 다하기 위한 이상적인 장소가 라이프치히라고 생각하여, 27년 동안 그곳에서 열심히 칸타타를 써 나갔다고 알려졌다. 그러나 실은 7년째에 라이프치히의 칸토르(교회의 음악감독)직으로는 가정을 꾸릴 만큼 수입이 충분치 못해서 다른 일을 하기도 했고 다른 궁정에 자리를 알아보기도 했다. 그것이 계기가 되어 칸타타를 쓰지 않게 되었다는 사실이 최근의 연구에서 밝혀졌다. 또한, 볼프강 아마데우스 모차르트의 경우에는 비극적으로 막을 내린 35년이라는 짧은 생애에 걸맞게 '하늘이 이 위대한 작곡가의 죽음을 비통해하듯' 천둥치고 진눈깨비 흩날리는 가운데 장례식이 행해졌고 그 때문에 그의 묘지는 행방을 알 수 없게 되었다고 하는데, 그 후 이러한 이야기는 빈 기상대에 남아 있는 기상자료와 일치하지 않는다는 사실도 밝혀졌다. 게다가 만년에 엄습해 온 빈곤에도 불구하고 다수의 걸작을 남기고 세상을 떠난 모차르트가 실제로는 그 정도로 수입이 적지는 않았다는 사실도 드러나 최근에는 도박벽으로 인한 빈곤설을 주장하는 학자까지 등장하게 되었다.

① 음악가들의 쓸쓸한 최후
② 미화된 음악가들의 이야기와 그 진실
③ 음악가들을 괴롭힌 근거 없는 소문들
④ 음악가들의 명성에 가려진 빈곤한 생활

10 다음 문단을 논리적 순서대로 바르게 나열한 것은?

(가) 하지만 막상 앱을 개발하려 할 때 부딪히는 여러 난관이 있다. 여행지나 주차장에 한 정보를 모으는 것도 문제이고, 정보를 지속적으로 갱신하는 것도 문제이다. 이런 문제 때문에 결국 아이디어를 포기하는 경우가 많다.

(나) 그러나 이제는 아이디어를 포기하지 않아도 된다. 바로 공공 데이터가 있기 때문이다. 공공 데이터는 공공기관에서 생성, 취득하여 관리하고 있는 정보 중 전자적 방식으로 처리되어 누구나 이용할 수 있도록 국민들에게 제공된 것을 말한다.

(다) 현재 정부에서는 공공 데이터 포털 사이트를 개설하여 국민들이 쉽게 이용할 수 있도록 하고 있다. 공공 데이터 포털 사이트에서는 800여 개 공공 기관에서 생성한 15,000여 건의 공공 데이터를 제공하고 있으며, 제공하는 공공 데이터의 양을 꾸준히 늘리고 있다.

(라) 앱을 개발하려는 사람들은 아이디어가 넘친다. 사람들이 여행 준비를 위해 많은 시간을 허비하는 것을 보면 한 번에 여행 코스를 짜 주는 앱을 만들어 보고 싶어 하고, 도심에 주차장을 못 찾아 헤매는 사람들을 보면 주차장을 쉽게 찾아 주는 앱을 만들어 보고 싶어 한다.

① (가) – (나) – (다) – (라)
② (가) – (라) – (나) – (다)
③ (라) – (가) – (나) – (다)
④ (라) – (나) – (다) – (가)

11 다음과 같이 일정한 규칙으로 수를 나열할 때, 빈칸에 들어갈 수는?

2　3　5　6　11　12　23　(　)

① 12　② 24
③ 72　④ 84

12 A～C는 각각 온라인, 소형매장 중 한 곳에서 라면을 구매하려고 한다. 다음 판매처별 라면 가격과 배송비 정보와 세 사람의 필요조건을 토대로 비용을 최소화하여 라면을 구매하고자 할 때, 세 사람의 구매방법을 바르게 연결한 것은?(단, 배송비는 개수와 관계없이 한 번만 결제된다)

〈판매처별 라면 가격과 배송비〉

판매처	가격	배송비
온라인	900원/개	2,500원
소형매장	1,000원/개	–

〈필요조건〉

- A : 라면 10개 구매
- B : 라면 24개 구매
- C : 라면 30개 구매

	A	B	C
①	온라인	온라인	온라인
②	온라인	소형매장	온라인
③	소형매장	소형매장	소형매장
④	소형매장	소형매장	온라인

13 농도가 9%인 A소금물 300g과 농도가 11.2%인 B소금물 250g을 합쳐서 C소금물을 만들었다. C소금물을 20% 덜어내고, 10g의 소금을 추가했을 때, 만들어진 소금물의 농도는?

① 12%
② 13%
③ 14%
④ 15%

14 K사는 사무실을 새롭게 꾸미기 위해 바닥에 붙일 타일을 구매하려고 한다. 타일을 붙일 사무실 바닥의 크기는 가로 8m, 세로 10m이다. 다음 3개의 타일 중 하나를 선택하여 구매하려고 할 때, 가장 저렴한 타일은 어느 타일이고, 이때 지불해야 하는 총가격은 얼마인가?

〈업체별 타일 정보〉

구분	크기(가로×세로)	단가	배송비
A타일	20cm×20cm	1,000원	50,000원
B타일	250mm×250mm	1,500원	30,000원
C타일	25cm×20cm	1,250원	75,000원

① A, 2,050,000원
② A, 1,950,000원
③ B, 1,950,000원
④ C, 1,950,000원

15 다음은 어린이집의 시설 및 교직원 현황에 대한 자료이다. 이때, 2020년 대비 2023년 직장 어린이집의 교직원 증가율은 얼마인가?(단, 소수점 첫째 자리에서 반올림한다)

〈어린이집 시설 현황〉

(단위 : 개소)

구분	국·공립 어린이집	법인 어린이집	민간 어린이집	가정 어린이집	부모협동 어린이집	직장 어린이집
2020년	1,826	1,458	14,275	15,525	65	350
2021년	1,917	1,459	14,368	17,359	66	370
2022년	2,034	1,461	14,677	19,367	74	401
2023년	2,116	1,462	15,004	20,722	89	449

〈어린이집 교직원 현황〉

(단위 : 명)

구분	국·공립 어린이집	법인 어린이집	민간 어린이집	가정 어린이집	부모협동 어린이집	직장 어린이집
2020년	17,853	16,572	97,964	55,169	331	3,214
2021년	19,397	17,042	103,656	62,863	348	3,606
2022년	20,980	17,368	112,239	73,895	398	4,204
2023년	22,229	17,491	120,503	82,911	485	5,016

① 약 47%
② 약 51%
③ 약 56%
④ 약 61%

16 다음은 K중학교 여름방학 방과 후 학교 신청 학생 중 과목별 학생 수를 비율로 나타낸 그래프이다. 방과 후 학교를 신청한 전체 학생이 200명일 때, 수학을 선택한 학생은 미술을 선택한 학생보다 몇 명이 더 적은가?

〈과목별 신청 학생 현황〉

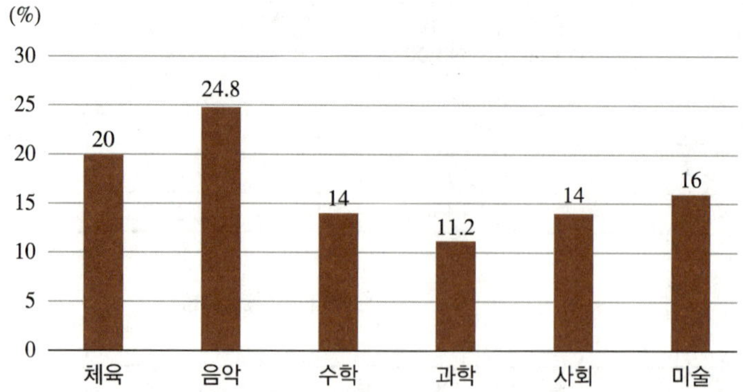

① 3명
② 4명
③ 5명
④ 6명

17 용산에서 출발하여 춘천에 도착하는 ITX-청춘열차가 있다. 이 열차가 용산에서 청량리로 가는 길에는 240m 길이의 다리가, 가평에서 춘천으로 가는 길에는 840m 길이의 터널이 있다. 열차가 다리와 터널을 완전히 통과하는 데 각각 16초, 40초가 걸렸다. 이때 열차의 길이는 몇 m인가?(단, 열차의 속력은 일정하다)

① 140m ② 150m
③ 160m ④ 170m

PART 2

18 K공단은 전 직원을 대상으로 유연근무제에 대한 찬반투표를 진행하였다. 그 결과 전체 직원의 80%가 찬성하였고, 20%는 반대하였다. 전 직원의 40%는 여직원이고, 유연근무제에 찬성한 직원의 70%는 남직원이었다. 여직원 한 명을 뽑았을 때, 그 직원이 유연근무제에 찬성했을 확률은?(단, 모든 직원은 찬성이나 반대의 의사표시를 하였다)

① $\frac{1}{5}$ ② $\frac{2}{5}$
③ $\frac{3}{5}$ ④ $\frac{4}{6}$

※ 다음은 궁능원 관람객 수에 대한 자료이다. 이어지는 질문에 답하시오. **[19~20]**

〈2016 ~ 2023년 궁능원 관람객 수〉

(단위 : 천 명)

구분	2016년	2017년	2018년	2019년	2020년	2021년	2022년	2023년
유료 관람객 수	6,688	6,805	6,738	6,580	7,566	6,118	7,456	5,187
무료 관람객 수	3,355	3,619	4,146	4,379	5,539	6,199	6,259	7,511
외국인 관람객 수	1,877	2,198	2,526	2,222	2,690	2,411	3,849	2,089

〈2019 ~ 2023년 궁능원 관람객 수〉

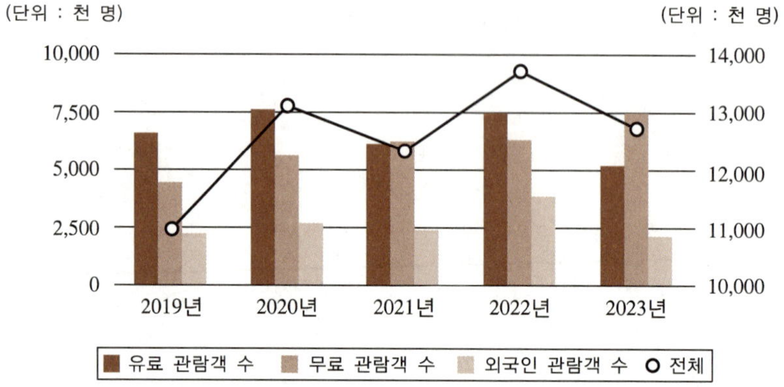

※ (전체 관람객 수)=(유료 관람객 수)+(무료 관람객 수)

19 다음 〈보기〉 중 옳지 않은 것을 모두 고르면?

보기

ㄱ. 2021년 전체 관람객 수는 전년보다 감소하였으나 무료 관람객 수는 전년보다 소폭 증가하였다.
ㄴ. 2023년 외국인 관람객 수는 전년 대비 43%p 미만 감소하였다.
ㄷ. 2020 ~ 2023년의 전체 관람객 수와 유료 관람객 수의 증감 추이는 같다.
ㄹ. 2017 ~ 2023년 중 전체 관람객 수가 전년 대비 가장 많이 증가한 해는 2018년이다.

① ㄱ, ㄴ
② ㄱ, ㄷ
③ ㄴ, ㄷ
④ ㄴ, ㄹ

20 2024년 궁능원 관람객 수 예측 자료를 참고하여 2024년 예상 전체 관람객 수와 예상 외국인 관람객 수를 바르게 구한 것은?(단, 소수점 이하는 버린다)

〈2024년 궁능원 관람객 수 예측 자료〉

- 고궁 야간관람 및 '문화가 있는 날' 행사 확대 운영으로 유료 관람객 수는 2023년 대비 24%p 정도 증가할 전망이다.
- 적극적인 무료 관람 콘텐츠 개발로 무료 관람객 수는 2016년 무료 관람객 수의 2.4배 수준일 것으로 예측된다.
- 외국인을 위한 문화재 안내판, 해설 등 서비스의 품질 향상 노력과 각종 편의시설 개선 노력으로 외국인 관람객 수는 2023년보다 약 35,000명 정도 증가할 전망이다.

	예상 전체 관람객 수	예상 외국인 관람객 수
①	13,765천 명	1,973천 명
②	14,483천 명	2,124천 명
③	14,768천 명	2,365천 명
④	15,822천 명	3,128천 명

21 **레저용 차량을 생산하는 K기업에 대한 다음 SWOT 분석 결과를 참고할 때, 〈보기〉 중 각 전략에 따른 대응으로 적절한 것을 모두 고르면?**

SWOT 분석은 조직의 외부환경 분석을 통해 기회와 위협 요인을 파악하고, 조직의 내부 역량 분석을 통해서 조직의 강점과 약점을 파악하여, 이를 토대로 강점은 최대화하고 약점은 최소화하며, 기회는 최대한 활용하고 위협에는 최대한 대처하는 전략을 세우기 위한 분석 방법이다.

〈SWOT 분석 매트릭스〉

구분	강점(Strength)	약점(Weakness)
기회(Opportunity)	**SO전략 : 공격적 전략** 강점으로 기회를 살리는 전략	**WO전략 : 방향전환 전략** 약점을 보완하여 기회를 살리는 전략
위협(Threat)	**ST전략 : 다양화 전략** 강점으로 위협을 최소화하는 전략	**WT전략 : 방어적 전략** 약점을 보완하여 위협을 최소화하는 전략

〈SWOT 분석 결과〉

강점(Strength)	약점(Weakness)
• 높은 브랜드 이미지 · 평판 • 훌륭한 서비스와 판매 후 보증수리 • 확실한 거래망, 딜러와의 우호적인 관계 • 막대한 R&D 역량 • 자동화된 공장 • 대부분의 차량 부품 자체 생산	• 한 가지 차종에만 집중 • 고도의 기술력에 대한 과도한 집중 • 생산설비에 막대한 투자 → 차량모델 변경의 어려움 • 한 곳의 생산 공장만 보유 • 전통적인 가족형 기업 운영
기회(Opportunity)	**위협(Threat)**
• 소형 레저용 차량에 대한 수요 증대 • 새로운 해외시장의 출현 • 저가형 레저용 차량에 대한 선호 급증	• 휘발유의 부족 및 가격의 급등 • 레저용 차량 전반에 대한 수요 침체 • 다른 회사들과의 경쟁 심화 • 차량 안전 기준의 강화

보기

ㄱ. ST전략 : 기술개발을 통하여 연비를 개선한다.
ㄴ. SO전략 : 대형 레저용 차량을 생산한다.
ㄷ. WO전략 : 규제 강화에 대비하여 보다 안전한 레저용 차량을 생산한다.
ㄹ. WT전략 : 생산량 감축을 고려한다.
ㅁ. WO전략 : 국내 다른 지역이나 해외에 공장들을 분산 설립한다.
ㅂ. ST전략 : 경유용 레저 차량 생산을 고려한다.
ㅅ. SO전략 : 해외 시장 진출보다는 내수 확대에 집중한다.

① ㄱ, ㄴ, ㅁ, ㅂ
② ㄱ, ㄹ, ㅁ, ㅂ
③ ㄴ, ㄷ, ㅁ, ㅅ
④ ㄴ, ㄹ, ㅂ, ㅅ

22 **업무수행과정에서 발생하는 문제를 발생형, 탐색형, 설정형의 세 가지 문제 유형으로 분류한다고 할 때, 다음 〈보기〉의 ㉠～㉥을 문제 유형에 따라 바르게 분류한 것은?**

보기

㉠ 제품을 배송하는 과정에서 고객의 개인정보를 잘못 기입하는 바람에 배송이 지연되고 있다.
㉡ 제약업계는 개발의 효율성 및 성과를 위해 매출액 가운데 상당 부분을 연구·개발에 투자하고 있으나, 기대만큼의 성과를 도출하지 못하고 있다.
㉢ 제품에서 기준치를 초과한 발암물질이 검출됨에 따라 회사는 전 제품에 대한 리콜을 고민하고 있다.
㉣ 연구팀은 제품 개발에 필수적인 제작 과정을 획기적으로 줄일 수 있는 기술을 개발할 것을 요청받았다.
㉤ 회사는 10대 전략 과제를 선정하고 부서별 역할과 세부추진계획을 점검하기로 하였다.
㉥ 정부의 사업 허가 기준이 강화될 것이라는 예측에 따라 새로운 사업 계획서 작성 방향에 대해 기업의 고민도 커질 것으로 예상된다.

	발생형	탐색형	설정형
①	㉠, ㉢	㉡, ㉣	㉤, ㉥
②	㉡, ㉢	㉠, ㉣	㉤, ㉥
③	㉢, ㉣	㉠, ㉤	㉡, ㉥
④	㉣, ㉤	㉡, ㉥	㉠, ㉢

23 **문제해결을 위해서는 전체를 각각의 요소로 나누어 분석하는 분석적 사고가 필요하다. 지향하는 문제 유형에 따라 분석적 사고가 다르게 요구된다고 할 때, 다음 빈칸에 들어갈 용어가 바르게 연결된 것은?**

분석적 사고
- (가) 일상 업무에서 일어나는 상식, 편견을 타파하여 객관적 사실로부터 사고와 행동을 출발한다.
- (나) 현상 및 원인 분석 전에 지식과 경험을 바탕으로 일의 과정이나 결과, 결론을 가정한 다음 검증 후 사실일 경우 다음 단계의 일을 수행한다.
- (다) 기대하는 결과를 명시하고 효과적으로 달성하는 방법을 사전에 구성하고 실행에 옮긴다.

	(가)	(나)	(다)
①	사실 지향의 문제	가설 지향의 문제	성과 지향의 문제
②	사실 지향의 문제	성과 지향의 문제	가설 지향의 문제
③	성과 지향의 문제	가설 지향의 문제	사실 지향의 문제
④	성과 지향의 문제	사실 지향의 문제	가설 지향의 문제

24 **발산적 사고를 개발하기 위한 방법으로는 자유연상법, 강제연상법, 비교발상법이 있다. 다음 글의 보고회에서 사용된 사고 개발 방법으로 가장 적절한 것은?**

> 충남 보령시는 보령해양머드박람회와 연계할 사업을 발굴하기 위한 보고회를 개최하였다. 경제적·사회적 파급 효과의 극대화를 통한 성공적인 박람회 개최를 도모하기 위해 마련된 보고회는 각 부서의 업무에 국한하지 않은 채 가능한 한 많은 양의 아이디어를 자유롭게 제출하는 방식으로 진행됐다. 홍보미디어실에서는 박람회 기간 가상현실(VR)·증강현실(AR) 체험을 통해 사계절 머드 체험을 할 수 있도록 사계절 머드체험센터 조성을, 자치행정과에서는 박람회 임시주차장 조성 및 박람회장 전선 지중화 사업을, 교육체육과에서는 세계 태권도 대회 유치를 제안했다. 또한, 문화새마을과에서는 KBS 열린음악회 및 전국노래자랑 유치를, 세무과에서는 e-스포츠 전용경기장 조성을, 회계과에서는 해상케이블카 조성 및 폐광지구 자립형 농어촌 숙박단지 조성 등을 제안했다. 사회복지과에서는 여성 친화 플리마켓을, 교통과에서는 장항선 복선전철 조기 준공 및 열차 증편을, 관광과는 체험·놀이·전시 등 보령머드 테마파크 조성 등의 다양한 아이디어를 내놓았다.
> 보령시는 이번에 제안된 아이디어를 토대로 실현 가능성 등을 검토하고, 박람회 추진에 참고자료로 적극 활용할 계획이다.

① 브레인스토밍　　② SCAMPER 기법
③ NM법　　④ Synectics법

25 **K공단은 직원 A～E 중 일부를 지방으로 발령하고자 한다. 다음 〈조건〉에 따라 A의 지방 발령이 결정되었다고 할 때, 지방으로 발령되지 않는 직원은 총 몇 명인가?**

조건

- K공단은 B와 D의 지방 발령에 대하여 같은 결정을 한다.
- K공단은 C와 E의 지방 발령에 대하여 다른 결정을 한다.
- D를 지방으로 발령한다면, E는 지방으로 발령하지 않는다.
- E를 지방으로 발령하지 않는다면, A도 지방으로 발령하지 않는다.

① 1명　　② 2명
③ 3명　　④ 4명

26 K사 인사팀 직원인 A씨는 사내 설문조사를 통해 요즘 사람들이 연봉보다는 일과 삶의 균형을 더 중요시하고 직무의 전문성을 높이고 싶어 한다는 결과를 도출했다. 설문조사 결과와 K사 임직원의 근무 여건에 대한 다음 자료를 참고할 때 인사제도의 변경으로 가장 적절한 것은?

〈임직원 근무 여건〉

구분	주당 근무 일수(평균)	주당 근무시간(평균)	직무교육 여부	퇴사율
정규직	6일	52시간 이상	○	17%
비정규직 1	5일	40시간 이상	○	12%
비정규직 2	5일	20시간 이상	×	25%

① 정규직의 연봉을 7% 인상한다.
② 정규직을 비정규직으로 전환한다.
③ 비정규직 1의 직무교육을 비정규직 2와 같이 조정한다.
④ 정규직의 주당 근무시간을 비정규직 1과 같이 조정하고 비정규직 2의 직무교육을 시행한다.

27 다음 자료에 대한 설명으로 옳은 것은?

〈K공사 출장여비 기준〉

항공	숙박(1박)	교통비	일비	식비
실비	• 1 · 2급 : 실비 • 3급 : 80,000원 • 4 · 5 · 6급 : 50,000원	• 서울 · 경기지역 : 1일 10,000원 • 나머지 지역 : 1일 15,000원	30,000원/일	20,000원/일

※ 항공은 외국으로 출장을 갈 경우에 해당함

1급	2급	3급	4급	5급	6급
이사장	이사	부장	차장	과장	대리

※ 2급 이상 차이 나는 등급과 출장에 동행하게 된 경우, 높은 등급이 묵는 호텔에서 묵을 수 있는 금액을 지원함

① 외국으로 출장을 다니는 B과장이 항상 같은 객실에서 묵는다면 총비용은 언제나 같다.
② 서울 · 경기지역으로 1박 2일 출장을 가는 C차장의 출장비는 20만 원 이상이다.
③ 같은 조건으로 출장을 간다면 이사장이 이사보다 출장비를 많이 받는다.
④ 이사장과 함께 출장을 가게 된 A대리는 이사장과 같은 호텔, 같은 등급의 객실에서 묵을 수 있다.

PART 2

28 K공단의 D과장은 우리나라 사람들의 해외취업을 돕기 위해 박람회를 열고자 한다. 다음 〈조건〉을 참고할 때, D과장이 박람회 장소로 선택할 나라는?

조건

1. K공단의 해외 EPS센터가 있는 나라여야 한다.
   - 해외 EPS센터(15개국) : 필리핀, 태국, 인도네시아, 베트남, 스리랑카, 몽골, 우즈베키스탄, 파키스탄, 캄보디아, 중국, 방글라데시, 키르기스스탄, 네팔, 미얀마, 동티모르
2. 100개 이상의 한국 기업이 진출해 있어야 한다.

〈국가별 상황〉

국가	경쟁력	비고
인도네시아	한국 기업이 100개 이상 진출해 있으며, 안정적인 정치 및 경제 구조를 가지고 있다.	두 번의 박람회를 열었으나 실제 취업까지 연결되는 성과가 미미하였다.
아랍에미리트	UAE 자유무역지역에 다양한 다국적 기업이 진출해 있다.	석유가스산업, 금융산업에는 외국 기업의 진출이 불가하다.
중국	한국 기업이 170개 이상 진출해 있으며, 현지 기업의 80% 이상이 우리나라 사람의 고용을 원한다.	중국 청년의 실업률이 높아 사회문제가 되고 있다.
미얀마	2023년 기준 약 2,500명의 한인이 거주 중이며, 한류 열풍이 거세게 불고 있다.	내전으로 우리나라 사람들의 치안이 보장되지 않는다.

① 인도네시아　　② 아랍에미리트
③ 중국　　④ 미얀마

29 **남성 정장 제조 전문회사에서 20대를 위한 캐주얼 SPA 브랜드에 신규 진출하려고 한다. 귀하는 3C 분석 방법을 통해 다양한 자료를 조사했으며, 다음과 같은 분석 내용을 도출하였다. 이를 참고할 때, 자사에서 추진하려는 신규 사업 계획의 타당성에 대한 설명으로 가장 적절한 것은?**

3C	상황분석
고객(Customer)	• 40대 중년 남성을 대상으로 한 정장 시장은 정체 및 감소 추세 • 20대 캐주얼 및 SPA 시장은 매년 급성장
경쟁사(Competitor)	• 20대 캐주얼 SPA 시장에 진출할 경우, 경쟁사는 글로벌 및 토종 SPA 기업, 캐주얼 전문 기업 외에도 비즈니스 캐주얼, 아웃도어 의류 기업도 포함 • 경쟁사들은 브랜드 인지도, 유통망, 생산 등에서 차별화된 경쟁력을 가짐 • 경쟁사 중 상위업체는 하위업체와의 격차 확대를 위해 파격적 가격 정책과 20대 지향 디지털마케팅 전략을 구사
자사(Company)	• 신규 시장 진출 시 막대한 마케팅 비용 발생 • 낮은 브랜드 인지도 • 기존 신사 정장 이미지 고착 • 유통과 생산 노하우 부족 • 디지털마케팅 역량 미흡

① 20대 SPA 시장이 급성장하고, 경쟁이 치열해지고 있지만, 자사의 유통 및 생산 노하우로 가격경쟁력을 확보할 수 있으므로 신규 사업을 추진하는 것이 바람직하다.

② 40대 중년 정장 시장은 감소 추세에 있으므로 새로운 수요발굴이 필요하며, 기존의 신사 정장 이미지를 벗어나 20대 지향 디지털마케팅 전략을 구사하면 신규 시장의 진입이 가능하므로 신규 사업을 진행하는 것이 바람직하다.

③ 20대 SPA 시장이 급성장하고 있지만, 하위업체의 파격적인 가격정책을 이겨내기에 막대한 비용이 발생하므로 신규 사업 진출은 적절하지 못하다.

④ 20대 SPA 시장은 계속해서 성장하고 매력적이지만, 경쟁이 치열하고 경쟁자의 전략이 막강하다. 이에 비해 자사의 자원과 역량은 부족하여 신규 사업 진출은 하지 않는 것이 바람직하다.

30 귀하는 전세버스 대여를 전문으로 하는 여행업체인 K사에 근무하고 있다. 지난 10년 동안 상당한 규모로 성장해 온 K사는 현재 보유하고 있는 버스의 현황을 실시간으로 파악할 수 있도록 식별 코드를 부여하였다. 식별 코드 부여 방식과 자사보유 전세버스 현황이 다음과 같을 때, 옳지 않은 것은?

〈식별 코드 부여 방식〉

[버스등급] – [승차인원] – [제조국가] – [모델번호] – [제조연월]

버스등급	코드	제조국가	코드
대형버스	BX	한국	KOR
중형버스	MF	독일	DEU
소형버스	RT	미국	USA

예 BX – 45 – DEU – 15 – 2310
2023년 10월 독일에서 생산된 45인승 대형버스 15번 모델

〈자사보유 전세버스 현황〉

BX – 28 – DEU – 24 – 1308	MF – 35 – DEU – 15 – 0910	RT – 23 – KOR – 07 – 0628
MF – 35 – KOR – 15 – 1206	BX – 45 – USA – 11 – 0712	BX – 45 – DEU – 06 – 1105
MF – 35 – DEU – 20 – 1110	BX – 41 – DEU – 05 – 1408	RT – 16 – USA – 09 – 0712
RT – 25 – KOR – 18 – 0803	RT – 25 – DEU – 12 – 0904	MF – 35 – KOR – 17 – 0901
BX – 28 – USA – 22 – 1404	BX – 45 – USA – 19 – 1108	BX – 28 – USA – 15 – 1012
RT – 16 – DEU – 23 – 1501	MF – 35 – KOR – 16 – 0804	BX – 45 – DEU – 19 – 1312
MF – 35 – DEU – 20 – 1005	BX – 45 – USA – 14 – 1007	–

① 보유하고 있는 소형버스의 절반 이상은 독일에서 생산되었다.
② 대형버스 중 28인승은 3대이며, 한국에서 생산된 차량은 없다.
③ 보유 중인 대형버스는 전체의 40% 이상을 차지한다.
④ 중형버스는 3대 이상이며, 모두 2013년 이전에 생산되었다.

31 K공사에서 근무하고 있는 김대리는 경기본부로 정기점검을 나가고자 한다. 다음 조건에 따라 점검일을 결정할 때, 김대리가 경기본부 정기점검을 진행할 수 있는 기간으로 옳은 것은?

〈10월 달력〉

일	월	화	수	목	금	토
				1	2	3
4	5	6	7	8	9	10
11	12	13	14	15	16	17
18	19	20	21	22	23	24
25	26	27	28	29	30	31

조건

- 김대리는 10월 중에 경기본부로 정기점검을 나간다.
- 정기점검은 2일 동안 진행되며, 이틀 동안 연이어 진행하여야 한다.
- 점검은 주중에만 진행된다.
- 김대리는 10월 1일부터 10월 7일까지 연수에 참석하므로 해당 기간에는 점검을 진행할 수 없다.
- 김대리는 10월 27일부터는 부서이동을 하므로, 27일부터는 정기점검을 포함한 모든 담당 업무를 후임자에게 인계하여야 한다.
- 김대리는 목요일마다 경인건설본부로 출장을 가며, 출장일에는 정기점검 업무를 수행할 수 없다.

① 10월 6 ~ 7일

② 10월 11 ~ 12일

③ 10월 14 ~ 15일

④ 10월 20 ~ 21일

32 **다음 사례는 어떤 자원 활용의 방해요인인가?**

> 신설학교 조사위원회는 K시 교육청이 신설학교를 개교하면서 책걸상과 교탁 수납장 등 18종의 비품과 기자재를 일괄 구매하여 매년 수십억 원의 예산이 사장되고 있다고 발표했다. 신설학교 기자재는 학생 수가 100% 차는 완성 학급을 기준으로 구입하지만 개교 1 ~ 2년 차에는 완성 학급 수가 절반 수준에 불과한 학교가 상당수여서 기자재와 비품이 남아돌아 방치되고 있는 것이다. 신설학교 조사위원회는 "지난해 개교한 24개 학교의 교육청 일괄 구매 예산은 53억 3천여만 원이었으나 15억 원 규모에 달하는 비품을 사용하지 않고 방치했다."라고 밝혔다.

① 시간자원
② 예산자원
③ 물적자원
④ 인적자원

33 **다음 인적자원 배치방법 중 균형주의에 해당하는 사례로 가장 적절한 것은?**

① A기업은 각 직원이 가진 능력에 맞는 업무를 배분해 그 능력을 더 발휘할 수 있도록 하며, 이로 인한 실적에 대해서 확실한 보상을 제공하였다.
② B기업은 직원들의 성격에 따라 부서를 배치해 직원이 각 부서에서 능력을 더 발휘할 수 있도록 하였다.
③ C기업은 근무기간과 관계없이 근무역량과 리더십이 있는 직원의 경우 진급을 결정하여 팀 전체 직원들이 사기와 의식을 높였다.
④ D기업은 높은 직위에 있더라도 낮은 직위에 직원들과 서로 예의를 지키기를 강조하며, 직위에 상관없이 해당 업무에 공헌도에 따라 그에 맞는 보상을 제공한다.

34 K사에서는 매월 초 인트라넷을 통해 윤리경영 자기진단을 실시한다. 아침 회의 시 본부장은 오늘 내에 부서 구성원이 모두 참여할 수 있는 별도의 시간을 정하여 가능한 한 빨리 완료할 것을 지시하였다. 이에 부서장은 귀하에게 다음의 업무 스케줄을 토대로 적당한 시간을 확인하여 보고할 것을 요청하였다. 자기진단 시간으로 1시간이 소요될 때, 가장 적절한 시간은 언제인가?

〈업무 스케줄〉

시간	직급별 스케줄				
	부장	차장	과장	대리	사원
09:00 ~ 10:00	부서장 회의				
10:00 ~ 11:00					
11:00 ~ 12:00			타부서 협조회의		
12:00 ~ 13:00	점심식사				
13:00 ~ 14:00	부서 업무 회의				비품 신청
14:00 ~ 15:00					
15:00 ~ 16:00			일일 업무 결산		
16:00 ~ 17:00		업무보고			
17:00 ~ 18:00	업무보고				

① 15:00 ~ 16:00
② 14:00 ~ 15:00
③ 12:00 ~ 13:00
④ 10:00 ~ 11:00

PART 2

35 K사에 근무하는 L주임은 신입사원에게 지급할 볼펜과 스케줄러를 구매하기 위해 A ~ C도매업체의 판매정보를 다음과 같이 정리하였다. 입사 예정인 신입사원은 총 600명이고, 신입사원 1명당 볼펜과 스케줄러를 각각 1개씩 증정한다고 할 때, 가장 저렴하게 구매할 수 있는 업체와 구매가격을 바르게 연결한 것은?

〈업체별 상품가격표〉

구분	품목	수량(1SET당)	가격(1SET당)
A도매업체	볼펜	150개	13만 원
	스케줄러	100권	25만 원
B도매업체	볼펜	200개	17만 원
	스케줄러	600권	135만 원
C도매업체	볼펜	100개	8만 원
	스케줄러	300권	65만 원

〈업체별 특가상품 정보〉

구분	볼펜의 특가상품 구성	특가상품 구매 조건
A도매업체	300개 25.5만 원 or 350개 29만 원	스케줄러 150만 원 이상 구입
B도매업체	600개 48만 원 or 650개 50만 원	스케줄러 100만 원 이상 구입
C도매업체	300개 23.5만 원 or 350개 27만 원	스케줄러 120만 원 이상 구입

※ 특가상품 구매 조건을 만족했을 때 볼펜을 특가로 구매할 수 있음
※ 각 물품은 묶음 단위로 판매가 가능하며, 개당 판매는 불가능함
※ 업체별 특가상품은 둘 중 한 가지만 선택해 1회 구입 가능함

	도매업체	구매가격
①	A업체	183만 원
②	B업체	177.5만 원
③	C업체	183만 원
④	C업체	177.5만 원

36 K사 총무부에 근무하는 A씨는 K사 사원들을 대상으로 사무실에 필요한 사무용품에 대해 설문조사하여 다음과 같은 결과를 얻게 되었다. 설문조사 시 사원들에게 하나의 제품만 선택하도록 하였고, 연령을 구분하여 추가적으로 분석한 결과에 대해 비고란에 적었다. 다음 중 설문결과에 대한 설명으로 옳은 것은?(단, 설문조사에 참여한 K사 사원들은 총 100명이다)

〈사무용품 필요도 설문조사〉

구분	비율	비고
복사기	15%	• 복합기를 원하는 사람들 중 20대는 절반을 차지했다. • 정수기를 원하는 사람들은 모두 30대이다. • 냉장고를 원하는 사람들 중 절반은 40대이다. • 복사기를 원하는 사람들 중 20대는 2/3를 차지했다. • 안마의자를 원하는 사람들은 모두 40대이다. • 기타용품을 원하는 20대, 30대, 40대 인원은 동일하다.
냉장고	26%	
안마의자	6%	
복합기	24%	
커피머신	7%	
정수기	13%	
기타용품	9%	

① 냉장고를 원하는 20대가 복합기를 원하는 20대보다 적다.
② 기타용품을 원하는 40대가 안마의자를 원하는 40대보다 많다.
③ 사원들 중 20대가 총 25명이라면, 냉장고를 원하는 20대는 없다.
④ 복합기를 원하는 30대는 냉장고를 원하는 40대보다 많을 수 있다.

37 K회사 B과장이 내년에 해외근무 신청을 하기 위해서는 의무 교육이수 기준을 만족해야 한다. B과장이 지금까지 글로벌 경영교육 17시간, 해외사무영어교육 50시간, 국제회계교육 24시간을 이수하였다면, 의무 교육이수 기준에 미달인 과목과 그 과목의 부족한 점수는 몇 점인가?

〈의무 교육이수 기준〉

(단위 : 점)

구분	글로벌 경영	해외사무영어	국제회계
이수 완료 점수	15	60	20
시간당 점수	1	1	2

※ 초과 이수 시간은 시간당 0.2점으로 환산하여 해외사무영어 점수에 통합함

	과목	점수		과목	점수
①	해외사무영어	6.8점	②	해외사무영어	7.0점
③	글로벌 경영	7.0점	④	국제회계	6.8점

38 **다음 중 물품의 보관 및 관리방법으로 적절하지 않은 것은?**

① 지속적인 사용을 해야 하는 사용물품의 경우 다시 꺼내야 하는 반복 작업이 생기지 않도록 꺼내기 쉬운 곳에 배치한다.

② 앞으로 계속 사용하지 않는 보관 물품의 경우에 창고나 박스 등에 넣어둠으로써 물품의 훼손 및 분실 우려를 막을 수 있다.

③ 동일한 물품은 동일한 장소에 보관하여야 사용 시에 물품을 찾는 시간을 단축할 수 있다.

④ 유사한 물품은 인접하지 않은 장소에 각기 놔둠으로써 혼동하지 않도록 배치한다.

39 **다음은 직접비와 간접비에 대한 설명이다. 이를 참고할 때 〈보기〉의 인건비와 성격이 가장 유사한 것은?**

어떤 활동이나 사업의 비용을 추정하거나 예산을 잡을 때에는 추정해야 할 많은 유형의 비용이 존재한다. 그중 대표적인 것이 직접비와 간접비이다. 직접비란 간접비용에 상대되는 용어로서, 제품 생산 또는 서비스를 창출하기 위해 직접 소비된 것으로 여겨지는 비용을 말한다. 이와 반대로 간접비란 제품을 생산하거나 서비스를 창출하기 위해 소비된 비용 중에서 직접비용을 제외한 비용으로, 제품 생산에 직접 관련되지 않은 비용을 말하는데, 이는 매우 다양하기 때문에 많은 사람들이 간접비용을 정확하게 예측하지 못해 어려움을 겪는 경우가 많다.

보기

인건비란 제품 생산 또는 서비스 창출을 위한 업무를 수행하는 사람들에게 지급되는 비용으로, 계약에 의해 고용된 외부 인력에 대한 비용도 인건비에 포함된다. 이러한 인건비는 일반적으로 전체 비용 중 가장 큰 비중을 차지하게 된다.

① 통신비 ② 출장비

③ 광고비 ④ 보험료

40 K공단은 직원들의 교양증진을 위해 사내 도서관에 도서를 추가로 구비하고자 한다. 새로 구매할 도서는 직원들을 대상으로 한 사전조사 결과를 바탕으로 선정점수를 결정한다. 다음 〈조건〉에 따라 추가로 구매할 도서를 선정할 때, 최종 선정될 도서는?

〈후보 도서 사전조사 결과〉

도서명	저자	흥미도 점수(점)	유익성 점수(점)
재테크, 답은 있다	정우택	6	8
여행학개론	W. George	7	6
부장님의 서랍	김수권	6	7
IT혁명의 시작	정인성, 유오진	5	8
경제정의론	S. Collins	4	5
건강제일주의	임시학	8	5

조건

- K공단은 전 직원들을 대상으로 후보 도서들에 대한 사전조사를 하였다. 각 후보 도서들에 대한 흥미도 점수와 유익성 점수는 전 직원들이 10점 만점으로 부여한 점수의 평균값이다.
- 흥미도 점수와 유익성 점수를 3 : 2의 가중치로 합산하여 1차 점수를 산정하고, 1차 점수가 높은 후보 도서 세 권을 1차 선정한다.
- 1차 선정된 후보 도서 중 해외저자의 도서는 가점 1점을 부여하여 2차 점수를 산정한다.
- 2차 점수가 가장 높은 2개의 도서를 최종 선정한다. 만일 선정된 후보 도서들의 2차 점수가 모두 동일한 경우, 유익성 점수가 가장 낮은 후보 도서는 탈락시킨다.

① 재테크, 답은 있다 / 여행학개론
② 재테크, 답은 있다 / 건강제일주의
③ 여행학개론 / 부장님의 서랍
④ 여행학개론 / 건강제일주의

| 02 | 조직이해능력(사무직)

41 **다음 사례를 읽고 A씨에게 해줄 수 있는 피드백으로 가장 적절한 것은?**

> A씨는 2년 차 직장인이다. 그러나 함께 입사했던 동기들과 비교하면 좋은 평가를 받지 못하고 있다. 요청받은 업무를 진행하는 데 있어 마감일을 늦추는 일이 허다하고, 주기적인 업무도 누락하는 경우가 많기 때문이다. 그 이유는 자신이 앞으로 해야 할 일에 대한 계획을 수립하지 않고 즉흥적으로 처리하거나 혹은 주변에서 급하다고 요청이 오면 그제서야 하기 때문이다. 이로 인해 본인의 업무뿐만 아니라 주변 사람들의 업무도 늦어지거나 과중되는 결과를 낳아 업무의 효율성이 떨어지게 되었다.

① 업무를 진행할 때 계획적으로 접근한다면 좋은 평가를 받을 수 있을 것이다.
② 너무 편한 방향으로 업무를 처리하면 불필요한 낭비가 발생할 수 있다.
③ 시간도 중요한 자원 중의 하나라는 인식이 필요하다.
④ 자원관리에 대한 노하우를 쌓는다면 충분히 극복할 수 있다.

42 **다음 빈칸에 들어갈 조직 유형이 바르게 연결된 것은?**

> 조직은 ___㉠___과 ___㉡___으로 구분할 수 있다. ___㉠___은 기업과 같이 이윤을 목적으로 하는 조직이며, ___㉡___은 정부 조직을 비롯하여 공익을 추구하는 병원, 대학, 시민단체, 종교단체 등이 해당한다.

	㉠	㉡
①	공식조직	비공식조직
②	비공식조직	공식조직
③	비영리조직	영리조직
④	영리조직	비영리조직

43 다음 중 업무수행 성과를 높이기 위한 행동전략을 잘못 사용하고 있는 사람을 〈보기〉에서 고르면?

보기

A사원 : 저는 해야 할 일이 생기면 미루지 않고, 그 즉시 바로 처리하려고 노력합니다.
B사원 : 저는 여러 가지 일이 생기면 비슷한 업무끼리 묶어서 한 번에 처리하곤 합니다.
C대리 : 저는 다른 사람이 일하는 방식과 다른 방식으로 생각하여 더 좋은 해결책을 발견하기도 합니다.
D대리 : 저도 C대리의 의견과 비슷합니다. 저는 저희 팀의 업무 지침이 마음에 들지 않아 저만의 방식을 찾고자 합니다.

① A사원
② B사원
③ C대리
④ D대리

44 다음 중 ㉠, ㉡에 대한 설명으로 옳은 것은?

조직구조는 조직마다 다양하게 이루어지며, 조직목표의 효과적 달성에 영향을 미친다. 조직구조에 대한 많은 연구를 통해 조직구조에 영향을 미치는 요인으로는 조직의 전략, 규모, 기술, 환경 등이 있음을 확인할 수 있으며, 이에 따라 ㉠ 기계적 조직 혹은 ㉡ 유기적 조직으로 설계된다.

① ㉠은 의사결정 권한이 조직의 하부구성원들에게 많이 위임되어 있다.
② ㉡은 상하간의 의사소통이 공식적인 경로를 통해 이루어진다.
③ ㉠은 규제나 통제의 정도가 낮아, 의사소통 결정이 쉽게 변할 수 있다.
④ 안정적이고 확실한 환경에서는 ㉠이, 급변하는 환경에서는 ㉡이 적합하다.

45 다음 중 조직 구조의 결정요인에 대한 설명으로 옳지 않은 것은?

① 일반적으로 소량생산기술을 가진 조직은 유기적 조직구조를, 대량생산기술을 가진 조직은 기계적 조직구조를 가진다.
② 대규모 조직은 소규모 조직에 비해 업무의 전문화 정도가 높다.
③ 급변하는 환경하에서는 유기적 조직보다 원칙이 확립된 기계적 조직이 더 적합하다.
④ 조직 활동의 결과에 대한 만족은 조직의 문화적 특성에 따라 상이하다.

46 **K사 인사총무팀에 근무하는 T사원은 다음과 같은 업무 리스트를 작성한 뒤 우선순위에 맞게 재배열하려고 한다. 업무 리스트를 보고 T사원이 한 생각으로 적절하지 않은 것은?**

> ■ 2025년 8월 26일 인사총무팀 T사원의 업무 리스트
> - 인사총무팀 회식(9월 4일) 장소 예약 확인
> - 회사 창립 기념일(9월 12일) 행사 준비
> - 영업1팀 비품 주문 → 월요일에 배송될 수 있도록 오늘 내 반드시 발주할 것
> - 이번 주 토요일(8월 27일) 당직 근무자 명단 확인 → 업무 공백 생기지 않도록 주의
> - 9월 3일자 신입사원 면접 날짜 유선 안내 및 면접 가능 여부 확인

① 내일 당직 근무자 명단 확인을 가장 먼저 해야겠다.
② 영업1팀 비품 주문 후 회식장소 예약을 확인해야겠다.
③ 신입사원 면접 안내는 여러 변수가 발생할 수 있으니 서둘러 준비해야겠다.
④ 회사 창립 기념일 행사는 전 직원이 다 참여하는 큰 행사인 만큼 가장 첫 번째 줄에 배치해야겠다.

47 **A부장은 직원들의 업무 효율성이 많이 떨어졌다는 생각이 들어 각자의 의견을 들어 보고자 회의를 열었다. 다음 의견 중 적절하지 않은 것은?**

① B대리 : 요즘 업무 외적인 통화에 시간을 낭비하는 경우가 많은 것 같습니다. 확실한 목표업무량을 세우고 목표량 달성 후 퇴근을 하는 시스템을 운영하면 개인 활동으로 낭비되는 시간이 줄어 생산성이 높아지지 않을까요?
② C주임 : 여유로운 일정이 주원인이라고 생각합니다. 1인당 최대 작업량을 잡아 업무를 진행하면 업무 효율성이 극대화될 것입니다.
③ D대리 : 계획을 짜면 업무를 체계적으로 진행할 수 있다는 의미에서 C주임의 말에 동의하지만, 갑자기 발생할 수 있는 일에 대해 대비해야 한다고 생각합니다. 어느 정도 여유 있게 계획을 짜는 게 좋지 않을까요?
④ E사원 : 목표량 설정 이외에도 업무 진행과정에서 체크리스트를 사용해 기록하고 전체적인 상황을 파악할 수 있게 하면 효율이 높아질 것입니다.

48 총무부에서 근무하던 B씨는 승진하면서 다른 부서로 발령이 났다. 기존에 같이 근무하던 D씨에게 사무인수인계를 해야 하는 상황에서 B씨와 D씨가 수행해야 할 사무인수인계 요령으로 옳지 않은 것은?

① 기밀에 속하는 사항일수록 문서에 의함을 원칙으로 한다.
② 사무인수인계서 1장을 작성하여 인계자와 인수자 및 입회자가 기명날인을 한 후 해당 부서에서 이를 보관한다.
③ 사무인수인계와 관련하여 편철된 부분과 오류의 수정이 있는 부분은 인수자와 인계자가 각각 기명날인을 한다.
④ 사무의 인수인계와 관련하여 인수자가 인계자에게 제증빙을 요구하였으나, 증빙이 미비 또는 분실 시에는 그 사실을 별지에 반드시 기재하도록 한다.

49 다음 중 서양의 식사 예절에 대한 설명으로 가장 적절한 것은?

① 생선의 머리는 오른쪽으로 둔다.
② 커피 잔에 손가락을 끼지 않고 세 손가락으로 잡는다.
③ 포크와 나이프는 안쪽에서 바깥쪽으로 사용한다.
④ 식사가 끝나면 포크는 안쪽, 나이프를 바깥으로 접시 왼쪽에 나란히 놓는다.

50 다음 중 직무수행교육(OJT; On the Job Training)의 네 가지 단계를 순서대로 나열한 것은?

㉠ 시켜보고 잘못을 시정한다. 시켜보면서 작업을 설명하도록 한다. 다시 한 번 시켜보면서 급소를 말하도록 한다. 완전히 이해할 때까지 확인한다.
㉡ 편안하게 한다. 어떤 작업을 하는지 말한다. 그 작업에 대해서 어느 정도 알고 있는지 확인한다. 작업을 배우고 싶은 기분이 되도록 한다. 올바른 위치에 자세를 취하도록 한다.
㉢ 중요한 스텝(Step)을 하나씩 말해서 들려주고, 해 보이고, 기록해 보인다. 급소를 강조한다. 확실하게, 빠짐없이, 끈기 있게, 이해하는 능력 이상으로 하지 않는다.
㉣ 작업에 종사시킨다. 모를 때에 답변할 사람을 지정해 둔다. 몇 번이고 조사한다. 질문하도록 작용한다. 차츰 지도를 줄인다.

① ㉠－㉢－㉡－㉣
② ㉡－㉠－㉢－㉣
③ ㉡－㉢－㉠－㉣
④ ㉢－㉠－㉣－㉡

| 03 | 기술능력(기술직)

41 다음 글의 빈칸에 들어갈 용어로 가장 적절한 것은?

> ______ 분야에서 유망한 기술로 전망되는 것은 지능형 로봇 분야이다. 지능형 로봇이란 외부 환경을 인식하여 스스로 상황을 판단하여 자율적으로 동작하는 기계 시스템을 말한다. 지능형 로봇은 미래 유망산업으로 발전할 것이며, 타 분야에 대한 기술적 파급 효과가 큰 첨단 기술의 복합체이다. 산업적 측면에서 볼 때 지능형 로봇 분야는 자동차 산업 규모 이상의 성장 잠재력을 가지고 있으며, 기술 혁신과 신규투자가 유망한 신산업으로, 국내 로봇 산업은 빠른 시일 내 국내 시장 규모 100조 원을 달성할 것으로 예측되고 있다.
> 최근에는 기술혁신과 사회적 패러다임의 변화에 따라 인간 공존, 삶의 질 향상을 이룩하기 위한 새로운 지능형 로봇의 개념이 나타나고 있다. 지능형 로봇은 최근 IT기술의 융복합화, 지능화 추세에 따라 점차 네트워크를 통한 로봇의 기능 분산, 가상 공간 내에서의 동작 등 IT와 융합한 '네트워크 기반 로봇'의 개념을 포함하고 있다.
> 일본이 산업형 로봇 시장을 주도하였다면, IT기술이 접목되는 지능형 로봇은 우리나라가 주도하기 위해 국가 발전 전략에 따라 국가 성장 동력산업으로 육성하고 있다.

① 토목공학
② 환경공학
③ 생체공학
④ 전기전자공학

42 다음 중 기술과 관련된 용어에 대한 설명으로 옳지 않은 것은?

① 노하우(Knowhow)는 어떤 일을 오래 함에 따라 자연스럽게 터득한 방법이나 요령이다.
② 노와이(Know-why)는 원인과 결과를 알아내고 파악하는 것을 말한다.
③ 벤치마킹(Benchmarking)은 기업에서 경쟁력을 키우기 위한 방법으로 경쟁 회사의 비법을 배우면서 혁신하는 기법이다.
④ OJT(On the Job Training)는 국가에서 직원을 집합하여 교육하는 기본적인 훈련 방법이다.

43 다음 벤치마킹의 종류에 대한 설명으로 옳은 것은?

> 네스프레소는 가정용 커피머신 시장의 선두주자이다. 이러한 성장 배경에는 기존의 산업 카테고리를 벗어나 랑콤, 이브로쉐 등 고급 화장품 업계의 채널 전략 벤치마킹이 있다. 고급 화장품 업체들은 독립 매장에서 고객들에게 화장품을 직접 체험할 수 있는 기회를 제공하고, 이를 적극적으로 수요와 연계하고 있었다. 네스프레소는 이를 통해 신규 수요를 창출하기 위해서는 커피머신의 기능을 강조하는 것이 아니라, 즉석에서 추출한 커피의 신선한 맛을 고객에게 체험하게 하는 것이 중요하다는 인사이트를 도출했다. 이후 전 세계 유명 백화점에 오프라인 단독 매장들을 개설해 고객에게 커피를 시음할 수 있는 기회를 제공했다. 이를 통해 네스프레소의 수요는 급속도로 늘어나 매출 부문에서 30 ~ 40%의 고속성장을 거두게 됐고 전 세계로 확장되며 여전히 높은 성장세를 이어가고 있다.

① 경영성과와 관련된 정보 입수가 가능하나 윤리적인 문제가 발생할 소지가 있다.
② 문화 및 제도적인 차이로 문제가 발생할 소지가 있다.
③ 자료수집이 쉬우며 효과가 크지만 편중된 내부시각에 대한 우려가 있다는 단점이 있다.
④ 새로운 아이디어가 나올 가능성이 높지만 가공하지 않고 사용한다면 실패할 수 있다.

44 다음은 산업재해가 발생한 상황에 대해서 예방 대책을 세운 자료이다. 재해 예방 대책에서 누락되어 보완해야 할 사항은?

> 〈사례〉
>
> B소속 정비공인 피재자 A가 대형 해상크레인의 와이어로프 교체작업을 위해 고소작업대(차량탑재형 이동식크레인)바스켓에 탑승하여 해상크레인 상부 붐(33m)으로 공구를 올리던 중 해상크레인 붐이 바람과 파도에 의해 흔들려 피재자가 탑승한 바스켓에 충격을 가하였고, 바스켓 연결부(로드셀)가 파손되면서 바스켓과 함께 도크바닥으로 떨어져 사망한 재해임
>
> **〈재해 예방 대책〉**
>
> - 1단계 : 사고 조사, 안전 점검, 현장 분석, 작업자의 제안 및 여론 조사, 관찰 및 보고서 연구 등을 통하여 사실을 발견한다.
> - 2단계 : 재해의 발생 장소, 재해 형태, 재해 정도, 관련 인원, 직원 감독의 적절성, 공구 장비의 상태 등을 정확히 분석한다.
> - 3단계 : 원인 분석을 토대로 적절한 시정책, 즉 기술적 개선, 인사 조정 및 교체, 교육, 설득, 공학적 조치 등을 선정한다.
> - 4단계 : 안전에 대한 교육 및 훈련 시행, 안전시설과 장비의 결함 개선, 안전 감독 실시 등의 선정된 시정책을 적용한다.

① 안전 관리 조직
② 기술 공고화
③ 원인 분석
④ 시정책 적용 및 뒤처리

PART 2

45 다음 중 기술 시스템에 대한 설명으로 옳지 않은 것은?

① 과학과 기술에서만 볼 수 있는 독특한 특성이다.
② 개별 기술이 네트워크로 결합해서 기술 시스템을 만든다.
③ 현대 기술의 특성을 이해하는 데 있어 매우 중요한 개념이다.
④ 기술이 발전하면서 나타난 것이다.

46 다음 글을 읽고 추론할 수 있는 기술혁신의 특성으로 옳은 것은?

> 인간의 개별적인 지능과 창의성, 상호학습을 통해 발생하는 새로운 지식과 경험은 빠른 속도로 축적되고 학습되지만, 이러한 지식은 문서화되기 어렵기 때문에 다른 사람들에게 쉽게 전파될 수 없다. 따라서 연구개발에 참가한 연구원과 엔지니어들이 그 기업을 떠나는 경우 기술과 지식의 손실이 크게 발생하여 기술 개발을 지속할 수 없는 경우가 종종 발생한다.

① 기술혁신은 그 과정 자체가 매우 불확실하다.
② 기술혁신은 장기간의 시간을 필요로 한다.
③ 기술혁신 과정의 불확실성과 모호함은 기업 내에서 많은 갈등을 유발할 수 있다.
④ 기술혁신은 지식 집약적인 활동이다.

47 K팀장은 신입사원을 대상으로 기업이 기술을 선택하는 데 있어 중요하게 고려해야 할 부분이 무엇인지에 대해 설명하고 있다. 다음 중 빈칸에 들어갈 말로 적절하지 않은 것은?

> K팀장 : 어떤 기술을 획득하고 활용할 것인지는 업무를 수행하고 있는 본인뿐만 아니라 기업 전체의 경쟁력을 결정짓는 데에도 영향을 끼칩니다. 기술을 선택할 경우에는 주어진 시간과 자원의 제약하에서 선택 가능한 대안들 중 최적이 아닌 최선의 대안을 선택하는 합리적인 의사결정이 필요합니다. 특히 최선의 기술을 선택하는 데 있어 우선순위를 고려해야 하는데, 그 기준으로는 ______________________ 등이 있습니다.

① 제품의 성능이나 원가에 미치는 영향력이 얼마나 큰 기술인지 여부
② 가장 최근에 개발된 기술인지 여부
③ 아무나 쉽게 구현할 수 없는 기술인지 여부
④ 다른 기업에서 모방하기 어려운 기술인지 여부

48 B사원은 최근 K전자의 빔프로젝터를 구입하였으며, 빔프로젝터 고장 신고 전 확인사항 자료를 확인하였다. 다음 중 빔프로젝터의 증상과 그에 따른 확인 및 조치사항으로 옳은 것은?

〈빔프로젝터 고장 신고 전 확인사항〉

분류	증상	확인 및 조치사항
설치 및 연결	전원이 들어오지 않음	• 제품 배터리의 충전 상태를 확인하세요. • 만약 그래도 제품이 전혀 동작하지 않는다면 제품 옆면의 'Reset' 버튼을 1초간 누르시기 바랍니다.
	전원이 자동으로 꺼짐	• 본 제품은 약 20시간 지속 사용 시 제품의 시스템 보호를 위해 전원이 자동 차단될 수 있습니다.
	외부기기가 선택되지 않음	• 외부기기 연결선이 신호 단자에 맞게 연결되었는지 확인하고, 연결 상태를 점검해 주시기 바랍니다.
메뉴 및 리모컨	리모컨이 작동하지 않음	• 리모컨의 건전지 상태 및 건전지가 권장 사이즈에 부합하는지 확인해 주세요. • 리모컨 각도와 거리가(10m 이하) 적당한지, 제품과 리모컨 사이에 장애물이 없는지 확인해 주세요.
	메뉴가 선택되지 않음	• 메뉴의 글자가 회색으로 나와 있지 않은지 확인해 주세요. 회색의 글자 메뉴는 선택되지 않습니다.
화면 및 소리	영상이 희미함	• 리모컨 메뉴창의 초점 조절 기능을 이용하여 초점을 조절해 주세요. • 투사거리가 초점에서 너무 가깝거나 멀리 떨어져 있지 않은지 확인해 주세요(권장거리 1 ~ 3m).
	제품에서 이상한 소리가 남	• 이상한 소리가 계속해서 발생할 경우 사용을 중지하고 서비스센터로 문의해 주시기 바랍니다.
	화면이 안 나옴	• 제품 배터리의 충전 상태를 확인해 주세요. • 본체의 발열이 심할 경우 화면이 나오지 않을 수 있습니다.
	화면에 줄, 잔상, 경계선 등이 나타남	• 일정시간 정지된 영상을 지속적으로 표시하면 부분적으로 잔상이 발생합니다. • 영상의 상·하·좌·우의 경계선이 고정되어 있거나 빛의 투과량이 서로 상이한 영상을 장시간 시청 시 경계선에 자국이 발생할 수 있습니다.

① 영상이 너무 희미해 초점과 투사거리를 확인하여 조절하였다.

② 메뉴가 선택되지 않아 외부기기와 연결선이 제대로 연결되었는지 확인하였다.

③ 일주일째 이상한 소리가 나 제품 배터리가 충분히 충전된 상태인지 살펴보았다.

④ 영화를 보는 중에 갑자기 전원이 꺼진 것은 본체의 발열이 심해서 그런 것이므로 약 20시간 동안 사용을 중지하였다.

49 다음은 기술선택을 위한 절차를 나타내는 자료이다. (A) ~ (D)에 대한 행동으로 옳은 것은?

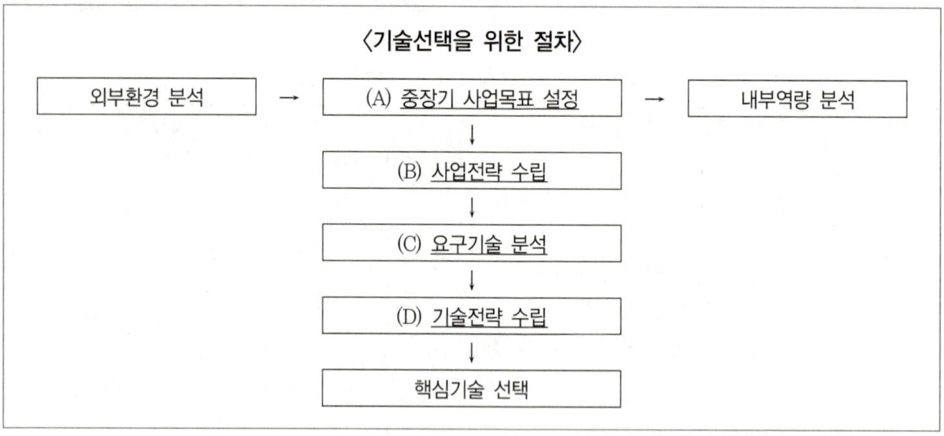

① (A) : 기술획득 방법 결정
② (B) : 사업 영역 결정, 경쟁 우위 확보 방안 수립
③ (C) : 기업의 장기비전, 매출목표 및 이익목표 설정
④ (D) : 기술능력, 생산능력, 마케팅 / 영업능력, 재무능력 등 분석

50 다음 글에서 나타나는 산업재해의 원인으로 가장 적절한 것은?

> A씨는 퇴근하면서 회사 엘리베이터를 이용하던 중 갑자기 엘리베이터가 멈춰 그 안에 20분 동안 갇히는 사고를 당하였다. 20분 후 A씨는 실신한 상태로 구조되었고 바로 응급실로 옮겨졌다. 이후 A씨는 응급실로 옮겨져 의식을 되찾았지만, 극도의 불안감과 공포감을 느껴 결국 병원에서는 A씨에게 공황장애 진단을 내렸다.

① 교육적 원인
② 기술적 원인
③ 작업 관리상 원인
④ 불안전한 행동

PART 3

채용 가이드

CHAPTER

01 블라인드 채용 소개

1. 블라인드 채용이란?

채용 과정에서 편견이 개입되어 불합리한 차별을 야기할 수 있는 출신지, 가족관계, 학력, 외모 등의 편견요인은 제외하고, 직무능력만을 평가하여 인재를 채용하는 방식입니다.

2. 블라인드 채용의 필요성

- 채용의 공정성에 대한 사회적 요구
  - 누구에게나 직무능력만으로 경쟁할 수 있는 균등한 고용기회를 제공해야 하나, 아직도 채용의 공정성에 대한 불신이 존재
  - 채용상 차별금지에 대한 법적 요건이 권고적 성격에서 처벌을 동반한 의무적 성격으로 강화되는 추세
  - 시민의식과 지원자의 권리의식 성숙으로 차별에 대한 법적 대응 가능성 증가
- 우수인재 채용을 통한 기업의 경쟁력 강화 필요
  - 직무능력과 무관한 학벌, 외모 위주의 선발로 우수인재 선발기회 상실 및 기업경쟁력 약화
  - 채용 과정에서 차별 없이 직무능력중심으로 선발한 우수인재 확보 필요
- 공정한 채용을 통한 사회적 비용 감소 필요
  - 편견에 의한 차별적 채용은 우수인재 선발을 저해하고 외모·학벌 지상주의 등의 심화로 불필요한 사회적 비용 증가
  - 채용에서의 공정성을 높여 사회의 신뢰수준 제고

3. 블라인드 채용의 특징

편견요인을 요구하지 않는 대신 직무능력을 평가합니다.

※ 직무능력중심 채용이란?
기업의 역량기반 채용, NCS기반 능력중심 채용과 같이 직무수행에 필요한 능력과 역량을 평가하여 선발하는 채용방식을 통칭합니다.

4. 블라인드 채용의 평가요소

직무수행에 필요한 지식, 기술, 태도 등을 과학적인 선발기법을 통해 평가합니다.

평가기준 = 직무수행에 필요한 직무능력

※ 과학적 선발기법이란?
직무분석을 통해 도출된 평가요소를 서류, 필기, 면접 등을 통해 체계적으로 평가하는 방법으로 입사지원서, 자기소개서, 직무수행능력평가, 구조화 면접 등이 해당됩니다.

5. 블라인드 채용 주요 도입 내용

- 입사지원서에 인적사항 요구 금지
  - 인적사항에는 출신지역, 가족관계, 결혼여부, 재산, 취미 및 특기, 종교, 생년월일(연령), 성별, 신장 및 체중, 사진, 전공, 학교명, 학점, 외국어 점수, 추천인 등이 해당
  - 채용 직무를 수행하는 데 있어 반드시 필요하다고 인정될 경우는 제외

    예 특수경비직 채용 시 : 시력, 건강한 신체 요구

    연구직 채용 시 : 논문, 학위 요구 등
- 블라인드 면접 실시
  - 면접관에게 응시자의 출신지역, 가족관계, 학교명 등 인적사항 정보 제공 금지
  - 면접관은 응시자의 인적사항에 대한 질문 금지

6. 블라인드 채용 도입의 효과성

- 구성원이 다양성과 창의성이 높아져 기업 경쟁력 강화
  - 편견을 없애고 직무능력 중심으로 선발하므로 다양한 직원 구성 가능
  - 다양한 생각과 의견을 통하여 기업의 창의성이 높아져 기업경쟁력 강화
- 직무에 적합한 인재선발을 통한 이직률 감소 및 만족도 제고
  - 사전에 지원자들에게 구체적이고 상세한 직무요건을 제시함으로써 허수 지원이 낮아지고, 직무에 적합한 지원자 모집 가능
  - 직무에 적합한 인재가 선발되어 직무이해도가 높아져 업무효율 증대 및 만족도 제고
- 채용의 공정성과 기업이미지 제고
  - 블라인드 채용은 사회적 편견을 줄인 선발 방법으로 기업에 대한 사회적 인식 제고
  - 채용과정에서 불합리한 차별을 받지 않고 실력에 의해 공정하게 평가를 받을 것이라는 믿음을 제공하고, 지원자들은 평등한 기회와 공정한 선발과정 경험

CHAPTER

02 서류전형 가이드

01 채용공고문

1. 채용공고문의 변화

기존 채용공고문	변화된 채용공고문
• 취업준비생에게 불충분하고 불친절한 측면 존재 • 모집분야에 대한 명확한 직무관련 정보 및 평가기준 부재 • 해당분야에 지원하기 위한 취업준비생의 무분별한 스펙 쌓기 현상 발생	• NCS 직무분석에 기반한 채용공고를 토대로 채용전형 진행 • 지원자가 입사 후 수행하게 될 업무에 대한 자세한 정보 공지 • 직무수행내용, 직무수행 시 필요한 능력, 관련된 자격, 직업기초능력 제시 • 지원자가 해당 직무에 필요한 스펙만을 준비할 수 있도록 안내
• 모집부문 및 응시자격 • 지원서 접수 • 전형절차 • 채용조건 및 처우 • 기타사항	• 채용절차 • 채용유형별 선발분야 및 예정인원 • 전형방법 • 선발분야별 직무기술서 • 우대사항

2. 지원 유의사항 및 지원요건 확인

채용 직무에 따른 세부사항을 공고문에 명시하여 지원자에게 적격한 지원 기회를 부여함과 동시에 채용과정에서의 공정성과 신뢰성을 확보합니다.

구성	내용	확인사항
모집분야 및 규모	고용형태(인턴 계약직 등), 모집분야, 인원, 근무지역 등	채용직무가 여러 개일 경우 본인이 해당되는 직무의 채용규모 확인
응시자격	기본 자격사항, 지원조건	지원을 위한 최소자격요건을 확인하여 불필요한 지원을 예방
우대조건	법정·특별·자격증 가점	본인의 가점 여부를 검토하여 가점 획득을 위한 사항을 사실대로 기재
근무조건 및 보수	고용형태 및 고용기간, 보수, 근무지	본인이 생각하는 기대수준에 부합하는지 확인하여 불필요한 지원을 예방
시험방법	서류·필기·면접전형 등의 활용방안	전형방법 및 세부 평가기법 등을 확인하여 지원전략 준비
전형일정	접수기간, 각 전형 단계별 심사 및 합격자 발표일 등	본인의 지원 스케줄을 검토하여 차질이 없도록 준비
제출서류	입사지원서(경력·경험기술서 등), 각종 증명서 및 자격증 사본 등	지원요건 부합 여부 및 자격 증빙서류 사전에 준비
유의사항	임용취소 등의 규정	임용취소 관련 법적 또는 기관 내부 규정을 검토하여 해당여부 확인

02 직무기술서

직무기술서란 직무수행의 내용과 필요한 능력, 관련 자격, 직업기초능력 등을 상세히 기재한 것으로 입사 후 수행하게 될 업무에 대한 정보가 수록되어 있는 자료입니다.

1. 채용분야

설명

NCS 직무분류 체계에 따라 직무에 대한 「대분류 – 중분류 – 소분류 – 세분류」 체계를 확인할 수 있습니다. 채용 직무에 대한 모든 직무기술서를 첨부하게 되며 실제 수행 업무를 기준으로 세부적인 분류정보를 제공합니다.

채용분야	분류체계			
사무행정	대분류	중분류	소분류	세분류
분류코드	02. 경영·회계·사무	03. 재무·회계	01. 재무	01. 예산
				02. 자금
			02. 회계	01. 회계감사
				02. 세무

2. 능력단위

설명

직무분류 체계의 세분류 하위능력단위 중 실질적으로 수행할 업무의 능력만 구체적으로 파악할 수 있습니다.

능력단위	(예산)	03. 연간종합예산수립 05. 확정예산 운영	04. 추정재무제표 작성 06. 예산실적 관리
	(자금)	04. 자금운용	
	(회계감사)	02. 자금관리 05. 회계정보시스템 운용 07. 회계감사	04. 결산관리 06. 재무분석
	(세무)	02. 결산관리 07. 법인세 신고	05. 부가가치세 신고

3. 직무수행내용

설명

세분류 영역의 기본정의를 통해 직무수행내용을 확인할 수 있습니다. 입사 후 수행할 직무내용을 구체적으로 확인할 수 있으며, 이를 통해 입사서류 작성부터 면접까지 직무에 대한 명확한 이해를 바탕으로 자신의 희망직무인지 아닌지, 해당 직무가 자신이 알고 있던 직무가 맞는지 확인할 수 있습니다.

직무수행내용	(예산) 일정기간 예상되는 수익과 비용을 편성, 집행하며 통제하는 일
	(자금) 자금의 계획 수립, 조달, 운용을 하고 발생 가능한 위험 관리 및 성과평가
	(회계감사) 기업 및 조직 내·외부에 있는 의사결정자들이 효율적인 의사결정을 할 수 있도록 유용한 정보를 제공, 제공된 회계정보의 적정성을 파악하는 일
	(세무) 세무는 기업의 활동을 위하여 주어진 세법범위 내에서 조세부담을 최소화시키는 조세전략을 포함하고 정확한 과세소득과 과세표준 및 세액을 산출하여 과세당국에 신고·납부하는 일

4. 직무기술서 예시

태도	(예산) 정확성, 분석적 태도, 논리적 태도, 타 부서와의 협조적 태도, 설득력
	(자금) 분석적 사고력
	(회계 감사) 합리적 태도, 전략적 사고, 정확성, 적극적 협업 태도, 법률준수 태도, 분석적 태도, 신속성, 책임감, 정확한 판단력
	(세무) 규정 준수 의지, 수리적 정확성, 주의 깊은 태도
우대 자격증	공인회계사, 세무사, 컴퓨터활용능력, 변호사, 워드프로세서, 전산회계운용사, 사회조사분석사, 재경관리사, 회계관리 등
직업기초능력	의사소통능력, 문제해결능력, 자원관리능력, 대인관계능력, 정보능력, 조직이해능력

5. 직무기술서 내용별 확인사항

항목	확인사항
모집부문	해당 채용에서 선발하는 부문(분야)명 확인 예 사무행정, 전산, 전기
분류체계	지원하려는 분야의 세부직무군 확인
주요기능 및 역할	지원하려는 기업의 전사적인 기능과 역할, 산업군 확인
능력단위	지원분야의 직무수행에 관련되는 세부업무사항 확인
직무수행내용	지원분야의 직무군에 대한 상세사항 확인
전형방법	지원하려는 기업의 신입사원 선발전형 절차 확인
일반요건	교육사항을 제외한 지원 요건 확인(자격요건, 특수한 경우 연령)
교육요건	교육사항에 대한 지원요건 확인(대졸 / 초대졸 / 고졸 / 전공 요건)
필요지식	지원분야의 업무수행을 위해 요구되는 지식 관련 세부항목 확인
필요기술	지원분야의 업무수행을 위해 요구되는 기술 관련 세부항목 확인
직무수행태도	지원분야의 업무수행을 위해 요구되는 태도 관련 세부항목 확인
직업기초능력	지원분야 또는 지원기업의 조직원으로서 근무하기 위해 필요한 일반적인 능력사항 확인

03 입사지원서

1. 입사지원서의 변화

기존지원서
직무와 관련 없는 학점, 개인신상, 어학점수, 자격, 수상경력 등을 나열하도록 구성

VS

능력중심 채용 입사지원서
해당 직무수행에 꼭 필요한 정보들을 제시할 수 있도록 구성

기존	→	능력중심 채용 입사지원서	
직무기술서		인적사항	성명, 연락처, 지원분야 등 작성 (평가 미반영)
직무수행내용		교육사항	직무지식과 관련된 학교교육 및 직업교육 작성
요구지식 / 기술	→	자격사항	직무관련 국가공인 또는 민간자격 작성
관련 자격증 사전직무경험		경력 및 경험사항	조직에 소속되어 일정한 임금을 받거나(경력) 임금 없이(경험) 직무와 관련된 활동 내용 작성

2. 교육사항

- 지원분야 직무와 관련된 학교 교육이나 직업교육 혹은 기타교육 등 직무에 대한 지원자의 학습 여부를 평가하기 위한 항목입니다.
- 지원하고자 하는 직무의 학교 전공교육 이외에 직업교육, 기타교육 등을 기입할 수 있기 때문에 전공 제한 없이 직업교육과 기타교육을 이수하여 지원이 가능하도록 기회를 제공합니다.
  (기타교육 : 학교 이외의 기관에서 개인이 이수한 교육과정 중 지원직무와 관련이 있다고 생각되는 교육내용)

구분	교육과정(과목)명	교육내용	과업(능력단위)

3. 자격사항

- 채용공고 및 직무기술서에 제시되어 있는 자격 현황을 토대로 지원자가 해당 직무를 수행하는 데 필요한 능력을 가지고 있는지를 평가하기 위한 항목입니다.
- 채용공고 및 직무기술서에 기재된 직무관련 필수 또는 우대자격 항목을 확인하여 본인이 보유하고 있는 자격사항을 기재합니다.

자격유형	자격증명	발급기관	취득일자	자격증번호

4. 경력 및 경험사항

- 직무와 관련된 경력이나 경험 여부를 표현하도록 하여 직무와 관련한 능력을 갖추었는지를 평가하기 위한 항목입니다.
- 해당 기업에서 직무를 수행함에 있어 필요한 사항만을 기록하게 되어 있기 때문에 직무와 무관한 스펙을 갖추지 않아도 됩니다.
- 경력 : 금전적 보수를 받고 일정기간 동안 일했던 경우
- 경험 : 금전적 보수를 받지 않고 수행한 활동

※ 기업에 따라 경력 / 경험 관련 증빙자료 요구 가능

구분	조직명	직위 / 역할	활동기간(년 / 월)	주요과업 / 활동내용

Tip

입사지원서 작성 방법

○ 경력 및 경험사항 작성
- 직무기술서에 제시된 지식, 기술, 태도와 지원자의 교육사항, 경력(경험)사항, 자격사항과 연계하여 개인의 직무역량에 대해 스스로 판단 가능

○ 인적사항 최소화
- 개인의 인적사항, 학교명, 가족관계 등을 노출하지 않도록 유의

부적절한 입사지원서 작성 사례

- 학교 이메일을 기입하여 학교명 노출
- 거주지 주소에 학교 기숙사 주소를 기입하여 학교명 노출
- 자기소개서에 부모님이 재직 중인 기업명, 직위, 직업을 기입하여 가족관계 노출
- 자기소개서에 석·박사 과정에 대한 이야기를 언급하여 학력 노출
- 동아리 활동에 대한 내용을 학교명과 더불어 언급하여 학교명 노출

04 자기소개서

1. 자기소개서의 변화

- 기존의 자기소개서는 지원자의 일대기나 관심 분야, 성격의 장·단점 등 개괄적인 사항을 묻는 질문으로 구성되어 지원자가 자신의 직무능력을 제대로 표출하지 못합니다.
- 능력중심 채용의 자기소개서는 직무기술서에 제시된 직업기초능력(또는 직무수행능력)에 대한 지원자의 과거 경험을 기술하게 함으로써 평가 타당도의 확보가 가능합니다.

1. 우리 회사와 해당 지원 직무분야에 지원한 동기에 대해 기술해 주세요.
2. 자신이 경험한 다양한 사회활동에 대해 기술해 주세요.
3. 지원 직무에 대한 전문성을 키우기 위해 받은 교육과 경험 및 경력사항에 대해 기술해 주세요.
4. 인사업무 또는 팀 과제 수행 중 발생한 갈등을 원만하게 해결해 본 경험이 있습니까? 당시 상황에 대한 설명과 갈등의 대상이 되었던 상대방을 설득한 과정 및 방법을 기술해 주세요.
5. 과거에 있었던 일 중 가장 어려웠었던(힘들었었던) 상황을 고르고, 어떤 방법으로 그 상황을 해결했는지를 기술해 주세요.

Tip

자기소개서 작성 방법

① 자기소개서 문항이 묻고 있는 평가 역량 추측하기

예시

- 팀 활동을 하면서 갈등 상황 시 상대방의 니즈나 의도를 명확히 파악하고 해결하여 목표 달성에 기여했던 경험에 대해서 작성해 주시기 바랍니다.
- 다른 사람이 생각해내지 못했던 문제점을 찾고 이를 해결한 경험에 대해 작성해 주시기 바랍니다.

② 해당 역량을 보여줄 수 있는 소재 찾기(시간×역량 매트릭스)

예시

시간

평가역량

	2021년	2022년	2023년	2024년
도전정신	*대학 발표수업*	*대학 발표수업*	~~*다이어트(헬스)*~~	
대인관계	*대학 발표수업*	*대학 발표수업*		*경영 동아리*
의사소통	*편의점 아르바이트*	~~*군대 작업*~~	*봉사 동아리*	
직무역량			*경영 동아리*	*Book Study*
…				

③ 자기소개서 작성 Skill 익히기

- 두괄식으로 작성하기
- 구체적 사례를 사용하기
- '나'를 중심으로 작성하기
- 직무역량 강조하기
- 경험 사례의 차별성 강조하기

CHAPTER

03 인성검사 소개 및 모의테스트

01 인성검사 유형

인성검사는 지원자의 성격특성을 객관적으로 파악하고 그것이 각 기업에서 필요로 하는 인재상과 가치에 부합하는가를 평가하기 위한 검사입니다. 인성검사는 KPDI(한국인재개발진흥원), K-SAD(한국사회적성개발원), KIRBS(한국행동과학연구소), SHR(에스에이치알) 등의 전문기관을 통해 각 기업의 특성에 맞는 검사를 선택하여 실시합니다. 대표적인 인성검사의 유형에는 크게 다음과 같은 세 가지가 있으며, 채용 대행업체에 따라 달라집니다.

1. KPDI 검사

조직적응성과 직무적합성을 알아보기 위한 검사로 인성검사, 인성역량검사, 인적성검사, 직종별 인적성검사 등의 다양한 검사 도구를 구현합니다. KPDI는 성격을 파악하고 정신건강 상태 등을 측정하고, 직무검사는 해당 직무를 수행하기 위해 기본적으로 갖추어야 할 인지적 능력을 측정합니다. 역량검사는 특정 직무 역할을 효과적으로 수행하는 데 직접적으로 관련 있는 개인의 행동, 지식, 스킬, 가치관 등을 측정합니다.

2. KAD(Korea Aptitude Development) 검사

K-SAD(한국사회적성개발원)에서 실시하는 적성검사 프로그램입니다. 개인의 성향, 지적 능력, 기호, 관심, 흥미도를 종합적으로 분석하여 적성에 맞는 업무가 무엇인가 파악하고, 직무수행에 있어서 요구되는 기초능력과 실무능력을 분석합니다.

3. SHR 직무적성검사

직무수행에 필요한 종합적인 사고 능력을 다양한 적성검사(Paper and Pencil Test)로 평가합니다. SHR의 모든 직무능력검사는 표준화 검사입니다. 표준화 검사는 표본집단의 점수를 기초로 규준이 만들어진 검사이므로 개인의 점수를 규준에 맞추어 해석・비교하는 것이 가능합니다. S(Standardized Tests), H(Hundreds of Version), R(Reliable Norm Data)을 특징으로 하며, 직군・직급별 특성과 선발 수준에 맞추어 검사를 적용할 수 있습니다.

02 인성검사와 면접

인성검사는 특히 면접질문과 관련성이 높습니다. 면접관은 지원자의 인성검사 결과를 토대로 질문을 하기 때문입니다. 일관적이고 이상적인 답변을 하는 것이 가장 좋지만, 실제 시험은 매우 복잡하여 전문가라 해도 일정 성격을 유지하면서 답변을 하는 것이 힘듭니다. 또한, 인성검사에는 라이 스케일(Lie Scale) 설문이 전체 설문 속에 교묘하게 섞여 들어가 있으므로 겉치레적인 답을 하게 되면 회답태도의 허위성이 그대로 드러나게 됩니다. 예를 들어 '거짓말을 한 적이 한 번도 없다.'에 '예'로 답하고, '때로는 거짓말을 하기도 한다.'에 '예'라고 답하여 라이 스케일의 득점이 올라가게 되면 모든 회답의 신빙성이 사라지고 '자신을 돋보이게 하려는 사람'이라는 평가를 받을 수 있으므로 주의해야 합니다. 따라서 모의테스트를 통해 인성검사의 유형과 실제 시험 시 어떻게 문제를 풀어야 하는지 연습해 보고 체크한 부분 중 자신의 단점과 연결되는 부분은 면접에서 질문이 들어왔을 때 어떻게 대처해야 하는지 생각해 보는 것이 좋습니다.

03 유의사항

1. 기업의 인재상을 파악하라!

인성검사를 통해 개인의 성격 특성을 파악하고 그것이 기업의 인재상과 가치에 부합하는지를 평가하는 시험이기 때문에 해당 기업의 인재상을 먼저 파악하고 시험에 임하는 것이 좋습니다. 모의테스트에서 인재상에 맞는 가상의 인물을 설정하고 문제에 답해 보는 것도 많은 도움이 됩니다.

2. 일관성 있는 대답을 하라!

짧은 시간 안에 다양한 질문에 답을 해야 하는데, 그 안에는 중복되는 질문이 여러 번 나옵니다. 이때 앞서 자신이 체크했던 대답을 잘 기억해뒀다가 일관성 있는 답을 하는 것이 중요합니다.

3. 모든 문항에 대답하라!

많은 문제를 짧은 시간 안에 풀려다 보니 다 못 푸는 경우도 종종 생깁니다. 하지만 대답을 누락하거나 끝까지 다 못했을 경우 좋지 않은 결과를 가져올 수도 있으니 최대한 주어진 시간 안에 모든 문항에 답할 수 있도록 해야 합니다.

04 KPDI 모의테스트

※ 모의테스트는 질문 및 답변 유형 연습을 위한 것으로 실제 시험과 다를 수 있습니다.
※ 인성검사는 정답이 따로 없는 유형의 검사이므로 결과지를 제공하지 않습니다.

번호	내용	예	아니요
001	나는 솔직한 편이다.	☐	☐
002	나는 리드하는 것을 좋아한다.	☐	☐
003	법을 어겨서 말썽이 된 적이 한 번도 없다.	☐	☐
004	거짓말을 한 번도 한 적이 없다.	☐	☐
005	나는 눈치가 빠르다.	☐	☐
006	나는 일을 주도하기보다는 뒤에서 지원하는 것을 선호한다.	☐	☐
007	앞일은 알 수 없기 때문에 계획은 필요하지 않다.	☐	☐
008	거짓말도 때로는 방편이라고 생각한다.	☐	☐
009	사람이 많은 술자리를 좋아한다.	☐	☐
010	걱정이 지나치게 많다.	☐	☐
011	일을 시작하기 전 재고하는 경향이 있다.	☐	☐
012	불의를 참지 못한다.	☐	☐
013	처음 만나는 사람과도 이야기를 잘 한다.	☐	☐
014	때로는 변화가 두렵다.	☐	☐
015	나는 모든 사람에게 친절하다.	☐	☐
016	힘든 일이 있을 때 술은 위로가 되지 않는다.	☐	☐
017	결정을 빨리 내리지 못해 손해를 본 경험이 있다.	☐	☐
018	기회를 잡을 준비가 되어 있다.	☐	☐
019	때로는 내가 정말 쓸모없는 사람이라고 느낀다.	☐	☐
020	누군가 나를 챙겨주는 것이 좋다.	☐	☐
021	자주 가슴이 답답하다.	☐	☐
022	나는 내가 자랑스럽다.	☐	☐
023	경험이 중요하다고 생각한다.	☐	☐
024	전자기기를 분해하고 다시 조립하는 것을 좋아한다.	☐	☐

025	감시받고 있다는 느낌이 든다.	☐	☐
026	난처한 상황에 놓이면 그 순간을 피하고 싶다.	☐	☐
027	세상엔 믿을 사람이 없다.	☐	☐
028	잘못을 빨리 인정하는 편이다.	☐	☐
029	지도를 보고 길을 잘 찾아간다.	☐	☐
030	귓속말을 하는 사람을 보면 날 비난하고 있는 것 같다.	☐	☐
031	막무가내라는 말을 들을 때가 있다.	☐	☐
032	장래의 일을 생각하면 불안하다.	☐	☐
033	결과보다 과정이 중요하다고 생각한다.	☐	☐
034	운동은 그다지 할 필요가 없다고 생각한다.	☐	☐
035	새로운 일을 시작할 때 좀처럼 한 발을 떼지 못한다.	☐	☐
036	기분 상하는 일이 있더라도 참는 편이다.	☐	☐
037	업무능력은 성과로 평가받아야 한다고 생각한다.	☐	☐
038	머리가 맑지 못하고 무거운 느낌이 든다.	☐	☐
039	가끔 이상한 소리가 들린다.	☐	☐
040	타인이 내게 자주 고민상담을 하는 편이다.	☐	☐

05 SHR 모의테스트

※ 모의테스트는 질문 및 답변 유형 연습을 위한 것으로 실제 시험과 다를 수 있습니다.
※ 인성검사는 정답이 따로 없는 유형의 검사이므로 결과지를 제공하지 않습니다.

※ 이 성격검사의 각 문항에는 서로 다른 행동을 나타내는 네 개의 문장이 제시되어 있습니다. 이 문장들을 비교하여, 자신의 평소 행동과 가장 가까운 문장을 'ㄱ' 열에 표기하고, 가장 먼 문장을 'ㅁ' 열에 표기하십시오.

01 나는 ____________________

	ㄱ	ㅁ
A. 실용적인 해결책을 찾는다.	☐	☐
B. 다른 사람을 돕는 것을 좋아한다.	☐	☐
C. 세부 사항을 잘 챙긴다.	☐	☐
D. 상대의 주장에서 허점을 잘 찾는다.	☐	☐

02 나는 ____________________

	ㄱ	ㅁ
A. 매사에 적극적으로 임한다.	☐	☐
B. 즉흥적인 편이다.	☐	☐
C. 관찰력이 있다.	☐	☐
D. 임기응변에 강하다.	☐	☐

03 나는 ____________________

	ㄱ	ㅁ
A. 무서운 영화를 잘 본다.	☐	☐
B. 조용한 곳이 좋다.	☐	☐
C. 가끔 울고 싶다.	☐	☐
D. 집중력이 좋다.	☐	☐

04 나는 ____________________

	ㄱ	ㅁ
A. 기계를 조립하는 것을 좋아한다.	☐	☐
B. 집단에서 리드하는 역할을 맡는다.	☐	☐
C. 호기심이 많다.	☐	☐
D. 음악을 듣는 것을 좋아한다.	☐	☐

05 나는 ______________________

	ㄱ	ㅁ
A. 타인을 늘 배려한다.	☐	☐
B. 감수성이 예민하다.	☐	☐
C. 즐겨하는 운동이 있다.	☐	☐
D. 일을 시작하기 전에 계획을 세운다.	☐	☐

06 나는 ______________________

	ㄱ	ㅁ
A. 타인에게 설명하는 것을 좋아한다.	☐	☐
B. 여행을 좋아한다.	☐	☐
C. 정적인 것이 좋다.	☐	☐
D. 남을 돕는 것에 보람을 느낀다.	☐	☐

07 나는 ______________________

	ㄱ	ㅁ
A. 기계를 능숙하게 다룬다.	☐	☐
B. 밤에 잠이 잘 오지 않는다.	☐	☐
C. 한 번 간 길을 잘 기억한다.	☐	☐
D. 불의를 보면 참을 수 없다.	☐	☐

08 나는 ______________________

	ㄱ	ㅁ
A. 종일 말을 하지 않을 때가 있다.	☐	☐
B. 사람이 많은 곳을 좋아한다.	☐	☐
C. 술을 좋아한다.	☐	☐
D. 휴양지에서 편하게 쉬고 싶다.	☐	☐

09 나는 ________________

A. 뉴스보다는 드라마를 좋아한다.
B. 길을 잘 찾는다.
C. 주말엔 집에서 쉬는 것이 좋다.
D. 아침에 일어나는 것이 힘들다.

ㄱ	ㅁ
☐	☐
☐	☐
☐	☐
☐	☐

10 나는 ________________

A. 이성적이다.
B. 할 일을 종종 미룬다.
C. 어른을 대하는 게 힘들다.
D. 불을 보면 매혹을 느낀다.

ㄱ	ㅁ
☐	☐
☐	☐
☐	☐
☐	☐

11 나는 ________________

A. 상상력이 풍부하다.
B. 예의 바르다는 소리를 자주 듣는다.
C. 사람들 앞에 서면 긴장한다.
D. 친구를 자주 만난다.

ㄱ	ㅁ
☐	☐
☐	☐
☐	☐
☐	☐

12 나는 ________________

A. 나만의 스트레스 해소 방법이 있다.
B. 친구가 많다.
C. 책을 자주 읽는다.
D. 활동적이다.

ㄱ	ㅁ
☐	☐
☐	☐
☐	☐
☐	☐

CHAPTER

04 면접전형 가이드

01 면접유형 파악

1. 면접전형의 변화

기존 면접전형에서는 일상적이고 단편적인 대화나 지원자의 첫인상 및 면접관의 주관적인 판단 등에 의해서 입사 결정 여부를 판단하는 경우가 많았습니다. 이러한 면접전형은 면접 내용의 일관성이 결여되거나 직무 관련 타당성이 부족하였고, 면접에 대한 신뢰도에 영향을 주었습니다.

기존 면접(전통적 면접)		능력중심 채용 면접(구조화 면접)
• 일상적이고 단편적인 대화 • 인상, 외모 등 외부 요소의 영향 • 주관적인 판단에 의존한 총점 부여 ⇩ • 면접 내용의 일관성 결여 • 직무관련 타당성 부족 • 주관적인 채점으로 신뢰도 저하	VS	• 일관성 – 직무관련 역량에 초점을 둔 구체적 질문 목록 – 지원자별 동일 질문 적용 • 구조화 – 면접 진행 및 평가 절차를 일정한 체계에 의해 구성 • 표준화 – 평가 타당도 제고를 위한 평가 Matrix 구성 – 척도에 따라 항목별 채점, 개인 간 비교 • 신뢰성 – 면접진행 매뉴얼에 따라 면접위원 교육 및 실습

2. 능력중심 채용의 면접 유형

① 경험 면접
- 목적 : 선발하고자 하는 직무 능력이 필요한 과거 경험을 질문합니다.
- 평가요소 : 직업기초능력과 인성 및 태도적 요소를 평가합니다.

② 상황 면접
- 목적 : 특정 상황을 제시하고 지원자의 행동을 관찰함으로써 실제 상황의 행동을 예상합니다.
- 평가요소 : 직업기초능력과 인성 및 태도적 요소를 평가합니다.

③ 발표 면접
- 목적 : 특정 주제와 관련된 지원자의 발표와 질의응답을 통해 지원자 역량을 평가합니다.
- 평가요소 : 직무수행능력과 인지적 역량(문제해결능력)을 평가합니다.

④ 토론 면접
- 목적 : 토의과제에 대한 의견수렴 과정에서 지원자의 역량과 상호작용능력을 평가합니다.
- 평가요소 : 직무수행능력과 팀워크를 평가합니다.

02 면접유형별 준비 방법

1. 경험 면접

① 경험 면접의 특징

- 주로 직업기초능력에 관련된 지원자의 과거 경험을 심층 질문하여 검증하는 면접입니다.
- 직무능력과 관련된 과거 경험을 평가하기 위해 심층 질문을 하며, 이 질문은 지원자의 답변에 대하여 '꼬리에 꼬리를 무는 형식'으로 진행됩니다.

> - 능력요소, 정의, 심사 기준
>   - 평가하고자 하는 능력요소, 정의, 심사기준을 확인하여 면접위원이 해당 능력요소 관련 질문을 제시합니다.
> - Opening Question
>   - 능력요소에 관련된 과거 경험을 유도하기 위한 시작 질문을 합니다.
> - Follow-up Question
>   - 지원자의 경험 수준을 구체적으로 검증하기 위한 질문입니다.
>   - 경험 수준 검증을 위한 상황(Situation), 임무(Task), 역할 및 노력(Action), 결과(Result) 등으로 질문을 구분합니다.

경험 면접의 형태

〈일대다 면접〉 〈다대다 면접〉

② 경험 면접의 구조

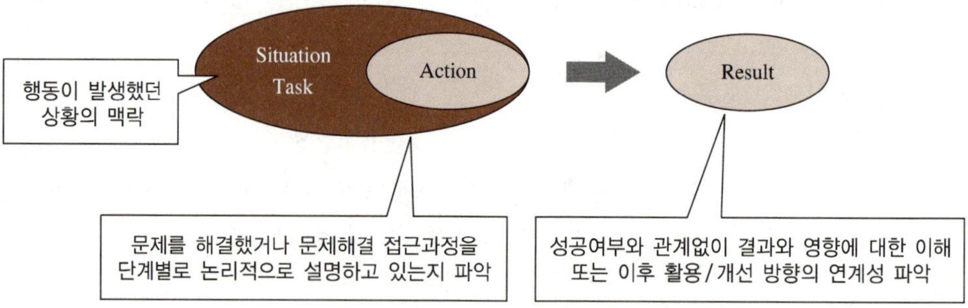

S(Situation)	귀하가 처해 있던 상황에 대해 말해 보시오.
T(Task)	귀하가 수행한 과제 / 과업은 무엇인가?
A(Action)	어떻게 행동(대응)했는가?
R(Result)	그 행동의 결과는 어땠는가?

(　　　　　)에 관한 과거 경험에 대하여 말해 보시오.

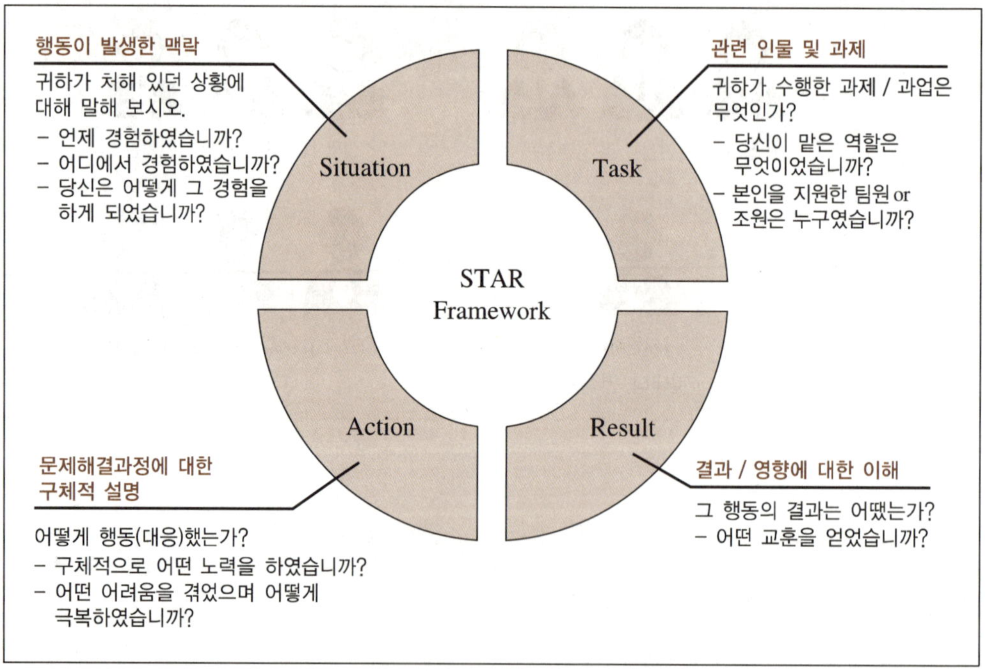

③ 경험 면접 질문 예시(직업윤리)

시작 질문	
1	남들이 신경 쓰지 않는 부분까지 고려하여 절차대로 업무(연구)를 수행하여 성과를 낸 경험을 구체적으로 말해 보시오.
2	조직의 원칙과 절차를 철저히 준수하며 업무(연구)를 수행한 것 중 성과를 향상시킨 경험에 대해 구체적으로 말해 보시오.
3	세부적인 절차와 규칙에 주의를 기울여 실수 없이 업무(연구)를 마무리한 경험을 구체적으로 말해 보시오.
4	조직의 규칙이나 원칙을 고려하여 성실하게 일했던 경험을 구체적으로 말해 보시오.
5	타인의 실수를 바로잡고 원칙과 절차대로 수행하여 성공적으로 업무를 마무리하였던 경험에 대해 말해 보시오.

후속 질문		
상황 (Situation)	상황	구체적으로 언제, 어디에서 경험한 일인가?
		어떤 상황이었는가?
	조직	어떤 조직에 속해 있었는가?
		그 조직의 특성은 무엇이었는가?
		몇 명으로 구성된 조직이었는가?
	기간	해당 조직에서 얼마나 일했는가?
		해당 업무는 몇 개월 동안 지속되었는가?
	조직규칙	조직의 원칙이나 규칙은 무엇이었는가?
임무 (Task)	과제	과제의 목표는 무엇이었는가?
		과제에 적용되는 조직의 원칙은 무엇이었는가?
		그 규칙을 지켜야 하는 이유는 무엇이었는가?
	역할	당신이 조직에서 맡은 역할은 무엇이었는가?
		과제에서 맡은 역할은 무엇이었는가?
	문제의식	규칙을 지키지 않을 경우 생기는 문제점 / 불편함은 무엇인가?
		해당 규칙이 왜 중요하다고 생각하였는가?
역할 및 노력 (Action)	행동	업무 과정의 어떤 장면에서 규칙을 철저히 준수하였는가?
		어떻게 규정을 적용시켜 업무를 수행하였는가?
		규정은 준수하는 데 어려움은 없었는가?
	노력	그 규칙을 지키기 위해 스스로 어떤 노력을 기울였는가?
		본인의 생각이나 태도에 어떤 변화가 있었는가?
		다른 사람들은 어떤 노력을 기울였는가?
	동료관계	동료들은 규칙을 철저히 준수하고 있었는가?
		팀원들은 해당 규칙에 대해 어떻게 반응하였는가?
		규칙에 대한 태도를 개선하기 위해 어떤 노력을 하였는가?
		팀원들의 태도는 당신에게 어떤 자극을 주었는가?
	업무추진	주어진 업무를 추진하는 데 규칙이 방해되진 않았는가?
		업무수행 과정에서 규정을 어떻게 적용하였는가?
		업무 시 규정을 준수해야 한다고 생각한 이유는 무엇인가?

결과 (Result)	평가	규칙을 어느 정도나 준수하였는가?
		그렇게 준수할 수 있었던 이유는 무엇이었는가?
		업무의 성과는 어느 정도였는가?
		성과에 만족하였는가?
		비슷한 상황이 온다면 어떻게 할 것인가?
	피드백	주변 사람들로부터 어떤 평가를 받았는가?
		그러한 평가에 만족하는가?
		다른 사람에게 본인의 행동이 영향을 주었다고 생각하는가?
	교훈	업무수행 과정에서 중요한 점은 무엇이라고 생각하는가?
		이 경험을 통해 느낀 바는 무엇인가?

2. 상황 면접

① 상황 면접의 특징

직무 관련 상황을 가정하여 제시하고 이에 대한 대응능력을 직무관련성 측면에서 평가하는 면접입니다.

- 상황 면접 과제의 구성은 크게 2가지로 구분
  - 상황 제시(Description) / 문제 제시(Question or Problem)
- 현장의 실제 업무 상황을 반영하여 과제를 제시하므로 직무분석이나 직무전문가 워크숍 등을 거쳐 현장성을 높임
- 문제는 상황에 대한 기본적인 이해능력(이론적 지식)과 함께 실질적 대응이나 변수 고려능력(실천적 능력) 등을 고르게 질문해야 함

상황 면접의 형태

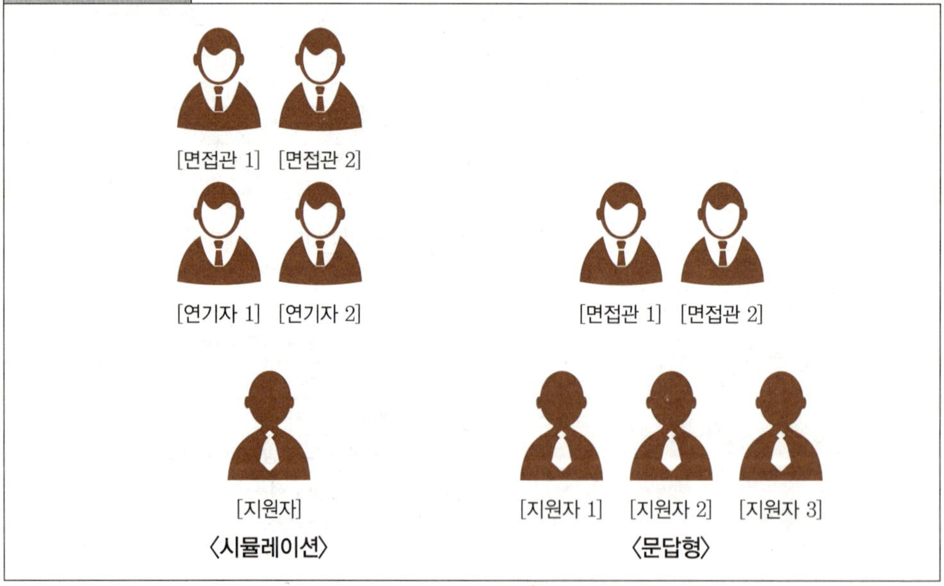

② 상황 면접 예시

상황 제시	인천공항 여객터미널 내에는 다양한 용도의 시설(사무실, 통신실, 식당, 전산실, 창고 면세점 등)이 설치되어 있습니다.	실제 업무 상황에 기반함
	금년에 소방배관의 누수가 잦아 메인 배관을 교체하는 공사를 추진하고 있으며, 당신은 이번 공사의 담당자입니다.	배경 정보
	주간에는 공항 운영이 이루어져 주로 야간에만 배관 교체 공사를 수행하던 중, 시공하는 기능공의 실수로 배관 연결 부위를 잘못 건드려 고압배관의 소화수가 누출되는 사고가 발생하였으며, 이로 인해 인근 시설물에 누수에 의한 피해가 발생하였습니다.	구체적인 문제 상황
문제 제시	일반적인 소방배관의 배관연결(이음)방식과 배관의 이탈(누수)이 발생하는 원인에 대해 설명해 보시오.	문제 상황 해결을 위한 기본 지식 문항
	담당자로서 본 사고를 현장에서 긴급히 처리하는 프로세스를 제시하고, 보수완료 후 사후적 조치가 필요한 부분 및 재발방지 방안에 대해 설명해 보시오.	문제 상황 해결을 위한 추가 대응 문항

3. 발표 면접

① 발표 면접의 특징

- 직무관련 주제에 대한 지원자의 생각을 정리하여 의견을 제시하고, 발표 및 질의응답을 통해 지원자의 직무능력을 평가하는 면접입니다.
- 발표 주제는 직무와 관련된 자료로 제공되며, 일정 시간 후 지원자가 보유한 지식 및 방안에 대한 발표 및 후속 질문을 통해 직무적합성을 평가합니다.

> • 주요 평가요소
>   – 설득적 말하기 / 발표능력 / 문제해결능력 / 직무관련 전문성
> • 이미 언론을 통해 공론화된 시사 이슈보다는 해당 직무분야에 관련된 주제가 발표면접의 과제로 선정되는 경우가 최근 들어 늘어나고 있음
> • 짧은 시간 동안 주어진 과제를 빠른 속도로 분석하여 발표문을 작성하고 제한된 시간 안에 면접관에게 효과적인 발표를 진행하는 것이 핵심

발표 면접의 형태

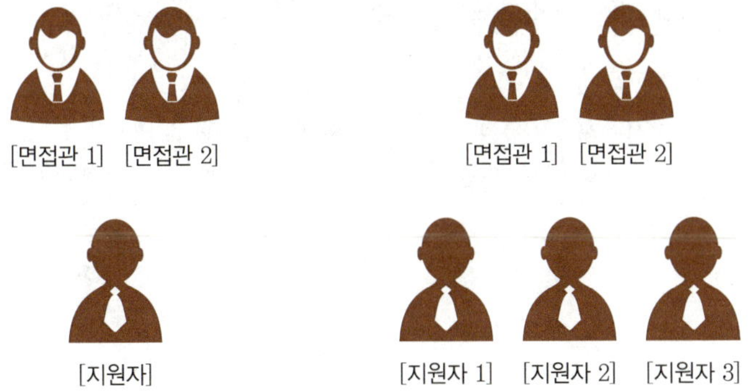

〈개별 과제 발표〉 〈팀 과제 발표〉

※ 면접관에게 시각적 효과를 사용하여 메시지를 전달하는 쌍방향 커뮤니케이션 방식
※ 심층면접을 보완하기 위한 방안으로 최근 많은 기업에서 적극 도입하는 추세

② 발표 면접 예시

1. 지시문

당신은 현재 A사에서 직원들의 성과평가를 담당하고 있는 팀원이다. 인사팀은 지난주부터 사내 조직문화관련 인터뷰를 하던 도중 성과평가제도에 관련된 개선 니즈가 제일 많다는 것을 알게 되었다. 이에 팀장님은 인터뷰 결과를 종합하려 성과평가제도 개선 아이디어를 A4용지에 정리하여 신속 보고할 것을 지시하셨다. 당신에게 남은 시간은 1시간이다. 자료를 준비하는 대로 당신은 팀원들이 모인 회의실에서 5분 간 발표할 것이며, 이후 질의응답을 진행할 것이다.

2. 배경자료

〈성과평가제도 개선에 대한 인터뷰〉

최근 A사는 회사 사세의 급성장으로 인해 작년보다 매출이 두 배 성장하였고, 직원 수 또한 두 배로 증가하였다. 회사의 성장은 임금, 복지에 대한 상승 등 긍정적인 영향을 주었으나 업무의 불균형 및 성과보상의 불평등 문제가 발생하였다. 또한 수시로 입사하는 신입직원과 경력직원, 퇴사하는 직원들까지 인원들의 잦은 변동으로 인해 평가해야 할 대상이 변경되어 현재의 성과평가제도로는 공정한 평가가 어려운 상황이다.

[생산부서 김상호]
우리 팀은 지난 1년 동안 생산량이 급증했기 때문에 수십 명의 신규인력이 급하게 채용되었습니다. 이 때문에 저희 팀장님은 신규 입사자들의 이름조차 기억 못할 때가 많이 있습니다. 성과평가를 제대로 하고 있는지 의문이 듭니다.

[마케팅 부서 김흥민]
개인의 성과평가의 취지는 충분히 이해합니다. 그러나 현재 평가는 실적기반이나 정성적인 평가가 많이 포함되어 있어 객관성과 공정성에는 의문이 드는 것이 사실입니다. 이러한 상황에서 평가제도를 재수립하지 않고, 인센티브에 계속 반영한다면, 평가제도에 대한 반감이 커질 것이 분명합니다.

[교육부서 홍경민]
현재 교육부서는 인사팀과 밀접하게 일하고 있습니다. 그럼에도 인사팀에서 실시하는 성과평가제도에 대한 이해가 부족한 것 같습니다.

[기획부서 김경호 차장]
저는 저의 평가자 중 하나가 연구부서의 팀장님인데, 일 년에 몇 번 같이 일하지 않는데 어떻게 저를 평가할 수 있을까요? 특히 연구팀은 저희가 예산을 배정하는데, 저에게는 좋지만….

4. 토론 면접

① 토론 면접의 특징

• 다수의 지원자가 조를 편성해 과제에 대한 토론(토의)을 통해 결론을 도출해가는 면접입니다.
• 의사소통능력, 팀워크, 종합인성 등의 평가에 용이합니다.

> • 주요 평가요소
>   – 설득적 말하기, 경청능력, 팀워크, 종합인성
> • 의견 대립이 명확한 주제 또는 채용분야의 직무 관련 주요 현안을 주제로 과제 구성
> • 제한된 시간 내 토론을 진행해야 하므로 적극적으로 자신 있게 토론에 임하고 본인의 의견을 개진할 수 있어야 함

토론 면접의 형태

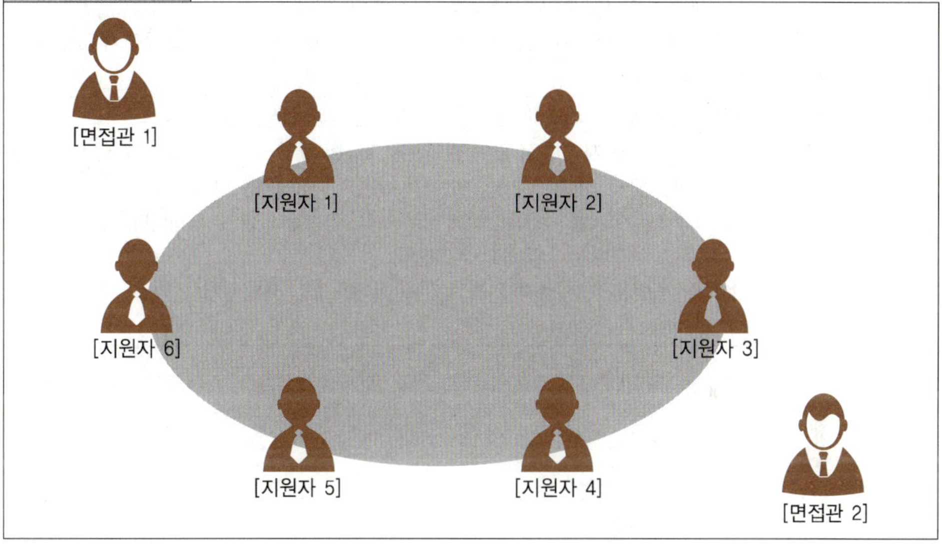

② 토론 면접 예시

고객 불만 고충처리
1. 들어가며
최근 우리 상품에 대한 고객 불만의 증가로 고객고충처리 TF가 만들어졌고 당신은 여기에 지원해 배치받았다. 당신의 업무는 불만을 가진 고객을 만나서 애로사항을 듣고 처리해 주는 일이다. 주된 업무로는 고객의 니즈를 파악해 방향성을 제시해 주고 그 해결책을 마련하는 일이다. 하지만 경우에 따라서 고객의 주관적인 의견으로 인해 제대로 된 방향으로 의사결정을 하지 못할 때가 있다. 이럴 경우 설득이나 논쟁을 해서라도 의견을 관철시키는 것이 좋을지 아니면 고객의 의견대로 진행하는 것이 좋을지 결정해야 할 때가 있다. 만약 당신이라면 이러한 상황에서 어떤 결정을 내릴 것인지 여부를 자유롭게 토론해 보시오.
2. 1분 자유 발언 시 준비사항
• 당신은 의견을 자유롭게 개진할 수 있으며 이에 따른 불이익은 없습니다. • 토론의 방향성을 이해하고, 내용의 장점과 단점이 무엇인지 문제를 명확히 말해야 합니다. • 합리적인 근거에 기초하여 개선방안을 명확히 제시해야 합니다. • 제시한 방안을 실행 시 예상되는 긍정적・부정적 영향요인도 동시에 고려할 필요가 있습니다.
3. 토론 시 유의사항
• 토론 주제문과 제공해드린 메모지, 볼펜만 가지고 토론장에 입장할 수 있습니다. • 사회자의 지정 또는 발표자가 손을 들어 발언권을 획득할 수 있으며, 사회자의 통제에 따릅니다. • 토론회가 시작되면, 팀의 의견과 논거를 정리하여 1분간의 자유발언을 할 수 있습니다. 순서는 사회자가 지정합니다. 이후에는 자유롭게 상대방에게 질문하거나 답변을 하실 수 있습니다. • 핸드폰, 서적 등 외부 매체는 사용하실 수 없습니다. • 논제에 벗어나는 발언이나 지나치게 공격적인 발언을 할 경우, 위에서 제시한 유의사항을 지키지 않을 경우 불이익을 받을 수 있습니다.

03 면접 Role Play

1. 면접 Role Play 편성

- 교육생끼리 조를 편성하여 면접관과 지원자 역할을 교대로 진행합니다.
- 지원자 입장과 면접관 입장을 모두 경험해 보면서 면접에 대한 적응력을 높일 수 있습니다.

경험면접

STEP 1.
지원자 그룹 경험기술서 작성(30분)

STEP 2.
경험기반 인터뷰 실시(1인당 15분)

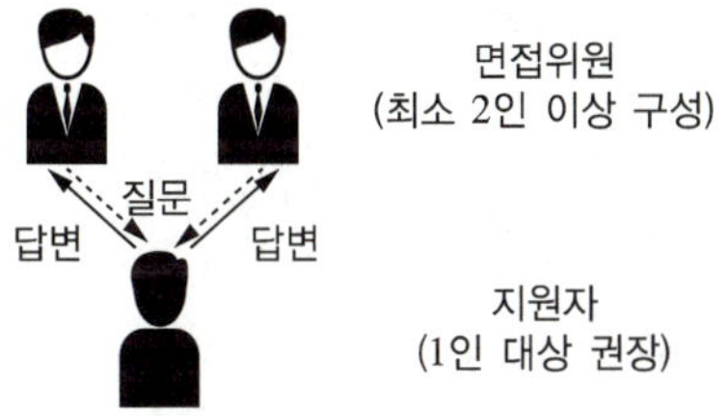

STEP 3.
피드백 진행(1인당 5분)

발표면접

STEP 1.
지원자 그룹 발표 내용 작성(30분)

STEP 2.
발표 5분+추가질의 5분(1인당 10분)

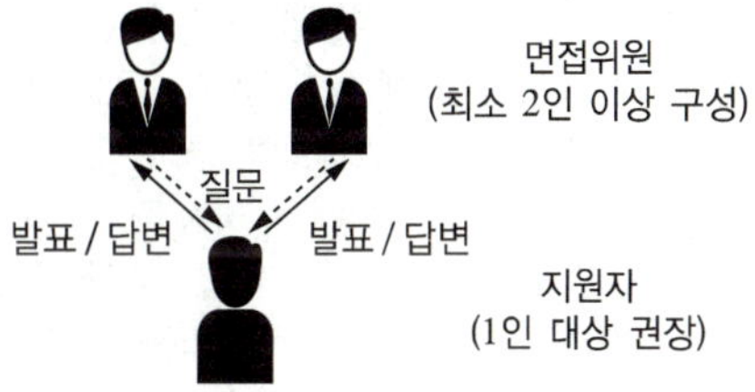

STEP 3.
피드백 진행(1인당 5분)

Tip

면접 준비하기

1. 면접 유형 확인 필수
   - 기업마다 면접 유형이 상이하기 때문에 해당 기업의 면접 유형을 확인하는 것이 좋음
   - 일반적으로 실무진 면접, 임원면접 2차례에 거쳐 면접을 실시하는 기업이 많고 실무진 면접과 임원 면접에서 평가 요소가 다르기 때문에 유형에 맞는 준비방법이 필요
2. 후속 질문에 대한 사전 점검
   - 블라인드 채용 면접에서는 주요 질문과 함께 후속 질문을 통해 지원자의 직무능력을 판단
     → STAR 기법을 통한 후속 질문에 미리 대비하는 것이 필요

CHAPTER

05 국가철도공단 면접 기출질문

국가철도공단의 면접전형은 직업기초능력 면접과 직무수행능력 면접으로 나누어 이루어진다. 직업기초능력 면접은 인성 등 직업인이 갖추어야 할 기초능력을 평가하며, 평가항목으로는 의사소통능력, 직업윤리, 조직적응력, 자기개발능력, 문제해결능력 등이 있다. 직무수행능력 면접은 직무수행에 요구되는 지식, 기술, 태도를 평가하며, 평가항목으로는 직렬별 필요지식, 기술, 태도 등이 있다.

[2024년 기출질문]

- 철도 안전을 위한 스마트 기술 적용 방안에 대해 설명해 보시오.
- 고속철도와 일반철도의 차이점을 설명하고, 각각의 장단점에 대해 말해 보시오.
- 철도 건설 과정에서 발생할 수 있는 환경 문제와 해결방법에 대해 말해 보시오.
- 4차 산업혁명 시대에 철도 산업이 나아가야 할 방향에 대해 말해 보시오.
- 팀 프로젝트에서 의견 충돌이 있었던 경험과 해결방법에 대해 말해 보시오.
- 팀 프로젝트에서 적응하지 못하는 팀원을 도와준 경험에 대해 말해 보시오.
- 공공기관 직원으로서 가장 필요한 자질이 무엇인지 말해 보시오.
- 직장상사의 비윤리적 행동을 목격한다면 어떻게 할 것인지 말해 보시오.
- 업무 중 스트레스를 받았을 때 대처방법에 대해 말해 보시오.
- 국가철도공단에 지원한 동기와 입사 후 포부에 대해 말해 보시오.

[2023년 기출질문]

- 본인만의 강점을 자기소개와 연계하여 말해 보시오.
- 갈등 상황을 먼저 나서서 해결했던 경험이 있다면 말해 보시오.
- 인생에 있어서 중요하게 생각하는 3가지는 무엇인지 말해 보시오.
- 특이한 아이디어를 냈던 경험이 있다면 말해 보시오.
- 봉사활동을 한 경험이 있다면 말해 보시오.
- 본인이 생각하는 직업윤리란 무엇인지 말해 보시오.
- 윤리적 원칙을 지킨 경험이 있다면 말해 보시오.
- 본인의 이력을 어느 업무에 활용할 수 있을지 말해 보시오.

[2022년 기출질문]

- 실패했다가 다시 도전한 경험이 있으면 말해 보시오.
- 다른 사람으로부터 창의적이라고 평가받은 경험이 있다면 말해 보시오.
- 국가철도공단에서 필요한 윤리의식은 무엇인지 말해 보시오.
- 철도 신호에 대해 아는 대로 설명해 보시오.
- 본인을 희생했던 경험이 있다면 말해 보시오.
- 본인이 어떤 부분에서 다른 지원자와 차별점이 있다고 보는지 말해 보시오.

[2021년 기출질문]

• 간단하게 자기소개를 해 보시오.
• 국가철도공단의 인재상을 설명하고, 그중 본인이 가장 부합하는 인재상은 무엇인지 말해 보시오.
• 다른 지원자들과 다른 본인만의 차별점은 무엇인지 말해 보시오.
• 공공기관에서 가장 중요한 윤리적 가치는 무엇이라고 생각하는지 말해 보시오.
• 무언가를 계획하고 성취해 낸 경험이 있다면 말해 보시오.
• 본인의 전공으로 업무에 어떻게 기여할 수 있는지 말해 보시오.
• 다수의 사람을 설득해 본 경험이 있다면 말해 보시오.
• 기존과 다른 방식으로 접근하여 문제를 해결해 본 경험이 있다면 말해 보시오.

[2020년 기출질문]

• 국가철도공단에서 중요하게 생각하는 것이 무엇일지 말해 보시오.
• 국가철도공단에 들어오면 하고 싶은 직무가 무엇인지 말해 보시오.
• 스트레스를 받거나 힘이 들 때 이겨내는 본인만의 방법이 있다면 말해 보시오.
• 이기심을 이타심으로 바꾸기 위해 할 수 있는 일에 대해 말해 보시오.
• 본인의 아이디어를 남에게 양보한 경험이 있다면 말해 보시오.
• 살면서 중요시하는 가치와 이를 지향하기 위해 한 일이 있다면 말해 보시오.
• 중장기적인 일을 계획하고 실천한 경험이 있다면 말해 보시오.
• 본인의 일상생활을 개선한 경험이 있다면 말해 보시오.
• 다른 공공기관이 아닌 국가철도공단에 지원한 이유를 말해 보시오.
• 자갈궤도와 콘크리트궤도의 특징을 비교하여 설명해 보시오.

시대에듀

M E M O

답안채점 • 성적분석 서비스

모바일 OMR

1. 도서 내 모의고사 우측 상단에 위치한 QR코드 찍기
2. 로그인 하기
3. '시작하기' 클릭
4. '응시하기' 클릭
5. 나의 답안을 모바일 OMR 카드에 입력
6. '성적분석 & 채점결과' 클릭
7. 현재 내 실력 확인하기

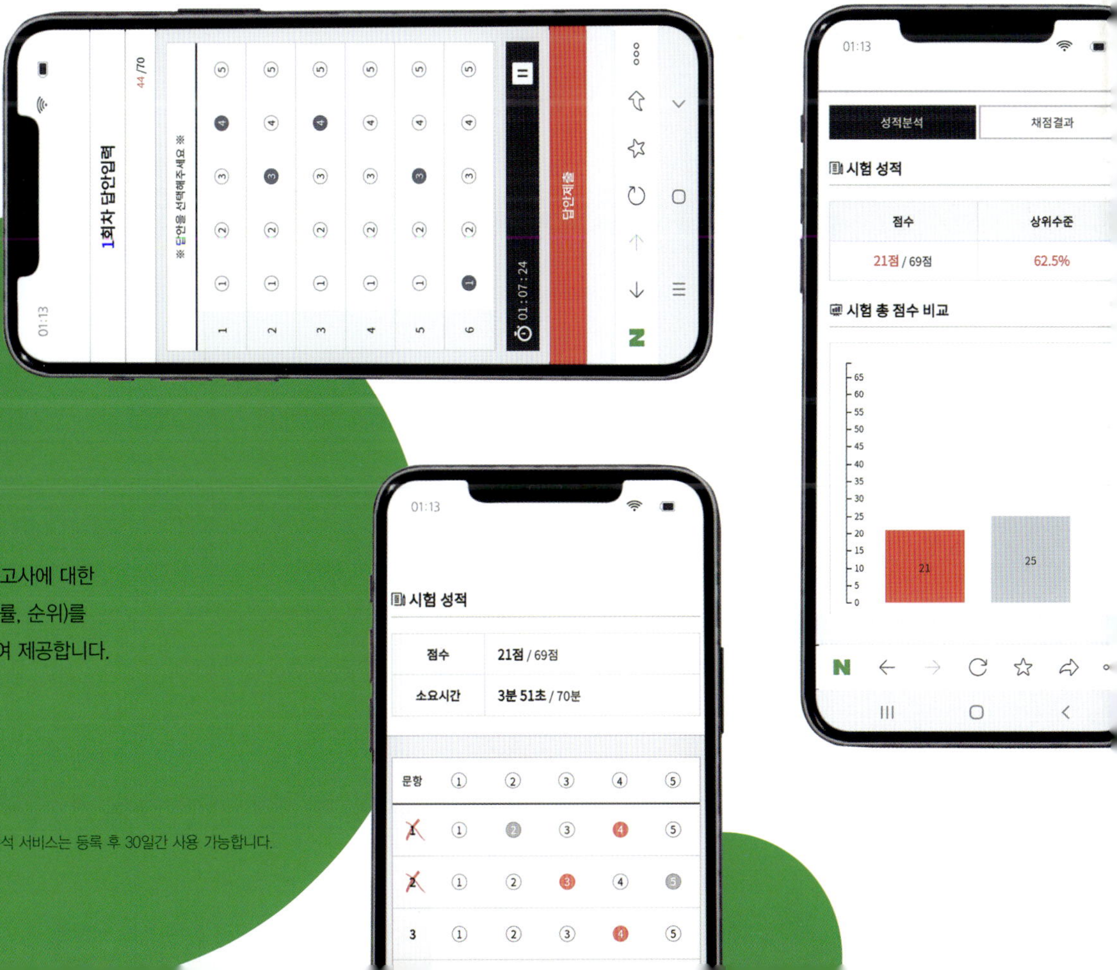

도서에 수록된 모의고사에 대한
객관적인 결과(정답률, 순위)를
종합적으로 분석하여 제공합니다.

※OMR 답안채점 / 성적분석 서비스는 등록 후 30일간 사용 가능합니다.

시대에듀

공기업 취업을 위한 NCS 직업기초능력평가 시리즈

NCS부터 전공까지 완벽 학습 "통합서" 시리즈

공기업 취업의 기초부터 차근차근! 취업의 문을 여는 **Master Key!**

NCS 영역 및 유형별 체계적 학습 "집중학습" 시리즈

영역별 이론부터 유형별 모의고사까지! 단계별 학습을 통한 **Only Way!**

2026
전면개정판

국가철도공단

통합기본서

편저 | SDC(Sidae Data Center)

정답 및 해설

판매량
1위
국가철도공단
YES24

기출복원문제부터
대표기출유형 및
모의고사까지

한 권으로 마무리!

SDC

SDC는 시대에듀 데이터 센터의 약자로
약 30만 개의 NCS · 적성 문제 데이터를
바탕으로 최신 출제경향을 반영하여
문제를 출제합니다.

시대에듀

Add+

2025년 주요 공기업 NCS 기출복원문제

2025년 주요 공기업 NCS 기출복원문제

01	02	03	04	05	06	07	08	09	10	11	12	13	14	15	16	17	18	19	20
②	③	⑤	③	③	①	④	⑤	①	⑤	②	④	②	③	④	①	①	⑤	⑤	③
21	22	23	24	25	26	27	28	29	30	31	32	33	34	35	36	37	38	39	40
③	③	①	①	③	③	①	④	③	④	③	②	②	①	①	②	②	④	①	③
41	42	43	44	45	46	47	48	49	50										
②	③	①	②	③	②	③	③	④	③										

01

정답 ②

마지막 문단에서 현재 AI 음성 합성 기술이 사람의 감정까지 담아 표현할 수 없다는 한계점이 존재한다고 했다. 따라서 현재는 AI 음성 합성 기술이 오디오북 제작에서 전문 성우의 역할을 대체할 수 있다고 보기는 어렵다.

오답분석

① 세 번째 문단을 통해 AI 음성 합성 기술이 비용과 시간 측면에서 전문 성우 녹음보다 효율적임을 알 수 있다.
③ 마지막 문단에서 문학 도서의 경우 AI 음성 합성 기술이 사람의 감정까지 담아 표현할 수 없는 반면, 비문학 도서들은 전문 성우가 반드시 필요하지는 않으므로 AI 음성 합성 기술로 제작이 가능하다고 하였다.
④·⑤ 두 번째 문단에서 전문 성우의 오디오북 녹음에는 많은 시간이 필요하며, 비용 또한 많이 들어 현실적인 한계에 부딪히고 있다고 하였다.

02

정답 ③

2024년 설날 노쇼 비율은 46%이지만, 이 중 19만 매가량이 재판매가 되지 않아 공석으로 운행되었다.

오답분석

① 첫 번째 문단에서 명절에 예매 경쟁률이 수십 배에 달하는 경우도 흔하다고 하였다.
② 세 번째 문단에서 노쇼 문제는 사회적 비용 증가로 연결되며, 이에 따른 비용이나 정책 변경은 국민의 부담으로 돌아올 것이라고 하였다.
④ 네 번째 문단에서 노쇼 문제를 해결하기 위해 코레일은 2025년부터 명절 특별수송기간에 출발 후 20분까지의 위약금을 기존 15%에서 30%로 상향 조정한다고 하였다.
⑤ 마지막 문단에서 노쇼 문제는 단순히 코레일의 노력만으로 해결될 수 없고, 근본적인 제도 개선과 국민 인식 변화가 함께 이루어져야 함을 이야기하고 있다.

03

정답 ⑤

선주는 문제점을 자신의 탓으로 돌리며 상대방에게 부탁을 하고 있다. 따라서 관용의 격률에 해당하는 사례이다.

오답분석

① 민재는 상대방을 칭찬하는 표현을 최대화해서 말하고 있다. 따라서 타인에 대한 비난은 최소화하고 칭찬은 최대화하여 말하는 표현법인 찬동의 격률에 해당하는 사례로 볼 수 있다.
② 지우는 문제점을 상대방의 탓으로 돌리며 상대방에게 부탁을 하고 있다. 따라서 관용의 격률에 해당하지 않는다.
③ 다예는 자신의 이익을 위해 상대방에게 부담을 주며 말하고 있다. 따라서 관용의 격률에 해당하지 않는다.
④ 동현은 상대에게 부담이 되는 표현은 최소화하면서 도움을 요청하고 있다. 따라서 상대방의 부담은 최소화하고 이익은 최대화하여 말하는 표현법인 요령의 격률에 해당하는 사례로 볼 수 있다.

04

정답 ③

먼저 분자와 분모를 따로 계산하면 다음과 같다.

• 분자 : $18\times(15^2+12+3)$
$\rightarrow 18\times(225+12+3)$
$\therefore 18\times240=4,320$

• 분모 : $90^2-2\times45\times4$
$\rightarrow 8,100-(2\times45\times4)$
$\therefore 8,100-360=7,740$

주어진 식을 정리하면 다음과 같다.

$\frac{4,320}{7,740}+1=\frac{4,320+7,740}{7,740}=\frac{12,060}{7,740}$

$\frac{12,060}{7,740}$을 기약분수로 만들기 위해 최대공약수 180으로 약분하면 $\frac{67}{43}$이므로 $p=43$, $q=67$이다.

따라서 $p+q=110$이다.

05

정답 ③

K시 전철의 기본요금은 1회 1,500원이고, 아침에 20% 할인을 받으면 $1,500\times0.8=1,200$원이다. A씨의 전철 이용 횟수는 총 $22\times2=44$회이며, 할인은 출근 시간에만 적용된다. 그러므로 퇴근 시 이용하는 전철 요금은 $1,500\times22=33,000$원이다.
한 달 전철 요금을 62,000원 이하로 유지하고자 하므로 출근 시 지불 가능한 전철 요금은 $62,000-33,000=29,000$원이다.
할인을 받은 일수를 x일이라 하면, 할인을 받지 않은 일수는 $(22-x)$일이므로 다음과 같은 식이 성립한다.

$1,200x+1,500(22-x)\leq29,000$
$\rightarrow 1,200x+33,000-1,500x\leq29,000$
$\rightarrow -300x\leq-4,000$
$\therefore x\geq13.33$

따라서 최소 14일은 할인을 받아야 한 달 전철 요금을 62,000원 이하로 유지할 수 있다.

06

정답 ①

먼저 1부터 6까지 숫자를 사용하여 만들 수 있는 4자리 수의 조합을 계산하면 $6^4=1,296$이다.
조건에 따라 중복된 숫자는 최대 2번 사용할 수 있으므로 같은 숫자가 3번 이상 사용된 경우의 수를 구하여 제외해야 한다.

• 같은 숫자가 4번 사용된 경우는 6가지이다(1111, 2222, …, 6666).
• 같은 숫자가 3번 사용된 경우는 aaab, aaba, abaa, baaa 4가지 경우가 있고, a로 가능한 수는 6가지, b로 가능한 수는 a를 제외한 5가지이므로 $4\times6\times5=120$가지이다.

따라서 조건을 만족하는 4자리 비밀번호는 총 $1,296-(6+120)=1,170$가지이다.

07

정답 ④

조사기간인 1 ~ 4월의 리뷰 수가 판매 건수이므로 월별 판매 건수와 반품 및 환불 건수를 계산하면 다음과 같다.

(단위 : 건)

구분	판매 건수	반품 건수	환불 건수
1월	1,000	1,000×0.03=30	1,000×0.02=20
2월	1,200	1,200×0.02=24	1,200×0.03=36
3월	1,500	1,500×0.04=60	1,500×0.01=15
4월	1,300	1,300×0.03=39	1,300×0.02=26
합계	5,000	153	97

따라서 반품 건수와 환불 건수를 모두 합하면 153+97=250건이다.

08

정답 ⑤

구로디지털단지역 하차 인원은 출근시간대 400명, 퇴근시간대 2,150명이므로 2,150÷400=5.375이다.
따라서 퇴근시간대 하차 인원은 출근시간대 하차 인원의 5배 이상이다.

오답분석

① 역삼역의 점심시간대와 퇴근시간대는 탑승 인원보다 하차 인원이 더 많다.
② 시청역의 탑승 인원은 점심시간대에 530명, 퇴근시간대에 420명으로 점심시간대에 탑승 인원이 더 많다.
③ 역삼역의 출근시간대는 탑승 1,150명, 하차 350명으로 탑승 인원이 더 많다.
④ 시청역의 출근시간대 대비 퇴근시간대 하차 인원의 증가 폭은 1,480−870=610명, 역삼역의 출근시간대 대비 퇴근시간대 하차 인원의 증가 폭은 1,250−350=900명이므로 시청역의 증가 폭이 더 작다.

09

정답 ①

A주임은 복잡한 역사 구조로 승객들이 길을 헤매는 문제를 해결하기 위한 아이디어를 지하철역과 비슷한 대상인 쇼핑센터의 증강현실 지도 기술에서 얻었고, 지하철역에서 이용 가능한 증강현실 길안내 서비스를 기획하였다. 따라서 주어진 사례에서 나타나는 창의적 사고 개발 방법으로 가장 적절한 것은 대상과 비슷한 것을 찾아내 그것을 힌트로 새로운 아이디어를 생각해 내는 비교발상법인 NM법이다.

오답분석

② Synectics : 서로 관련이 없어 보이는 것들을 조합하여 새로운 것을 도출해 내는 비교발상법이다.
③ 체크리스트 : 미리 준비된 힌트들을 시각화하고, 주제를 힌트에 연결 지어 발상하는 강제연상법이다.
④ SCAMPER : 체크리스트의 발전된 기법으로, 대체, 결합, 응용, 수정, 전용, 제거, 반전과 같이 7가지 키워드를 주제와 연결 지어 발상하는 강제연상법이다.
⑤ 브레인스토밍 : 어떤 주제에서 자유롭게 생각나는 것을 계속해서 열거하여 창의적인 아이디어를 이끌어 내는 자유연상법이다.

10

정답 ⑤

A씨는 사고로 학생과 부딪힌 사건 하나만을 부풀려 젊은이들이 모두 조심성이 없으며 남을 배려하지 않는다고 주장하고 있다. 이는 특정한 사례 하나를 토대로 집단을 일반화하는 주장이므로 성급한 일반화의 오류에 해당한다.

오답분석

① 무지의 오류 : '외계인이 있다는 증거가 없으므로 외계인은 존재하지 않는다.'처럼 어떠한 주장이 증명되지 않았다고 해서 그 반대의 주장이 참이라고 주장하는 오류이다.
② 결합의 오류 : '머리카락 1개가 빠지면 대머리가 되지 않는다. 2개가 빠져도, 100개가 빠져도 그렇다. 따라서 1만 개가 빠져도 대머리가 되지 않는다.'처럼 하나의 사례에는 오류가 없지만, 여러 사례를 잘못 결합하여 발생하는 오류이다.
③ 애매성의 오류 : '여자는 남자보다 약하다. 따라서 여자는 오래 살지 못한다.'처럼 애매한 어휘의 사용으로 발생하는 오류이다.
④ 과대 해석의 오류 : '퇴근길에 조심하세요.'라는 말을 퇴근길에만 조심하라는 의미로 받아들이는 것처럼 문맥을 무시하고 과도하게 문구에만 집착하여 발생하는 오류이다.

11

정답 ②

ㄱ. 철도 이용객 수 증가는 외부환경 요인인 법안에 의한 긍정적 효과이므로 기회(Opportunity)에 해당한다.
ㄷ. 민간투자의 확대는 외부환경 요인의 긍정적인 효과이므로 기회에 해당한다.
ㅂ. 기업 외부에서 발생한 공동 프로젝트에 참여하는 것은 기술혁신 등 긍정적인 측면이므로 기회에 해당한다.

오답분석

ㄴ. 내부환경 요인인 운영 노하우는 기업 내부의 긍정적인 요소로 강점(Strength)에 해당한다.
ㄹ. 외부환경 요인인 정부의 교통요금 동결 정책은 위협(Threat)에 해당한다.
ㅁ. 내부환경 요인인 직원 수 부족으로 인한 저조한 고객 만족도는 약점(Weakness)에 해당한다.

12

정답 ④

ㄱ. A차장은 노인 이용자 대표와 논리적 토론을 통해 합리적 타협점을 찾고 있다. 이는 상이한 문화적 토양을 가지고 있는 구성원을 가정하여 서로의 생각을 직설적으로 주장하고 논쟁이나 협상을 통해 의견을 조정하는 하드 어프로치에 해당한다.
ㄴ. A센터장은 역할극과 브레인스토밍 기법을 통하여 직원들이 자발적으로 의견을 제시하고, 창의적인 해결 방법을 도모할 수 있도록 촉진하고 있다. 이는 어떤 그룹이나 집단이 자발적으로 창의적인 문제해결을 할 수 있도록 촉진하는 퍼실리테이션에 해당한다.
ㄷ. A팀장은 B사원에게 실수에 대한 결과를 시사하여 실수를 줄일 수 있도록 넌지시 제안하였으며, 다른 팀원들에게도 B사원을 잘 도와줄 수 있도록 요청하였다. A팀장은 중재자로서 같은 문화적 토양을 가지고 있는 팀원들이 서로를 이해할 수 있도록 돕고, 권위와 공감에 의지하여 의견을 중재하고 있으므로 소프트 어프로치에 해당한다.

13

정답 ②

'된서리'는 늦가을에 아주 되게 내리는 서리를 의미하며, 이런 특성으로 인해 모진 재앙이나 타격을 비유적으로 이르는 말이다. 따라서 비슷한 어휘는 '어떤 일에서 크게 기를 꺾음. 또는 그로 인한 손해・손실'을 의미하는 '타격(打擊)'이다.

오답분석

① 타계(他界) : 인간계를 떠나서 다른 세계로 간다는 뜻으로, 사람의 죽음 특히 귀인(貴人)의 죽음을 이르는 말
③ 타점(打點) : 1. 붓이나 펜 따위로 점을 찍음.
2. 야구에서 안타 따위로 득점한 점수
④ 타락(墮落) : 올바른 길에서 벗어나 잘못된 길로 빠지는 일
⑤ 타산(打算) : 자신에게 도움이 되는지를 따져 헤아림

14

정답 ③

빈칸에 들어갈 단어의 대상은 앞의 '애민주의'이므로 '어떤 명목을 붙여 주의나 주장 또는 처지를 앞에 내세움'을 의미하는 '표방(標榜)'이 적절한 단어이다.

오답분석

① 표징(表徵) : 겉으로 드러나는 특징이나 상징
② 표집(標集) : 사회 조사에서 모집단의 특성을 잘 반영할 수 있는 표본을 추출하는 방법
④ 표류(漂流) : 물 위에 떠서 정처 없이 흘러감
⑤ 표리(表裏) : 물체의 겉과 속 또는 안과 밖을 통틀어 이르는 말

15

정답 ④

제시문은 원자력 발전소에서 방사성 물질의 차단과 외부 오염 물질 유입 방지를 위해 강력한 공기조화 시스템이 필요함을 주장하며, 이 시스템의 핵심 장치인 헤파필터에 대해 상세히 설명하고, 원자력 발전소에서 헤파필터의 역할과 중요성에 대해 서술하고 있다. 따라서 글의 주제로 가장 적절한 것은 '원자력 발전소에서의 헤파필터의 역할'이다.

16

정답 ①

제시문은 잠복결핵감염에 대해 설명하는 글로, 잠복결핵감염의 특성과 치료 방법 등을 서술하면서 잠복결핵감염이 어떻게 개인의 건강뿐 아니라 사회 전체의 공중보건에 영향을 주는지 서술하고 있다.
따라서 글의 주제로 '잠복결핵감염의 위험성'이 가장 적절하다.

17

정답 ①

메뉴별 손익분기점을 구하면 다음과 같으며, 손익분기점을 넘기기 위해서 필요한 판매량은 이보다 1단위 더 많아야 한다.

- 제육볶음 : $2,800,000 \div (10,000-2,000)=350$ → 351인분
- 오징어볶음 : $3,300,000 \div (12,000-2,000)=330$ → 331인분
- 돈가스 : $2,600,000 \div (9,000-1,500) \fallingdotseq 346.7$ → 347인분
- 라면 : $1,800,000 \div (6,000-800) \fallingdotseq 346.2$ → 347인분
- 고등어구이 : $3,100,000 \div (11,000-2,000) \fallingdotseq 344.4$ → 345인분

따라서 손익분기점을 넘기기 위해 필요한 판매량이 가장 많은 메뉴는 제육볶음이다.

18

정답 ⑤

B지점에서 C지점까지의 거리를 $x$km라고 하고 식을 세우면 다음과 같다.

$(x+110)+x=190$

→ $2x=80$

∴ $x=40$

즉, A지점에서 B지점까지의 거리는 150km, B지점에서 C지점까지의 거리는 40km이다.
K주임은 A지점에서 B지점까지 150km를 100km/h의 속력으로 이동하였으므로 소요된 시간은 1.5시간이고, B지점에서 C지점까지 40km를 80km/h의 속력으로 이동하였으므로 소요된 시간은 0.5시간이다.
따라서 A지점에서 C지점까지 이동하는 데 걸린 시간은 2시간이다. 단, B지점에서 1시간 동안 업무를 수행하였으므로 C지점에 도착한 시간은 오후 3시이다.
또한 이동할 때의 평균 속력의 경우 총 190km를 2시간 동안 이동하였으므로 평균 속력은 $\frac{190}{2}=95$km/h이다.

19

정답 ⑤

본회의 시간이 1시간이고, 전후 30분간 회의 준비 및 회의록 작성을 진행해야 하므로 모두 2시간이 필요하다.
제시된 조건에 따라 회의가 불가능한 시간을 표시하면 다음과 같다.

9시		10시		11시		12시		13시		14시		15시		16시		17시	
		예약				점심시간				예약		외부일정					

30분 간격으로 칸을 나누었으므로 회의를 진행하기 위해서는 총 4칸이 필요하다.
따라서 16시부터 회의 준비를 할 수 있으므로 본회의를 시작할 수 있는 가장 빠른 시각은 오후 4시 30분(=16시 30분)이다.

20

정답 ③

약술형에서 48점을 득점하여 과락이 된 D를 제외하고 나머지 4명의 필기시험 점수의 평균과 가점을 더한 값은 다음과 같다.

- A : $\{(85+52+61+57) \div 4\}+6=69.75$점 → 불합격
- B : $(75+71+67+81) \div 4=73.5$점 → 합격
- C : $\{(67+81+72+54) \div 4\}+2=70.5$점 → 합격
- E : $(66+82+58+78) \div 4=71$점 → 합격

따라서 제20회 J국가자격 필기시험에 합격한 사람은 B, C, E 3명이다.

21

정답 ③

HDD(Hard Disk Drive)는 회전하는 자기 디스크와 기계적인 헤드를 사용해 데이터를 저장하고 읽는 저장장치로 플래시 메모리를 사용해 전자적으로 데이터를 저장하는 SSD(Solid State Drive)에 비해 가격이 저렴하다.

오답분석

① HDD는 움직이는 자기 디스크나 헤드가 필요하므로 SSD에 비해 무겁고, 소형화가 어렵다.
② HDD는 자기 디스크와 헤드를 움직이는 모터 및 회전 부품으로 인해 전력 소모가 SSD에 비해 더 크다.
④ SSD는 읽고 쓰는 데 물리적인 움직임이 필요 없으나, HDD는 회전하는 자기 디스크와 헤드가 데이터 위치를 찾기 위해 움직여야 하므로 데이터 접근이 SSD에 비해 느리다.
⑤ 플래시 드라이브로 구성되어 있는 SSD는 움직이는 부품이 없으나, HDD는 움직이는 기계적 부품이 많으며, 충격으로 인해 헤드가 자기 디스크에 닿아 스크래치가 생기는 등의 심각한 손상이 발생할 수 있다. 따라서 HDD는 SSD보다 외부 충격에 대한 내구력이 낮다.

22

정답 ③

제시된 상황은 조건이 참인지 거짓인지에 따라 서로 다른 값을 반환해야 하므로 IF 함수를 활용해야 한다. IF 함수의 함수식은 「=IF(조건,“참일 때의 값”,“거짓일 때의 값”)」이며, 조건은 참조 대상의 값이 90 이상이어야 하므로 “참조대상>=90”이어야 한다. 따라서 올바른 함수식은 「=IF(참조 대상>=90,“합격”,“불합격”)」이다.

오답분석

① 90점을 초과해야 합격으로 값이 나온다.
② 90점 이상이면 불합격, 90점 미만이면 합격으로 값이 나온다.
④·⑤ CHOOSE 함수는 지정된 인덱스 번호를 기준으로 목록에서 특정 값을 선택하여 반환하는 함수로 제시된 상황에는 옳지 않은 함수이다.

23

정답 ①

제시문은 허리 통증을 유발하는 직업적 요인에 대해 서술하고 있다. 따라서 글의 주제로 가장 적절한 것은 ‘허리 통증의 직업적 요인’이다.

오답분석

② 제시문은 허리 통증이나 질환이 어떻게 발생하는지만 서술하고, 관리 방법에 대해서는 서술하고 있지 않다.
③ 허리 질환의 원인을 여러 직업적 요인을 나누어 설명하지만, 직업에 따라 질환이 달라진다고는 서술하고 있지 않다. 오히려 허리 질환의 직업적 요인들이 대부분 추간판탈출증, 척추협착증 같이 비슷한 질환을 유발하는 것을 알 수 있다.
④ 세 번째 문단에서 허리 구부림 자세가 많은 업종이 허리 통증 관련 산재 신청이 많음에 대해 서술하고는 있지만, 글 전체를 포괄하는 주제로 적절하지 않다.

24

정답 ①

A교수의 발표 주제는 사람이 제공하던 서비스를 인공지능 기술로 대체하자는 것이 아닌, 인공지능 기술이 건강보험 가입자의 데이터를 기반으로 가입자에게 필요한 맞춤형 서비스를 제공해 주는지에 대한 것이다. 따라서 제시된 자료의 내용과 일치하지 않는다.

오답분석

② B교수의 발표 주제는 sLLM(소형 언어 모델)을 사용한 고객 서비스의 향상과 공단 근로자의 업무 효율성을 증대 사례이므로 이에 대한 고객과 공단 근로자의 의견이 필요하다.
③ D교수의 발표 주제는 야간 인공조명이 인간의 건강에 미치는 영향에 대한 것이므로, 야간 인공조명을 받은 사람과 이를 받지 않은 사람과의 건강상의 차이에 대한 구분되는 수치가 필요하다.
④ F팀장의 발표 주제는 병원 내에서 발생하는 폐렴의 데이터 분석을 통해 감염관리 체계 마련이 필요함을 제시하는 것이므로, 병원 내 감염병에 대한 데이터 정보가 필요하다. 따라서 병원 내 어느 병동에서 어떠한 상황에서 발생하였는지, 또 어느 연령대에서 주로 발생하는지 등에 대한 데이터가 필요하다.

25

정답 ③

네 번째 문단에 따르면 천식 환자는 심장 박동 및 호흡수를 증가시키는 운동은 발작을 일으킬 수 있으므로 피해야 하고, 건조하지 않고 심장 박동이나 호흡수가 급격히 증가하지 않는 수영과 같은 운동이 좋다고 하였다. 따라서 등산의 경우 가파른 오르막이나, 건조한 환경 등 천식 환자에게 좋지 않은 운동 환경일 가능성이 높다.

오답분석

① 세 번째 문단에 따르면 당뇨는 인슐린이 제 기능을 하지 못해 혈당을 낮추지 못하는 질환으로, 유산소 운동을 통해 혈당을 낮출 수 있다.
② 세 번째 문단에 따르면 당뇨 환자와 심장병 환자는 유산소 운동이 좋다고 하였으며, 특히 심장병 환자의 경우 규칙적인 유산소 운동은 심혈관계를 향상시킨다고 하였다.
④ 마지막 문단에 따르면 허리 통증 환자는 유산소 운동보다는 척추를 지지하는 근육을 발달시킬 수 있는 코어 운동이 도움이 된다고 하였다.

26

정답 ③

제시된 문단은 국민건강보험공단이 담배 소송 변론에서 적극적으로 입장을 표명했다고 서술하고 있다. 그러므로 이어질 문단으로 공단의 주장이 포함된 (나) 문단 또는 (다) 문단이 와야 한다. 이 중 (다) 문단은 '마지막으로'로 시작하므로 글의 가장 마지막에 오는 것이 적절하다. 그러므로 첫 문단 뒤에 이어질 문단으로 가장 적절한 것은 (나) 문단이다. 다음 (가) 문단과 (라) 문단을 살펴보면, (가) 문단은 담배와 암 사이에는 인과관계가 있다는 주장, (라) 문단은 담배와 암 사이에 인과관계에 대한 뒷받침 자료로 제출한 증거의 목록에 대한 것이므로 (가) – (라) 순으로 이어져야 한다. 따라서 (나) – (가) – (라) – (다) 순으로 나열하는 것이 적절하다.

27

정답 ①

조사 지역별 법인 기업에서 사단법인이 차지하는 비율은 다음과 같다.

- 수도권 : $\frac{50,000}{60,000}\times 100 \fallingdotseq 83.33\%$
- 강원권 : $\frac{500}{1,000}\times 100 = 50\%$
- 충청권 : $\frac{2,500-800}{2,500}\times 100 = 68\%$
- 호남권 : $\frac{3,000-1,000}{3,000}\times 100 \fallingdotseq 66.67\%$
- 영남권 : $\frac{1,500}{2,500}\times 100 = 60\%$

수도권, 충청권, 호남권, 영남권, 강원권 순으로 높으므로 세 번째로 높은 지역은 호남권이다.

오답분석

② 5대 업종의 대기업 중 IT업이 아닌 기업의 수는 $11,000-6,000=5,000$개소이며, 수도권의 기타 기업도 5,000개소로 같다.
③ 조사 지역에서 대기업이 20% 증가하면 $13,500\times 0.2=2,700$개소 증가하고, 중소기업이 10% 감소하면 $25,000\times 0.1=2,500$개소 감소하므로 전체 기업 수는 증가한다.
④ 조사 지역의 재단법인 중 강원권 재단법인이 차지하는 비율은 $\frac{1,000-500}{13,300}\times 100 \fallingdotseq 3.76\%$이고, 조사 지역의 대기업 중 강원권 대기업이 차지하는 비율은 $\frac{500}{13,500}\times 100 \fallingdotseq 3.7\%$이므로 옳은 설명이다.

28

정답 ④

조사 지역의 전체 기업 중 운송업에 해당하는 중소기업 및 5인 미만 기업의 비율은 다음과 같다.

- 중소기업 : $\frac{9,000}{25,000}\times 100=36\%$
- 5인 미만 : $\frac{100,000}{290,000}\times 100 \fallingdotseq 34.48\%$

따라서 5인 미만 기업의 운송업 비율은 중소기업보다 낮다.

오답분석

① 조사 지역의 전체 기업 중 5인 미만인 기업의 비율은 $\frac{290,000}{405,000}\times 100 \fallingdotseq 71.6\%$로 70% 이상이다.

② 조사 지역의 5인 미만 기업 중 수도권이 차지하는 비율은 $\frac{200,000}{290,000}\times 100 \fallingdotseq 68.97\%$로 60% 이상이다.

③ 조사 지역 전체 기업 중 5대 업종에 해당하지 않는 기업의 수는 다음과 같다.
- 대기업 : 13,500－11,000＝2,500개소
- 중소기업 : 25,000－22,000＝3,000개소
- 5인 미만 : 290,000－235,000＝55,000개소
- 사단법인 : 55,700－20,000＝35,700개소
- 재단법인 : 13,300－9,000＝4,300개소

이에 따라 대기업보단 중소기업이, 중소기업보단 5인 미만이 많고, 사단법인이 재단법인보다 많다.

29

정답 ③

제시된 자료는 7대 주요 범죄 현황이므로 한 해 전체 범죄 현황은 알 수 없다. 따라서 옳지 않은 설명이다.

오답분석

① 살인이 가장 많이 발생한 해는 1995년이며, 절도 역시 1995년에 가장 많이 발생하였다.
② K국 교도소의 잔여 형량별 복역자 수 자료를 통해 잔여 형량이 많을수록 복역자 수가 적음을 알 수 있다.
④ 잔여 형량이 1년 미만인 복역자의 수가 가장 많은 교도소는 F교도소이며, 전체 복역자 수 역시 F교도소가 가장 많다.

30

정답 ④

교도소별 잔여 형량이 1년 미만인 복역자 수 대비 3년 이상 5년 미만인 복역자 수의 비율은 다음과 같다.

- A : $\frac{400}{3,000}\times 100 \fallingdotseq 13.3\%$
- B : $\frac{400}{4,000}\times 100=10\%$
- C : $\frac{500}{5,000}\times 100=10\%$
- D : $\frac{600}{6,000}\times 100=10\%$
- E : $\frac{800}{7,000}\times 100 \fallingdotseq 11.43\%$
- F : $\frac{1,000}{8,000}\times 100=12.5\%$

A교도소가 가장 높으므로 ④는 옳지 않은 해석이다.

오답분석

① 1990년부터 1995년까지 전년 대비 살인 사건 발생 건수는 100건씩 일정하게 증가하고 있다. 그러나 기준이 되는 전년의 수치가 점점 커지기 때문에 전년 대비 변화율은 점점 감소한다(1990년 20% 증가, 1991년 약 16.6% 증가, …).

② K국 전체 교도소 복역자 수는 5,300+5,700+7,800+10,000+10,300+11,600=50,700명이므로 D교도소에 복역하는 비율은 $\frac{10,000}{50,700}\times 100 ≒ 19.72$%이다. 따라서 20% 이하이다.

③ 1993년부터 1995년까지 7대 주요 범죄 중 절도가 차지하는 비율을 구하기 위해 연도별 7대 주요 범죄 발생 건수를 계산하면 다음과 같다.

- 1993년 : 900+3,000+10,000+10,000+20,000+3,000+1,000=47,900건
- 1994년 : 1,000+2,000+20,000+10,000+27,000+5,000+900=65,900건
- 1995년 : 1,100+3,500+17,000+9,000+34,000+2,000+1,100=67,700건

절도가 차지하는 비율을 계산하면 다음과 같다.

$$\frac{20,000+27,000+34,000}{47,900+65,900+67,700}\times 100$$

$$\rightarrow \frac{81,000}{181,500}\times 100 ≒ 44.63\%$$

따라서 절도가 차지하는 비율은 45% 이하이다.

31

정답 ③

계란 가격은 2024년 7월부터 9월까지 증가하다가, 10월부터 감소한 후 12월에 다시 증가 추세를 보이고 있으므로 옳지 않다.

오답분석

① • 2024년 8월 대비 9월 쌀 가격 증가율 : $\frac{1,970-1,083}{1,083}\times 100 ≒ 81.90\%$

• 2024년 11월 대비 12월 무 가격 증가율 : $\frac{2,474-2,245}{2,245}\times 100 ≒ 10.20\%$

따라서 2024년 8월 대비 9월 쌀 가격의 증가율이 2024년 11월 대비 12월 무 가격의 증가율보다 크다.

② 국산, 미국산, 호주산 소 가격 모두 2024년 7월부터 9월까지 증가하다가 10월에 감소하였다.

④ 쌀 가격은 2024년 7월 1,992원에서 8월 1,083원으로 감소했다가, 9월 1,970원으로 증가한 후 10월부터는 감소하고 있다.

32

정답 ②

선택지에 제시된 식재료 가격의 2024년 12월 대비 2025년 1월 증감률을 계산하면 다음과 같다.

- 쌀 : $\frac{1,805-1,809}{1,809}\times 100 ≒ -0.22\%$
- 양파 : $\frac{1,759-1,548}{1,548}\times 100 ≒ 13.63\%$
- 무 : $\frac{2,543-2,474}{2,474}\times 100 ≒ 2.78\%$
- 건멸치 : $\frac{25,200-25,320}{25,320}\times 100 ≒ -0.47\%$

따라서 증감률이 가장 큰 재료는 양파이다.

33

정답 ②

신입사원 선발 조건에 따라 지원자에게 점수를 부여한 뒤 총점을 산정하면 다음과 같다.

(단위 : 점)

구분	학위점수	어학시험점수	면접점수	실무경험점수	총점
A	18	20	30	18	86
B	25	17	24	18	84
C	18	17	24	18	77
D	30	14	18	12	74

따라서 최고득점자는 A이고, 최저득점자는 D이다.

34

정답 ①

A씨의 소규모 카페는 잘못된 위치 선정, 치열한 경쟁, 운영 경험 부족 등 여러 위기를 겪게 되었지만, A씨는 위기를 기회로 삼아 성공한 컨설팅 업체라는 좋은 결과를 얻었다. 따라서 '화를 바꾸어 복이 되게 하다.'의 의미를 지닌 '전화위복(轉禍爲福)'이 가장 관련 있는 한자성어이다.

오답분석

② 사필귀정(事必歸正) : 모든 일은 반드시 바른길로 돌아감
③ 일취월장(日就月將) : 나날이 다달이 자라거나 발전함
④ 우공이산(愚公移山) : 어떤 일이든 끊임없이 노력하면 반드시 이루어짐

35

정답 ①

①의 '차원'은 '물리학적 구성 요소인 시간'을 의미한다. 반면 나머지는 '사물을 보거나 생각하는 처지. 또는 어떤 생각이나 의견 따위를 이루는 사상이나 학식의 수준'을 의미한다.

36

정답 ②

큐비트는 양자 중첩 특성을 가지고 있기 때문에 0과 1의 상태를 동시에 가진다. 반면 기존의 고전적 컴퓨터는 비트(Bit)를 통해 정보를 0과 1의 형태로 나타낸다.

오답분석

①·③ 큐비트는 측정하기 전에는 0과 1의 값을 동시에 지니지만, 측정과 동시에 하나의 값으로 확정된다.
④ 4개의 큐비트를 활용하면 $2^4=16$번의 상태를 동시에 표현할 수 있다.

37

정답 ②

SMR은 다양한 입지 조건에서 설치가 가능하여 전력망이 없는 지역이나 해상에서도 활용할 수 있다. 또한 크기가 작고 유연한 설계 덕분에 다양한 환경에서 활용이 가능하다.

오답분석

① SMR은 방사성 물질의 저장 및 관리 측면에서 유리하지만, 폐기물이 발생하지 않는다고는 서술되어 있지 않다.
③ SMR은 공장에서 모듈화된 기기를 제작하고, 현장으로 운송해 조립하는 방식이다.
④ 한국을 포함한 여러 국가가 SMR 개발에 적극적으로 나서고 있지만, 현재 기존 원전이 SMR로 전환되었는지는 확인할 수 없다.

38

정답 ④

J공사의 비밀번호 규칙을 정리하면 다음과 같다.

• 첫 번째와 아홉 번째 숫자 : 직원 종류별 코드(1 ~ 3)
• 두 번째 ~ 일곱 번째 숫자 : 입사 연, 월, 일(YYMMDD)
• 여덟 번째 문자 : 앞의 숫자를 모두 더하고 2를 뺀 값에 해당하는 알파벳 대문자

위의 규칙에 맞지 않는 비밀번호를 고르면 다음과 같다.

• 1942131S1 : 월 부분의 숫자가 21로 존재할 수 없다.
• 1241215N2 : 첫 번째와 아홉 번째 숫자가 동일하게 부여되지 않았다.
• 2210830P2 : 여덟 번째 문자가 2+2+1+0+8+3+0−2=14번째 알파벳인 N이 부여되어야 한다.
• 4200817T4 : 4는 없는 직원 종류별 코드이다.
• 2191229Z2 : 여덟 번째 문자가 2+1+9+1+2+2+9−2=24번째 알파벳인 X가 부여되어야 한다.

따라서 J공사 비밀번호 규칙에 맞지 않는 비밀번호는 모두 5개이다.

39

정답 ①

A씨는 고향 친구의 말끔한 정장을 보고, 부자일 확률보다 부자이면서 좋은 차도 끌고 다닐 확률이 높다고 생각하고 있다. 이는 두 사건(부자, 좋은 차 소유)이 동시에 일어날 확률이 실제로는 각 사건 중 하나가 단독으로 일어날 확률보다 항상 작거나 같음에도 불구하고, 두 사건이 동시에 일어날 확률이 더 높다고 잘못 판단하는 인지적 편향이다. 따라서 A씨의 사례는 결합의 오류에 해당한다.

오답분석

② 무지의 오류 : "담배가 암을 일으킨다는 확실한 증거가 없으므로 정부의 금연 정책은 잘못된 것이다."처럼 어떤 논리가 증명되지 않았다고 해서 그 반대의 주장이 참이라고 단정하는 오류이다.

③ 연역법의 오류 : "TV를 많이 보면 눈이 나빠진다.", "철수는 TV를 많이 보지 않는다.", "따라서 철수는 눈이 나빠지지 않는다."처럼 대전제와 주장이 잘못 연결되었지만, 삼단논법에 의하기 때문에 참이라고 단정하는 오류이다.

④ 과대 해석의 오류 : 문맥을 무시하고 문구에만 너무 집착하거나 애매한 의미를 확대 해석할 경우에 빠질 수 있는 오류이다. 예컨대, 'A라는 질병에 걸리지 않길 바란다.'는 말을 듣고 '그럼, B라는 질병에 걸려도 된다는 말인가?'라고 생각하는 경우가 과대 해석의 오류에 해당한다.

40

정답 ③

고속국도를 제외하면 본사와 이어지는 길은 A공장과 B공장밖에 없으므로 S대리는 A공장을 처음 방문하고 마지막으로 B공장을 방문하거나, B공장을 처음 방문하고 A공장을 마지막으로 방문해야 한다. 그러므로 S대리는 'A → D → C → E → B' 순서로 방문하거나, 그 반대인 'B → E → C → D → A' 순서로 방문해야 한다.

두 경로의 길이는 같으므로 '본사 → A → D → C → E → B → 본사'의 이동 거리를 구하면 8+14+12+20+10+16=80km이다.

따라서 S대리가 일반국도만을 이용하여 본사에서 출발해서 모든 부속 공장을 방문하고 본사로 돌아오는 최단거리는 80km이다.

41

정답 ②

고속국도를 이용한다면 본사에서 출발하거나 본사에 도착할 때, 반드시 E공장을 거쳐야 한다. 그러므로 S대리는 'E → B → C → D → A' 또는 'A → D → C → B → E' 순서로 방문해야 한다.

두 경로의 길이는 같으므로 '본사 → E → B → C → D → A → 본사'의 이동거리를 구하면 20+10+8+12+14+8=72km이다.

따라서 S대리가 고속국도를 이용할 때의 최단거리는 고속국도를 이용하지 않을 때와 80−72=8km 차이가 난다.

42

정답 ③

문단별 K기업의 기술 시스템 발전 단계를 살펴보면 다음과 같다.

- (가) : K기업의 종합관리 시스템이 경쟁에서 승리하여 기술표준이 되었으므로 기술 공고화 단계에 해당한다.
- (나) : K기업의 종합관리 시스템이 실무적 안정성을 인정받아 다른 분야에서도 차용하였으므로 기술 이전의 단계에 해당한다.
- (다) : K기업의 종합관리 시스템이 다른 기술 시스템과 경쟁하고 있으므로 기술 경쟁의 단계에 해당한다.
- (라) : K기업의 종합관리 시스템이 개발되고 발전한 것이므로 발명, 개발, 혁신의 단계에 해당한다.

따라서 기술 시스템 발전 단계의 순서는 발명, 개발, 혁신의 단계 → 기술 이전의 단계 → 기술 경쟁의 단계 → 기술 공고화 단계로 진행되므로 K기업 종합관리 시스템을 기술 시스템의 발전 단계에 따라 순서대로 나열하면 (라) – (나) – (다) – (가)이다.

43

정답 ①

상사가 A주임에게 요청한 작업과 이에 대한 엑셀 단축키는 다음과 같다.

- [F12] 셀에서 왼쪽에 있는 값을 모두 선택하기 : 〈Shift〉+〈Home〉
- 차트 만들기 : 〈Alt〉+〈F1〉
- 오늘 날짜 입력하기 : 〈Ctrl〉+〈;〉

따라서 A주임이 사용하지 않은 단축키는 셀 서식의 단축키인 〈Ctrl〉+〈1〉이다.

44

정답 ②

맹아(萌芽)는 '풀이나 나무에 새로 돋아 나오는 싹, 사물의 시초가 되는 것'을 뜻하는 말이다.

오답분석

① 호도(糊塗) : 풀을 바른다는 뜻으로, 명확하게 결말을 내지 않고 일시적으로 감추거나 흐지부지 덮어 버림을 비유적으로 이르는 말

③ 무마(撫摩) : 분쟁이나 사건 따위를 어물어물 덮어 버림

④ 은폐(隱蔽) : 덮어 감추거나 가리어 숨김

45

정답 ③

③에 쓰인 '불이 붙었다'는 비유적으로 어떤 일이나 감정 따위가 치솟기 시작함을 의미한다.

오답분석

①·②·④ '물체에 불이 붙어 타기 시작하다'의 의미로 사용되었다.

46

정답 ②

등변 사다리꼴의 가장자리(변)를 따라 2m 간격으로 의자를 배치하므로 둘레를 구해야 한다.

K고등학교의 운동장은 20m의 정사각형 공간에 양쪽에 밑변이 15m, 높이가 20m인 직각삼각형이 붙어 있는 형태이므로 피타고라스 정리에 따라 빗변의 길이 xm는 다음과 같다.

$x^2=15^2+20^2=625$

$\therefore\ x=\sqrt{625}=25$

그러므로 K고등학교 운동장의 둘레는 $20+25+50+25=120$m이며, 2m 간격으로 의자를 배치하므로 $120\div2=60$개의 의자를 배치할 수 있다(시작점과 끝점이 같은 폐곡선의 형태이므로 1을 더하지 않음).

따라서 의자에 앉을 수 있는 학생의 수는 60명이다.

47

정답 ③

오답분석

① 2021년의 값이 서로 바뀌었다.
② 2024년 충주댐의 발전량 값이 잘못되었다.
④ 2023년 소양강댐의 발전량 값이 잘못되었다.

48

정답 ③

현대사회에서 기업은 일을 수행하는 데 소요되는 시간을 줄이기 위해 많은 노력을 기울이고 있다. 기업의 입장에서 작업 소요 시간의 단축으로 인해 볼 수 있는 효과는 다음과 같다.

- 생산성 향상 : 시간당 산출량이 증가하여 같은 시간 안에 더 많은 제품이나 서비스를 제공할 수 있으므로 노동 생산성이 향상된다.
- 가격 인상 : 일을 수행할 때 소요되는 시간을 단축함으로써 비용이 절감되고, 상대적으로 이익이 늘어남으로써 사실상 가격 인상 효과가 있다.
- 위험 감소 : 위험에 노출되는 시간을 줄이고, 계획적 작업 운영을 통해 불확실성이 감소하므로 위험이 감소하는 효과가 있다.
- 시장 점유율 증가 : 빠르고 효율적인 생산은 납기 준수 능력 향상, 원가 절감, 품질 유지로 이어지므로 고객 만족도를 높이고, 결과적으로 경쟁사보다 유리한 조건을 만들며 시장 점유율 확대에 기여한다.

정확한 예산 분배는 효율적인 예산관리를 통하여 기업이 얻을 수 있는 효과이다.

49

정답 ④

효율적이고 합리적인 인사관리 원칙

- 적재적소 배치의 원칙 : 해당 직무 수행에 가장 적합한 인재를 배치해야 한다.
- 공정 보상의 원칙 : 근로자의 인권을 존중하고 공헌도에 따라 노동의 대가를 공정하게 지급해야 한다.
- 공정 인사의 원칙 : 직무 배당, 승진, 상벌, 근무 성적의 평가, 임금 등을 공정하게 처리해야 한다.
- 종업원 안정의 원칙 : 직장에서 신분이 보장되고 계속해서 근무할 수 있다는 믿음을 갖게 하여 근로자가 안정된 회사 생활을 할 수 있도록 해야 한다.
- 창의력 계발의 원칙 : 근로자가 창의력을 발휘할 수 있도록 새로운 제안·건의 등의 기회를 마련하고, 적절한 보상을 하여 인센티브를 제공해야 한다.
- 단결의 원칙 : 직장 내에서 구성원들이 소외감을 갖지 않도록 배려하고, 서로 유대감을 가지고 협동·단결하는 체제를 이루도록 한다.

50

정답 ③

회전대응의 원칙은 입·출하의 빈도가 높은 품목은 출입구 가까운 곳에 보관하는 것으로, 활용빈도가 상대적으로 높은 물품을 가져다 쓰기 쉬운 위치에 먼저 보관하는 방식을 말한다.

오답분석

① 동일성의 원칙 : 같은 품종은 같은 장소에 보관하는 원칙이다.
② 유사성의 원칙 : 유사품은 인접한 장소에 보관하는 원칙이다.
④ 기호화의 원칙 : 바코드, QR코드 등 물품을 기호화하여 관리하는 것을 의미한다.

PART 1

직업기초능력평가

CHAPTER

01 의사소통능력

대표기출유형 01 기출응용문제

01

정답 ④

제시문은 쓰기(Writing)의 문화사적 의의를 기술한 글이다. 복잡한 구조나 지시 체계는 이미 소리 속에서 발전해왔는데 그러한 복잡한 개념들을 시각적인 코드 체계인 쓰기를 통해 기록할 수 있게 되었다. 또한 그러한 쓰기를 통해 인간의 문명과 사고가 더욱 발전하게 되었다.

④는 쓰기가 복잡한 구조나 지시 체계를 이루는 시초가 되었다고 보고 있으므로 잘못된 해석이다.

02

정답 ①

제시문은 '틱톡'을 예시로 들며, 1인 미디어의 유행으로 새로운 플랫폼이 등장하는 현상을 설명하고 있다.

오답분석

② 1인 크리에이터가 새로운 사회적 이슈가 된다고 나와 있지만, 돈을 벌고 있다는 내용은 제시문에서 확인할 수 없다.

③ 제시문을 통해 틱톡이 인기를 끄는 이유는 알 수 있지만, 1인 미디어가 인기를 끄는 이유가 양질의 정보를 전달하기 때문이라는 것은 알 수 없다.

④ 1인 미디어의 문제와 규제에 대해서는 제시문에서 확인할 수 없다.

03

정답 ②

제시문의 세 번째 문단에 따르면 유명 프랜차이즈 카페에서 일했음에도 급한 사정으로 하루 전날 일을 쉴 수 있느냐고 물었을 때, 이를 이유로 해고 통보를 받았다고 한다. 또한 월급 역시 일한 횟수에 비해 적은 돈을 받았다고 한다. 따라서 ②의 유명 프랜차이즈에서 일하면 아르바이트생이 권리를 온전히 보장받을 수 있다는 내용은 적절하지 않다.

04

정답 ④

장피에르 교수 외 고대 그리스 수학자들의 학문에 대한 공통적 입장은 새로운 진리를 찾는 기쁨이라는 것이다.

오답분석

①·③ 제시문과 반대되는 내용이므로 적절하지 않다.

② 제시문에 언급되어 있지 않아 알 수 없다.

05

정답 ②

광고는 해당 제품이 가진 여러 가지 정보를 담고 있다. 따라서 현명한 소비를 하기 위해서 광고에 의존해서는 안 되지만, 기본적인 정보 습득에 있어 전혀 도움이 되지 않는 것은 아니다.

오답분석

① 광고는 제품에 대한 긍정적인 이미지를 형성하여 소비자의 구매 욕구를 자극한다.
③ 현명한 소비를 위해 광고에 의해 형성된 이미지에 속지 않고, 가격, 품질, 필요성 등 다양한 요소를 종합적으로 고려해야 한다.
④ 광고는 제품이나 서비스에 대한 정보를 전달하는 데 사용되는 매개체로, 소비자의 구매 결정에 큰 영향을 준다.

대표기출유형 02 기출응용문제

01

정답 ②

제시문의 마지막 문단에서 '말이란 결국 생각의 일부분을 주워 담는 작은 그릇'이며, '말을 통하지 않고는 생각을 전달할 수가 없는 것'이라고 하며 말은 생각을 전달하기 위한 수단임을 주장하고 있다.

02

정답 ④

제시문에서는 금융권, 의료업계, 국세청 등 다양한 영역에서 빅데이터가 활용되고 있는 사례들을 열거하고 있다. 따라서 제시문의 주제로는 ④가 가장 적절하다.

03

정답 ④

제시문에서는 '카타르시스'와 니체가 말한 비극의 기능을 제시하며 비극을 즐기는 이유를 설명하고 있다. 띠라서 제시문의 제목으로는 ④가 가장 적절하다.

04

정답 ③

제시문은 2030 청년들이 '영끌'을 통해 집을 구매한 이유가 '렌트푸어'와 '하우스푸어'의 양자택일로 인해 이루어졌음을 설명하고 있다. 따라서 제시문의 주제로는 ③이 가장 적절하다.

대표기출유형 03 기출응용문제

01

정답 ③

제시문은 1920년대 영화의 소리에 대한 부정적인 견해가 있었음을 이야기하며 화두를 꺼내고 있다. 이후 현대에는 소리와 영상을 분리해서 생각할 수 없음을 이야기하고 영화에서의 소리가 어떤 역할을 하는지에 대해 설명하면서 현대 영화에서의 소리의 의의에 대해 서술하고 있다. 따라서 (라) 1920년대 영화의 소리에 대한 부정적인 견해 – (가) 현대 영화에서 분리해서 생각할 수 없는 소리와 영상 – (다) 영화 속 소리의 역할 – (나) 현대 영화에서의 소리의 의의로 연결되어야 한다.

02

정답 ④

제시문은 스페인의 건축가 가우디의 건축물에 대해 설명하고 있다. 따라서 (나) 가우디 건축물의 특징인 곡선과 대표 건축물인 까사 밀라 – (라) 까사 밀라에 대한 설명 – (다) 가우디 건축의 또 다른 특징인 자연과의 조화 – (가) 이를 뒷받침하는 건축물인 구엘 공원의 순으로 나열하는 것이 적절하다.

대표기출유형 04 기출응용문제

01

정답 ③

제시문에 따르면 오래된 물건은 실용성으로 따질 수 없는 가치를 지니고 있지만, 그 가치가 보편성을 지닌 것은 아니다. 사람들의 손때가 묻은 오래된 물건들은 보편적이라기보다는 개별적이고 특수한 가치를 지니고 있다고 할 수 있다. 따라서 ③은 빈칸에 들어갈 내용으로 적절하지 않다.

02

정답 ③

빈칸 뒤에 '철학은 이처럼 단편적인 사실들이 서로 어떤 관계에 있는가를 주목하는 겁니다.'라는 말을 통해 '단편적인 사실'이 '나무'를 의미한다는 것과, '나무' 사이의 관계를 주목하는 것이 '철학'이라는 것을 알 수 있다.

03

정답 ②

제시문의 경우 글을 잘 쓰기 위한 방법은 글을 읽는 독자에게서 찾을 수 있음을 서술한 글이다. 그러므로 독자가 필요로 하는 것이 무엇인지 알아야 하며, 독자가 필요로 하는 것을 알기 위해서는 구어체로 적어보고, 독자를 구체적으로 한 사람 정해놓고 쓰는 게 좋다는 내용이다. 또한, 빈칸의 뒷 문장에서 '대상이 막연하지 않기 때문에 읽는 사람이 공감할 확률이 높아진다.'라고 하였으므로 빈칸에 들어갈 말로 ②가 가장 적절하다.

대표기출유형 05 기출응용문제

01

정답 ④

조사 '로써'는 '~을 가지고', '~으로 인하여'라는 의미이고, '로서'는 '지위', '신분' 등의 의미이다. 따라서 '도모함으로써'가 올바른 표현이다.

02

정답 ④

- (가) : 설명서
  - 상품이나 제품에 대해 설명하는 글이므로 정확하게 기술한다.
  - 전문용어는 소비자들이 이해하기 어려우므로 가급적 전문용어의 사용은 삼간다.
- (나) : 공문서
  - 공문서는 대외문서이고, 장기간 보관되는 문서이기 때문에 정확하게 기술한다.
  - 회사 외부로 전달되는 글인 만큼 누가, 언제, 어디서, 무엇을, 어떻게가 드러나도록 써야 한다.
- (다) : 보고서
  - 보통 업무 진행 과정에서 쓰는 경우가 대부분이므로 무엇을 도출하고자 했는지 핵심내용을 구체적으로 제시한다.
  - 간결하고 핵심적인 내용의 도출이 우선이므로 내용의 중복은 피한다.
- (라) : 기획서
  - 기획서는 상대에게 어필해 상대가 채택하게끔 설득력을 갖춰야 하므로 상대가 요구하는 것이 무엇인지 고려하여 작성한다.
  - 기획서는 완벽해야 하므로 제출하기 전에 충분히 검토한다.

대표기출유형 06 기출응용문제

01

정답 ①

위쪽 → 위쪽
뒷말의 첫소리가 평음이면서 발음할 때에만 된소리로 바뀌는 경우에는 사이시옷이 들어가고, '위쪽'과 같이 처음부터 된소리인 경우에는 사이시옷이 들어가지 않는다.

02

정답 ①

빈칸 앞 문장은 '문학이 보여주는 세상은 실제의 세상 그 자체가 아니며'라고 하였고, 빈칸 뒤 문장은 '문학 작품 안에 있는 세상이나 실제로 존재하는 세상이나 그 본질에 있어서는 다를 바가 없다.'고 하였다. 따라서 앞의 내용과 뒤의 내용이 상반되는 접속 부사 '그러나'가 적절하다.

03

정답 ②

㉠ 딴생각 : '주의를 기울이지 않고 다른 데로 쓰는 생각'을 의미하는 하나의 단어이므로 붙여 쓴다.
㉡ 사사한 :'사사(師事)'는 '스승으로 섬김. 또는 스승으로 삼고 가르침을 받음'의 의미를 지닌 단어로, 이미 '받다'라는 의미를 자체적으로 지니고 있기 때문에 '사사받다'가 아닌 '사사하다'가 올바른 표기이다.
㉢ 파투 : '파토'는 '일이 잘못되어 흐지부지됨을 비유적으로 이르는 말'인 '파투'의 잘못된 표현이다.

대표기출유형 07 기출응용문제

01

정답 ②

상대방의 이야기를 들을 때에는 각각의 어휘를 들으려고 노력하기보다는 의미 파악에 집중해야 한다. 따라서 ㉡은 적절하지 않다.

02

정답 ③

상대의 말을 중간에 끊거나, 위로를 하거나 비위를 맞추기 위해 너무 빨리 동의하기보다는 모든 말을 들은 후에 적절하게 대응하는 것이 바람직하다.

오답분석

① 상대가 말을 하는 동안 대답을 준비하면서 다른 생각을 하는 것은 바람직하지 못하다.
② 상대의 행동에 잘못이 드러나더라도, 말이 끝난 후 부드러운 투로 이야기하도록 한다. 적극적 경청을 위해서는 비판적, 충고적인 태도를 버리는 것이 필요하다.
④ 상대의 말을 미리 짐작하지 않고 귀기울여 들어야 정확한 내용을 파악할 수 있다.

CHAPTER

02 수리능력

대표기출유형 01 기출응용문제

01

정답 ②

A, B의 일급이 같으므로 하루에 포장한 제품의 개수는 A의 작업량인 $310\times5=1,550$개로 서로 같다.
B가 처음 시작하는 1시간 동안 x개의 제품을 포장한다고 하면 다음 식이 성립한다.
$x+2x+4x+8x+16x=1,550$
$\rightarrow 31x=1,550$
$\therefore x=50$
따라서 B는 처음 시작하는 1시간 동안 50개의 제품을 포장한다.

02

정답 ④

- 아이스크림 1개당 정가 : $a\left(1+\frac{20}{100}\right)=1.2a$원
- 아이스크림 1개당 할인가 : $(1.2a-500)$원
- 아이스크림 1개당 이익 : $(1.2a-500)-a=700 \rightarrow 0.2a=1,200 \rightarrow a=6,000$

따라서 아이스크림 1개당 원가는 6,000원이다.

03

정답 ②

배의 일정 속력을 xm/s라고 가정하자.
내려올 때의 속력이 올라갈 때의 속력의 1.5배와 같으므로 다음 식이 성립한다.
$x+10=1.5\times(x-10)$
$\rightarrow x+10=1.5x-15$
$\rightarrow 0.5x=25$
$\therefore x=50$
따라서 유진이가 탑승한 배 자체의 속력은 50m/s이다.

04

정답 ④

먼저 물이 빠질 때의 시간을 계산하면 물통의 부피는 $5\times4\times12=240\text{cm}^3$이고, 부피 1L는 $1,000\text{cm}^3$이므로 240mL가 된다. 이때 5mL/s의 속도로 물이 빠져나가게 되므로 $240\div5=48$초가 걸린다.
다시 물을 채워 넣을 때는 구멍이 난 채로 물을 부으므로 $15-5=10$mL/s의 속도로 채워지며, 240mL를 채울 때까지 24초가 걸린다. 따라서 물이 다시 가득 차게 될 때까지 $48+24=72$초가 걸린다.

05

정답 ①

농도가 14%인 A설탕물 300g과 농도가 18%인 B설탕물 200g을 합친 후 100g의 물을 더 넣으면 600g의 설탕물이 되고, 이 설탕물에 녹아있는 설탕의 양은 $(300\times0.14)+(200\times0.18)=78$g이다.

여기에 C설탕물을 합치면 $600+150=750$g의 설탕물이 되고, 이 설탕물에 녹아있는 설탕의 양은 $78+(150\times0.12)=96$g이다.

따라서 마지막 200g의 설탕물에 들어있는 설탕의 질량은 $200\times\frac{96}{750}=200\times0.128=25.6$g이다.

06

정답 ④

관객 50명 중 A 또는 B영화를 관람한 인원은 $50-15=35$명이다. 또한 B영화만 관람한 관객은 A 또는 B영화를 관람한 인원에서 A영화를 본 관객을 제외하면 되므로 $35-28=7$명임을 알 수 있다.

따라서 관객 50명 중 1명을 택할 경우 그 관객이 B영화만 관람한 관객일 확률은 $\frac{7}{50}$이다.

07

정답 ①

- 첫 번째에 영희가 당첨제비를 뽑고, 두 번째에 철수가 당첨제비를 뽑을 확률 : $\frac{10}{100}\times\frac{9}{99}=\frac{1}{110}$
- 첫 번째에 영희가 당첨이 아닌 제비를 뽑고, 두 번째에 철수가 당첨제비를 뽑을 확률 : $\frac{90}{100}\times\frac{10}{99}=\frac{1}{11}$

따라서 철수가 두 번째에 당첨제비를 뽑을 확률은 $\frac{1}{110}+\frac{1}{11}=\frac{1}{10}$이다.

08

정답 ①

- 의자 6개에 5명이 앉는 경우의 수 : ${}_6P_5=6\times5\times4\times3\times2=720$가지
- 여학생이 이웃하여 앉는 경우의 수 : $5!\times2=(5\times4\times3\times2\times1)\times2=240$가지

따라서 여학생이 이웃하지 않게 앉는 경우의 수는 $720-240=480$가지이다.

09

정답 ①

30분까지의 기본료를 x원, 1분마다 추가 요금을 y원이라고 하면, 1시간 대여료와 2시간 대여료에 대한 다음 식이 성립한다.

$x+30y=50,000$ … ㉠

$x+90y=110,000$ … ㉡

두 식을 연립하면 $x=20,000$, $y=1,000$이다.

따라서 기본료는 20,000원, 30분 후 1분마다 추가 요금은 1,000원이므로 3시간 대여료는 $20,000+150\times1,000=170,000$원이다.

대표기출유형 02 기출응용문제

01

정답 ④

홀수 항은 $\times(-2)+2$, 짝수 항은 $+3$, $+6$, $+9$, …인 수열이다.
따라서 (　)$=10\times(-2)+2=-18$이다.

02

정답 ②

앞의 항에 3의 제곱수(3, 9, 27, 81, 243, …)를 더하는 수열이다.

5		8		17		44		125		(368)
	+3		+9		+27		+81		+243	

03

정답 ③

나열된 수를 각각 A, B, C라고 하면 다음과 같은 규칙이 성립한다.
$\underline{A\ B\ C} \rightarrow A+B\div3=C$
따라서 (　)$=2+3\div3=2+1=3$이다.

대표기출유형 03 기출응용문제

01

정답 ④

개선 전 부품 1단위 생산 시 투입비용은 총 40,000원이었다. 생산 비용 감소율이 30%이므로 개선 후 총비용은 28,000원($=40,000\times0.7$)이어야 한다. 따라서 ⓐ+ⓑ의 값은 $28,000-(3,000+7,000+8,000)=10,000$원이다.

02

정답 ①

C사의 이익률이 2%, 3%, 4%, …, 즉 1%p씩 증가하고 있다.
따라서 빈칸에 들어갈 수는 $350\times0.06=21$이다.

03

정답 ④

스스로 탐색하여 독서프로그램 정보를 획득한 남성의 수는 $137\times0.22\fallingdotseq30$명이며, 관공서, 도서관 등의 안내에 따라 독서프로그램 정보를 획득한 여성의 수는 $181\times0.205\fallingdotseq37$명이다.
따라서 관공서, 도서관 등의 안내에 따라 독서프로그램 정보를 획득한 여성의 수 대비 스스로 탐색하여 독서프로그램 정보를 획득한 남성의 수의 비율은 $\frac{30}{37}\times100\fallingdotseq81.1\%$이다.

04

정답 ①

업체별로 구매가격을 정리하면 다음과 같다.

- S전자 : 8대 구매 시 2대를 무료로 증정하기 때문에 32대를 사면 8개를 무료로 증정받아 32대 가격으로 총 40대를 살 수 있다. 32대의 가격은 80,000×32=2,560,000원이고, 구매금액 100만 원당 2만 원이 할인되므로 구매가격은 2,560,000−40,000=2,520,000원이다.
- B마트 : 40대 구매금액인 90,000×40=3,600,000원에서 40대 이상 구매 시 7% 할인혜택을 적용하면 3,600,000×0.93=3,348,000원이다. 1,000원 단위는 절사하므로 구매가격은 3,340,000원이다.

따라서 S전자가 B마트에 비해 82만 원 저렴하다.

05

정답 ②

대전의 지가변동율을 보면 2023년 10월부터 0.009%p씩 감소하고 있음을 알 수 있다. 따라서 2024년 1월 대전의 지가변동율은 0.237−0.009=0.228%임을 알 수 있다.

대표기출유형 04 기출응용문제

01

정답 ②

(가)를 계산하면 $\frac{78,855}{275,484}\times 100 \fallingdotseq 28.6$%이다.

오답분석

① 표에서 확인할 수 있다.

③ 2024년 남성 공무원 비율은 100−29.8=70.2%이다.

④ 2024년 여성 공무원 비율은 2019년 비율보다 29.8−26.5=3.3%p 증가했다.

02

정답 ④

생산이 증가한 해에는 수출과 내수 모두 증가했다.

오답분석

① 표에서 ▽는 감소 수치를 나타내고 있으므로 옳은 설명이다.

② 내수가 가장 큰 폭으로 증가한 해는 2021년으로 생산과 수출 모두 감소했다.

③ 수출이 증가한 해는 2019, 2022, 2023년으로 내수와 생산 모두 증가했다.

03

정답 ④

육식률 80% 이상과 육식률 50% 이상 80% 미만 구간에서의 사망률 1위 암은 위암으로 동일하나, 육식률 30% 이상 50% 미만 구간에서의 사망률 1위 암은 대장암이다.

오답분석

① 육식률 80% 이상에서의 위암 사망률(85%)과 채식률 100%에서 위암 사망률(4%) 차이는 81%로, 유일하게 80%가 넘게 차이난다.

② 육식률 80% 이상에서의 사망률이 50% 미만인 암은 '전립선암(42%)', '폐암(48%)', '난소암(44%)' 3개이며, 육식률 50% 이상 80% 미만에서의 사망률이 50% 이상인 암은 '대장암(64%)', '방광암(52%)', '위암(76%)' 3개로 동일하다.

③ 전립선암은 채식률 100%에서 사망률 8%로, 육식률 30% 미만 구간의 사망률(5%)보다 높다.

04

정답 ③

A사와 B사의 전체 직원 수를 알 수 없으므로, 비율만으로는 판단할 수 없다.

오답분석

① 여직원 대비 남직원 비율은 여직원 비율이 높을수록, 남직원 비율이 낮을수록 값이 작아진다. 따라서 여직원 비율이 가장 높으면서, 남직원 비율이 가장 낮은 D사의 비율이 최저이고, 남직원 비율이 여직원 비율보다 높은 A사의 비율이 최고이다.

② B, C, D사 각각 남직원보다 여직원의 비율이 높다. 따라서 B, C, D사 전체에서 남직원 수보다 여직원 수가 많다. 즉, B, C, D사의 직원 수를 다 합하여도 남직원 수는 여직원 수보다 적다.

④ A사의 전체 직원 수를 a명, B사의 전체 직원 수를 b명이라 하면, A사의 남직원 수는 $0.54a$명, B사의 남직원 수는 $0.48b$명이다.

$$\frac{0.54a+0.48b}{a+b}\times100=52 \rightarrow 54a+48b=52(a+b) \rightarrow a=2b$$

따라서 2배이므로, 옳은 설명이다.

05

정답 ②

A국의 GDP는 18,562십억 달러로 나머지 다섯 국가의 GDP 값의 합인 4,730+3,495+2,650+2,488+1,404=14,767십억 달러보다 크다. 따라서 ㄴ은 옳다.

오답분석

ㄱ. B국은 C국보다 GDP와 GDP 대비 국가자산총액이 모두 크다.

ㄷ. (국가자산총액)=(GDP 대비 국가자산총액)×(GDP)÷100으로 F국과 D국의 국가자산총액을 구하면 D국의 총액이 더 크다.

- D국 : $\frac{522}{100}\times2,650 \fallingdotseq 13,833$십억 달러
- F국 : $\frac{828}{100}\times1,404 \fallingdotseq 11,625$십억 달러

06

정답 ③

A국과 F국을 비교해 보면 참가선수는 A국이 더 많지만, 동메달 수는 F국이 더 많다.

CHAPTER

03 문제해결능력

PART 1

대표기출유형 01 기출응용문제

01

정답 ①

조건에 따르면 B보다 시대가 앞선 유물은 두 개다.

1	2	3	4
		B	

나머지 명제를 도식화하면 'C－D, C－A, B－D'이다. 이를 정리하면 다음과 같다.

1	2	3	4
C	A	B	D

따라서 유물을 시대 순으로 오래된 것부터 나열하면 'C－A－B－D'이다.

02

정답 ①

조건을 토대로 주문한 내역을 표로 정리하면 다음과 같다.

구분	종류1	색상1	종류2	색상2
지영	장미꽃	분홍색	안개꽃	흰색
민지	장미꽃	분홍색	안개꽃	빨간색
진아	장미꽃	빨간색	안개꽃	흰색
윤지	목화꽃	흰색	안개꽃	흰색

따라서 분홍색 장미꽃과 흰색 안개꽃을 받게 될 사람은 지영이다.

03

정답 ①

한 번 배정받은 층은 다시 배정받을 수 없기 때문에 A는 3층, B는 2층에 배정받을 수 있다. C는 1층 또는 4층에 배정받을 수 있지만, D는 1층에만 배정받을 수 있기 때문에 C는 4층, D는 1층에 배정받는다. 이를 표로 정리하면 다음과 같다.

A	B	C	D
3층	2층	4층	1층

따라서 항상 참인 것은 ①이다.

오답분석

②·③·④ 주어진 조건만으로는 판단하기 어렵다.

04

정답 ④

제시된 조건들을 순서대로 논리 기호화하면 다음과 같다.

• 첫 번째 조건 : 재고
• 두 번째 조건 : ~설비투자 → ~재고(대우)
• 세 번째 조건 : 건설투자 → 설비투자('~때에만'이라는 한정 조건이 들어가면 논리 기호의 방향이 바뀐다)

첫 번째 조건이 참이므로 두 번째 조건의 대우(재고 → 설비투자)에 따라 설비를 투자한다. 세 번째 조건은 건설투자를 늘릴 때에만이라는 한정 조건이 들어갔으므로 역(설비투자 → 건설투자) 또한 참이다. 이를 토대로 공장을 짓는다는 결론을 얻기 위해서는 '건설투자를 늘린다면, 공장을 짓는다(건설투자 → 공장건설).'라는 명제가 필요하다.

05

정답 ③

조건에 따르면 최소한 수학자 1명, 논리학자 1명, 과학자 2명이 선정되어야 하고, 그 외 나머지 2명을 선정해야 한다. 예를 들어 물리학, 생명과학, 화학, 천문학을 전공한 과학자 총 4명을 선정하면 천문학 전공자는 기하학 전공자와 함께 선정되고, 논리학자는 비형식논리 전공자를 선정하면 가능하다.

오답분석

① 형식논리 전공자가 1명 선정되면 비형식논리 전공자도 최소한 1명 선정된다. 따라서 논리학자는 2명 선정된다. 그러나 형식논리 전공자가 먼저 선정된 것이 아니라면 옳지 않다.
② 같은 전공을 가진 수학자가 2명 선정될 수 있다. 예를 들어 다음과 같이 선정될 수 있다.
  • 논리학자 1명 – 비형식논리 전공자
  • 수학자 2명 – 기하학 전공자, 기하학 전공자
  • 과학자 3명 – 물리학 전공자, 생명과학 전공자, 천문학 전공자
④ 통계학 전공자를 포함하면 수학자는 3명이 선정될 수 있다. 예를 들어 다음과 같이 선정될 수 있다.
  • 논리학자 1명 – 비형식논리 전공자
  • 수학자 3명 – 통계학 전공자, 대수학 전공자, 기하학 전공자
  • 과학자 2명 – 천문학 전공자, 기계공학 전공자

대표기출유형 02 기출응용문제

01

정답 ②

경쟁자의 시장 철수로 인한 새로운 시장으로의 진입 가능성은 N공사가 가지고 있는 내부환경의 약점이 아닌 외부환경에서 비롯되는 기회에 해당한다.

SWOT 분석

기업의 내부환경과 외부환경을 분석하여 강점(S), 약점(W), 기회(O), 위협(T) 요인을 규정하고 이를 토대로 경영전략을 수립하는 기법이다.

• 강점(Strength) : 내부환경(자사 경영자원)의 강점
• 약점(Weakness) : 내부환경(자사 경영자원)의 약점
• 기회(Opportunity) : 외부환경(경쟁사, 고객, 거시적 환경)에서 비롯된 기회
• 위협(Threat) : 외부환경(경쟁사, 고객, 거시적 환경)에서 비롯된 위협

02

정답 ③

리스크 관리 능력의 부족은 기업 내부환경의 약점 요인에 해당한다. 위협은 외부환경 요인에 해당하므로 위협 요인에는 회사 내부를 제외한 외부에서 비롯되는 요인이 들어가야 한다.

01

정답 ①

(다)에 따라 나머지 짝수 번호인 2번, 4번 학생은 2번 또는 4번의 의자에만 앉을 수 있다. 2번, 4번 학생이 자기의 번호가 아닌 4번, 2번 의자에 각각 앉을 경우 (가)에 따라 홀수 번호 학생 1명만 다른 번호의 의자에 앉아야 한다. 그러나 홀수 번호의 학생 3명 중 1명만 다른 번호의 의자에 앉는 것은 불가능하므로 2번, 4번 학생은 자기의 번호와 일치하는 번호의 의자에 앉아야 한다. 따라서 1번, 3번, 5번은 모두 자기의 번호와 일치하지 않는 번호의 의자에 앉아야 하므로 1번 의자에 5번 학생이 앉는 경우와 1번 의자에 3번 학생이 앉는 경우로 나누어 볼 수 있다.

구분	1번 의자	2번 의자	3번 의자	4번 의자	5번 의자
경우 1	5번 학생	2번 학생	1번 학생	4번 학생	3번 학생
경우 2	3번 학생	2번 학생	5번 학생	4번 학생	1번 학생

이때, (나)에 따라 2명의 학생은 자기의 번호보다 작은 번호의 의자에 앉아야 하므로 경우1은 제외된다.
따라서 1번부터 5번까지의 학생들은 다음과 같이 의자에 앉아 있음을 알 수 있다.

1	2	3	4	5
3번 학생	2번 학생	5번 학생	4번 학생	1번 학생

오답분석

② 2번 학생은 2번 의자에 앉아 있다.
③ 3번 학생은 1번 의자에 앉아 있다.
④ 4번 학생은 4번 의자에 앉아 있다.

02

정답 ①

조건에 따라 소괄호 안에 있는 부분을 순서대로 풀이하면 다음과 같다.

'1 A 5'에서 A는 좌우의 두 수를 더하는 것이지만, 더한 값이 10 미만이면 좌우에 있는 두 수를 곱해야 한다. $1+5=6$으로 10 미만이므로 두 수를 곱하여 5가 된다.

'3 C 4'에서 C는 좌우의 두 수를 곱하는 것이지만 곱한 값이 10 미만일 경우 좌우에 있는 두 수를 더한다. 이 경우 $3\times4=12$로 10 이상이므로 12가 된다.

중괄호를 풀어보면 '5 B 12'이다. B는 좌우에 있는 두 수 가운데 큰 수에서 작은 수를 빼는 것이지만, 두 수가 같거나 뺀 값이 10 미만이면 두 수를 곱한다. $12-5=7$로 10 미만이므로 두 수를 곱해야 한다. 따라서 60이 된다.

'60 D 6'에서 D는 좌우에 있는 두 수 가운데 큰 수를 작은 수로 나누는 것이지만, 두 수가 같거나 나눈 값이 10 미만이면 두 수를 곱해야 한다. 이 경우 나눈 값이 10이 되므로 답은 10이다.

01

정답 ④

선결업무와 묶어서 생각해야 한다. D업무는 A업무와 B업무를 끝마친 후 실시해야 하므로 A(3일)+B(1일)+D(7일)=11일이 걸린다. E업무는 A업무 다음으로 실시해야 하므로 A(3일)+E(5일)=8일이 걸린다. F업무는 B, C업무를 끝낸 후 시작해야 하지만 B, C업무는 묶어진 업무가 아니므로 두 업무 중 기간이 더 걸리는 C업무가 끝난 후 시작하면 C(6일)+F(3일)=9일이 걸린다. 가장 오래 걸리는 업무기간이 모든 업무를 완료하는 최소 소요기간이므로 최소 소요기간은 11일이 된다.

다음은 일정 순서를 표로 나타낸 것이다.

<table>
<tr><td>1일</td><td>2일</td><td>3일</td><td>4일</td><td>5일</td><td>6일</td><td>7일</td><td>8일</td><td>9일</td><td>10일</td><td>11일</td></tr>
<tr><td colspan="3" rowspan="2">A</td><td>B</td><td colspan="7">D</td></tr>
<tr><td colspan="5">E</td><td></td><td></td><td></td></tr>
<tr><td colspan="6">C</td><td colspan="3">F</td><td></td><td></td></tr>
</table>

02

정답 ①

㉠ B업무의 소요기간이 4일로 연장된다면 3일이 늘어난 것이므로 D업무를 마칠 때까지 3+4+7=14일이 소요된다.

㉡ D업무의 선결업무가 없다면 가장 마지막에 마치는 업무는 F가 되고 모든 업무를 마치는데 최소 9일이 소요된다.

오답분석

㉢ E업무의 선결업무에 C업무가 추가된다면 최소 소요기간은 6+5=11일이 된다(A, C는 동시에 진행해도 된다).

㉣ C업무의 소요기간이 2일 연장되면 C(8일)+F(3일)=11일로 최소 소요기간은 변하지 않는다.

03

정답 ③

① 버스+버스 : (1,300+300×4)+(1,200+100×3)=4,000원

② 버스+지하철 : (1,300+300×4)+(1,000+200×3)=4,100원

③ 지하철+버스 : (1,250+200×2)+(1,200+100×3)=3,150원

④ 지하철+지하철 : (1,250+200×2)+(1,000+200×3)=3,250원

따라서 A사원은 G시청까지 지하철을 이용하고, G시청에서 S공사까지 버스를 이용한다.

04

정답 ④

① 버스+버스 : 5시(버스 탑승) → 5시 46분(버스 하차) → 6시(버스 탑승) → 6시 23분(버스 하차)

② 버스+지하철 : 5시(버스 탑승) → 5시 46분(버스 하차) → 5시 50분(지하철 탑승) → 6시 2분(지하철 하차)

③ 지하철+버스 : 5시 20분(지하철 탑승) → 5시 48분(지하철 하차) → 6시(버스 탑승) → 6시 23분(버스 하차)

④ 택시+버스 : 5시(택시 탑승) → 5시 13분(택시 하차) → 5시 30분(버스 탑승) → 5시 53분(버스 하차)

따라서 A사원은 택시를 타고 버스로 환승하면 S공사의 퇴근시간 전에 도착할 수 있다.

대표기출유형 05 기출응용문제

01

정답 ④

퍼실리테이션(Facilitation)은 촉진을 의미하며, 어떤 그룹이나 집단이 의사결정을 잘할 수 있도록 도와주는 일을 가리킨다. 소프트 어프로치나 하드 어프로치 방법은 타협점의 단순 조정에 그치지만, 퍼실리테이션에 의한 방법은 초기에 생각하지 못했던 창조적인 해결 방법을 도출한다. 동시에 구성원의 동기가 강화되고 팀워크도 한층 강화된다는 특징을 보인다.

- 명목집단법 : 참석자들로 하여금 서로 대화에 의한 의사소통을 못하게 하고, 서면으로 의사를 개진하게 함으로써 집단의 각 구성원들이 마음속에 생각하고 있는 바를 끄집어내 문제해결을 도모하는 방법이다.
- 델파이법 : 전문가들에게 개별적으로 설문을 전하고 의견을 받아서 반복수정하는 절차를 거쳐서 문제해결에 대한 의사결정을 하는 방법이다.
- 하드 어프로치 : 하드 어프로치에 의한 문제해결방법은 상이한 문화적 토양을 가지고 있는 구성원을 가정하여 서로의 생각을 직설적으로 주장하고 논쟁이나 협상을 통해 의견을 조정해 가는 방법이다. 이러한 방법은 합리적이긴 하지만, 잘못하면 단순한 이해관계의 조정에 그치고 말아서 그것만으로는 창조적인 아이디어나 높은 만족감을 이끌어 내기 어렵다.
- 소프트 어프로치 : 소프트 어프로치에 의한 문제해결방법은 대부분의 기업에서 볼 수 있는 전형적인 스타일로 조직 구성원들은 같은 문화적 토양을 가지고 이심전심으로 서로를 이해하는 상황을 가정한다. 소프트 어프로치에서는 문제해결을 위해서 직접 표현하는 것이 바람직하지 않다고 여기며, 무언가를 시사하거나 암시를 통하여 의사를 전달하고 기분을 서로 통하게 함으로써 문제해결을 도모하려고 한다.

02

정답 ②

강제연상법이란 각종 힌트에서 강제로 연결 지어 발상하는 방법으로, 해당 힌트를 통해 사고 방향을 미리 정해서 아이디어를 발상한다. 대표적인 방법으로 체크리스트법이 있는데, 이는 어떤 주제에 대한 아이디어를 찾고자 할 때 이와 관련한 질문항목을 표로 만들어 정리하고 하나씩 점검해가며 아이디어를 생각해 내는 것이다. 이처럼 각 항목에 대해 하나씩 점검하기 때문에 누락될 염려도 없을 뿐만 아니라 반복적인 작업에서는 보다 편리한 작업을 가능하게 한다.
따라서 강제연상법에 대한 설명으로 옳은 것은 ㄴ과 ㅅ이다.

오답분석

ㄱ·ㅂ. 자유연상법에 대한 설명이다.
ㄷ·ㄹ·ㅁ. 비교발상법에 대한 설명이다.

CHAPTER

04 자원관리능력

대표기출유형 01 기출응용문제

01

정답 ③

이동수단별 소요 시간은 다음과 같다.

- 고속열차 : 2시간(열차)＋40분(택시)＝2시간 40분
- 고속버스 : 4시간(버스)＋10분(택시)＝4시간 10분
- 비행기 : 1시간(비행기)＋1시간(택시)＝2시간
- 자가용 : 3시간(자가용)

따라서 비행기를 이용했을 때 시간을 가장 절약할 수 있다.

02

정답 ②

B버스(9시 출발, 소요시간 40분) → KTX(9시 45분 출발, 소요시간 1시간 32분) → 도착 시각 오전 11시 17분으로 가장 먼저 도착한다.

오답분석

① A버스(9시 20분 출발, 소요시간 24분) → 새마을호(9시 45분 출발, 소요시간 3시간) → 도착 시각 오후 12시 45분
③ 지하철(9시 30분 출발, 소요시간 20분) → KTX(10시 30분 출발, 소요시간 1시간 32분) → 도착 시각 오후 12시 2분
④ B버스(9시 출발, 소요시간 40분) → 새마을호(9시 40분 출발, 소요시간 3시간) → 도착 시각 오후 12시 40분

03

정답 ③

자동차 부품 생산조건에 따라 반자동라인과 자동라인의 시간당 부품 생산량을 구하면 다음과 같다.

- 반자동라인 : 4시간에 300개의 부품을 생산하므로, 8시간에 300개×2=600개의 부품을 생산한다. 하지만 8시간마다 2시간씩 생산을 중단하므로, 8+2=10시간에 600개의 부품을 생산하는 것과 같다. 따라서 시간당 부품 생산량은 $\frac{600\text{개}}{10\text{시간}}$=60개이다. 이때 반자동라인에서 생산된 부품의 20%는 불량이므로, 시간당 정상 부품 생산량은 60개×(1−0.2)=48개이다.
- 자동라인 : 3시간에 400개의 부품을 생산하므로, 9시간에 400개×3=1,200개의 부품을 생산한다. 하지만 9시간마다 3시간씩 생산을 중단하므로, 9+3=12시간에 1,200개의 부품을 생산하는 것과 같다. 따라서 시간당 부품 생산량은 $\frac{1{,}200\text{개}}{12\text{시간}}$=100개이다. 이때 자동라인에서 생산된 부품의 10%는 불량이므로, 시간당 정상 제품 생산량은 100개×(1−0.1)=90개이다.

따라서 반자동라인과 자동라인에서 시간당 생산하는 정상 제품의 생산량은 48+90=138개이므로, 34,500개를 생산하는 데 $\frac{34{,}500\text{개}}{138\text{개/h}}$=250시간이 소요되었다.

04

정답 ①

부패방지교육은 넷째 주 월요일인 20일 이전에 모두 끝나고, 성희롱방지교육은 마지막 주 금요일에 실시되므로 12월 넷째 주에는 금연교육만 실시된다.

오답분석

② 첫째 주 금요일은 공단의 주요 행사 기간이고, 마지막 주 금요일에는 성희롱방지교육이 실시되므로 금연교육은 금요일에 실시될 수 없다.
③ 부패방지교육은 수요일과 목요일(8, 16) 또는 목요일과 수요일(9, 15)에도 실시될 수 있다.
④ 성희롱방지교육은 12월 31일 금요일에 실시된다.

대표기출유형 02 기출응용문제

01

정답 ③

편도로 2시간 45분이 걸리는 고속버스 L여객을 제외한 나머지 3개의 편도 비용은 다음과 같다.

구분		비용	할인율	총비용
기차	V호	27,000원/인	5%	27,000×5×0.95=128,250원
	G호	18,000원/인	×	18,000×5=90,000원
고속버스	T여객	15,000원/인	×	15,000×5=75,000원

고속버스 T여객을 이용할 때 총비용은 75,000원으로 가장 저렴하다.

02

정답 ④

- A팀장은 1박으로만 숙소를 예약하므로 S닷컴을 통해 예약할 경우 할인적용을 받지 못한다.
- M투어를 통해 예약하는 경우 3박 이용 시 다음 달에 30% 할인쿠폰 1매가 제공되므로 9월에 30% 할인쿠폰을 1개 사용할 수 있으며, A팀장은 총 숙박비용을 최소화하고자 하므로 9월 또는 10월에 30% 할인쿠폰을 사용할 것이다.
- H트립을 이용하는 경우 6월부터 8월 사이 1박 이상 숙박 이용내역이 있을 시 10% 할인받을 수 있으므로 총 5번의 숙박 중 7월과 8월에 10% 할인받을 수 있다.
- T호텔스의 경우 멤버십 가입 여부에 따라 숙박비용을 비교해야 한다.

위의 조건을 고려하여 예약사이트별 숙박비용을 계산하면 다음과 같다.

구분	총 숙박비용
M투어	(120,500×4)+(120,500×0.7×1)=566,350원
H트립	(111,000×3)+(111,000×0.9×2)=532,800원
S닷컴	105,500×5=527,500원
T호텔스	• 멤버십 미가입 : 105,000×5=525,000원 • 멤버십 가입 : (105,000×0.9×5)+20,000=492,500원

따라서 숙박비용이 가장 낮은 예약사이트는 T호텔스이며, 총 숙박비용은 492,500원이다.

03

정답 ①

제시된 1분기 예산서 중 간접비는 '마. 일반관리비'이다. 따라서 간접비 총액은 7,500,000원이다. 가～라는 모두 직접비이다.

- 직접비 : 재료비, 원료와 장비, 시설비, 여행(출장) 및 잡비, 인건비 등
- 간접비 : 보험료, 건물관리비, 광고비, 통신비, 공과금, 사무 비품비 등

대표기출유형 03 기출응용문제

01

정답 ④

네 번째 조건에 따라, 운동 분야에는 강변 자전거 타기와 필라테스의 두 프로그램이 있으므로 필요성 점수가 낮은 강변 자전거 타기는 탈락시킨다. 마찬가지로 여가 분야에도 자수교실과 볼링모임이 있으므로 필요성 점수가 낮은 자수교실은 탈락시킨다. 나머지 4개의 프로그램에 대해 조건에 따라 수요도 점수와 선정 여부를 나타내면 다음과 같다.

분야	프로그램명	가중치 반영 인기 점수	가중치 반영 필요성 점수	수요도 점수	비고
진로	나만의 책 쓰기	10	7+2	19	
운동	필라테스	14	6	20	선정
교양	독서토론	12	4+2	18	
여가	볼링모임	16	3	19	선정

수요도 점수는 '나만의 책 쓰기'와 '볼링모임'이 19점으로 동일하지만, 인기점수가 더 높은 '볼링모임'이 선정된다.
따라서 하반기 동안 운영될 프로그램은 '필라테스, 볼링모임'이다.

02

정답 ④

한 달을 기준으로 S씨가 지출하게 될 자취방 월세와 자취방에서 대학교까지 왕복 시 거리비용을 합산하면 다음과 같다.

- A자취방 : 330,000+(1.8×2,000×2×15)=438,000원
- B자취방 : 310,000+(2.3×2,000×2×15)=448,000원
- C자취방 : 350,000+(1.3×2,000×2×15)=428,000원
- D자취방 : 320,000+(1.6×2,000×2×15)=416,000원

따라서 S씨가 선택할 수 있는 가장 저렴한 비용의 자취방은 D자취방이다.

03

정답 ④

첫 번째와 두 번째 구매 지침은 4개 회사 모두 만족한다. 세 번째 구매 지침에 따라 지폐 두께 조절이 불가능한 C제품이 제외되고, 네 번째 구매 지침에 따라 계수 속도가 가장 느린 A제품도 제외된다. 따라서 모든 구매 지침을 만족하는 B제품과 D제품 중에서 가격이 저렴한 D제품을 선택해야 한다.

04

정답 ③

1) 예약가능 객실 수 파악

7월 19일부터 2박 3일간 워크숍을 진행한다고 했으므로 19일, 20일에 객실 예약이 가능한지를 확인하여야 한다. 호텔별 잔여객실 수를 파악하면 다음과 같다.

(단위 : 실)

구분	A호텔	B호텔	C호텔	D호텔
7/19	88－20=68	70－11=59	76－10=66	84－18=66
7/20	88－26=62	70－27=43	76－18=58	84－23=61

2) 필요 객실 수 파악

K공단의 전체 임직원 수는 총 80명이다. 조건에 따르면 부장급 이상은 1인 1실을 이용하므로 4(처장)+12(부장)=16명, 즉 16실이 필요하고, 나머지 직원 80－16=64명은 2인 1실을 사용하므로 총 64÷2=32실이 필요하다. 따라서 이틀간 48실이 필요하므로, A호텔, C호텔, D호텔이 워크숍 장소로 적합하다.

3) 세미나룸 현황 파악

총 임직원이 80명인 것을 고려할 때, A호텔의 세미나룸은 최대수용인원이 70명이므로 제외하며, D호텔은 4인용 테이블을 총 15개 보유하고 있어 부족하므로 제외된다.

따라서 모든 조건을 충족하는 C호텔이 가장 적절하다.

대표기출유형 04 기출응용문제

01

정답 ①

12/5(토)에 근무하기로 예정된 1팀 차도선이 개인사정으로 근무를 대체하려고 할 경우, 그 주에 근무가 없는 3팀의 1명과 바꿔야 한다. 대체근무자인 하선오는 3팀에 소속된 인원이긴 하나, 대체근무일이 12/12(토)로 1팀인 차도선이 근무하게 될 경우 12/13(일)에도 1팀이 근무하는 날이기 때문에 주말근무 규정에 어긋나 적절하지 않다.

02

정답 ③

A~D직원의 성과급 점수를 계산하면 다음과 같다.

- A대리 : (85×0.5)+(90×0.5)=87.5점
- B과장 : (100×0.3)+(85×0.1)+(80×0.6)=86.5점
- C사원 : (95×0.6)+(85×0.4)=91점
- D차장 : (80×0.2)+(90×0.3)+(85×0.5)=85.5점

따라서 성과급 점수가 90점 이상인 S등급에 해당되는 직원은 C사원이다.

03

정답 ④

제시된 근무지 이동 규정과 신청 내용에 따라 상황을 정리하면 다음과 같다.

구분	1년 차 근무지	2년 차 근무지	3년 차 근무지	이동지역	전년도 평가
A	대구	-	-	종로	-
B	여의도	광주	-	영등포	92
C	종로	대구	여의도	제주 / 광주	88
D	영등포	종로	-	광주 / 제주 / 대구	91
E	광주	영등포	제주	여의도	89

근무지 이동 규정에 따라 2번 이상 같은 지역을 신청할 수 없고 D는 1년 차와 2년 차에 수도권 지역에서 근무하였으므로 3년 차에는 지방으로 가야 한다. 따라서 D는 신청지로 배정받지 못할 것이다.

오답분석

- A는 1년 차 근무를 마친 직원이므로 우선 반영되어 자신이 신청한 종로로 이동하게 된다.
- B와 E는 함께 영등포를 신청하였으나, B의 전년도 평가점수가 더 높아 B가 영등포로 이동한다.
- 3년 차에 지방 지역인 제주에서 근무한 E는 A가 이동할 종로와 B가 이동할 영등포를 제외한 수도권 지역인 여의도로 이동하게 된다.
- D는 자신이 2년 연속 근무한 적 있는 수도권 지역으로 이동이 불가능하므로, 지방 지역인 광주, 제주, 대구 중 한 곳으로 이동하게 된다.
- 이때, C는 자신이 근무하였던 대구로 이동하지 못하므로, D가 광주로 이동한다면 C는 제주로, D가 대구로 이동한다면 C는 광주 혹은 제주로 이동한다.
- 1년 차 신입은 전년도 평가 점수를 100점으로 보므로 신청한 근무지에서 근무할 수 있다. 따라서 1년 차에 대구에서 근무한 A는 입사 시 대구를 1년 차 근무지로 신청하였을 것임을 알 수 있다.

CHAPTER

05 조직이해능력

대표기출유형 01 기출응용문제

01

정답 ③

조직을 둘러싼 환경이 급변하면서 이에 적응하기 위한 전략이 점점 더 중요해지고 있다.

02

정답 ②

경영참가제도의 목적 중 하나는 노동조합 또는 근로자가 경영 과정에 참여하도록 함으로써 노사 간의 세력 균형을 형성하는 것이다. 이를 통해 근로자 또는 노동조합이 자신의 의사를 반영함으로써 공동으로 문제를 해결하고, 노사 간의 세력 균형을 이룰 수 있다. 또한, 근로자나 노동조합이 새로운 아이디어를 제시하거나 현장에 적합한 개선방안을 마련해 줌으로써 경영의 효율성을 제고할 수 있다. 따라서 궁극적으로는 노사 간 대화의 장이 마련되고 상호 신뢰를 증진시킬 수 있다.

오답분석

ㄱ. 근로자 또는 노동조합이 경영자와 함께 사내 문제를 공동으로 해결할 수 있다.

ㄷ. 의견을 공유하는 과정에서 노동조합 또는 근로자가 새로운 아이디어를 제시하거나 현장에 적합한 개선방안을 제시하여 경영의 효율성을 제고할 수 있다.

ㄹ. 경영참가제도의 궁극적 목표는 노사 간 대화의 장을 확보하여 경영의 민주성을 제고하고, 상호 신뢰를 증진시키는 것이다.

대표기출유형 02 기출응용문제

01

정답 ④

세계적 기업인 맥킨지에 의해 개발된 7S 모형은 조직의 내부역량을 분석하는 도구로, 조직 문화를 구성하고 있는 7S는 전략, 공유가치, 관리기술, 시스템, 스태프, 스타일, 조직구조를 말한다. 7S 모형은 기업, 부서나 사업뿐만 아니라 지방자치단체, 국가 등 큰 조직을 진단하고 변혁할 때도 사용된다.

7S 모형

- 3S : 경영전략의 목표와 지침이 되는 항목
  - 시스템(System) : 조직 운영의 의사 결정과 일상 운영의 틀이 되는 각종 시스템
  - 조직구조(Structure) : 조직의 전략을 수행하는 데 필요한 틀로서 구성원의 역할과 그들 간의 상호관계를 지배하는 공식요소
  - 전략(Strategy) : 조직의 장기적인 목적과 계획 그리고 이를 달성하기 위한 장기적인 행동지침
- 4S : 상위 3S를 지원하는 하위 지원요소
  - 스태프(Staff) : 조직의 인력 구성, 구성원들의 능력과 전문성·가치관과 신념·욕구와 동기·지각과 태도·행동패턴
  - 스타일(Style) : 구성원들을 이끌어 나가는 전반적인 조직관리 스타일
  - 공유가치(Shared Value) : 조직 구성원들의 행동이나 사고를 특정 방향으로 이끌어 가는 원칙이나 기준
  - 관리기술(Skill) : 하드웨어는 물론 이를 사용하는 소프트웨어 기술을 포함하는 요소

02

정답 ②

오답분석

① 분권화 : 의사결정 권한이 하급기관에 위임되는 조직 구조이다.
③ 수평적 : 부서의 수가 증가하는 것으로, 조직 구조의 복잡성에 해당한다.
④ 공식성 : 조직구성원의 행동이 어느 정도의 규칙성, 몰인격성을 갖는지에 대한 정도를 말한다.

03

정답 ②

조직목표는 조직체제의 다양한 구성 요소들과 상호관계를 가지고 있기 때문에 다양한 원인들에 의하여 변동되거나 없어지고 새로운 목표로 대치되기도 한다.

04

정답 ①

조직도를 통해 조직 내적인 구조는 확인할 수 없지만 구성원들의 임무, 수행하는 과업, 일하는 장소 등과 같은 일하는 방식과 관련된 체계를 알 수 있으므로 한 조직을 이해하는 데 유용하다.

05

정답 ③

조직은 목적을 가지고 있어야 하며, 구조가 있어야 한다. 또한 목적을 달성하기 위해 구성원들은 서로 협동적인 노력을 하고, 외부 환경과 긴밀한 관계를 가지고 있어야 한다. 따라서 야구장에 모인 관중들은 동일한 목적만 가지고 있을 뿐 구조를 갖추지 않았기 때문에 조직으로 볼 수 없다.

06

정답 ②

②는 업무의 내용이 유사하고 관련성이 있는 업무들을 결합해서 구분한 것으로, 기능식 조직 구조의 형태로 볼 수 있다. 기능식 조직 구조의 형태는 재무부, 영업부, 생산부, 구매부 등으로 구분된다.

대표기출유형 03 기출응용문제

01

정답 ③

ㄱ. 최수영 상무이사가 결재한 것은 대결이다. 대결은 결재권자가 출장, 휴가, 기타 사유로 상당기간 부재중일 때 긴급한 문서를 처리하고자 할 경우에는 결재권자의 차하위 직위의 결재를 받아 시행하는 것을 말한다.
ㄴ. 대결 시에는 기안문의 결재란 중 대결한 자의 란에 '대결'을 표시하고 서명 또는 날인한다.
ㄹ. 전결 사항은 전결권자에게 책임과 권한이 위임되었으므로 중요한 사항이라면 원결재자에게 보고하는 데 그친다.

담당	과장	부장	상무이사	전무이사
아무개	최경옥	김석호	대결 최수영	전결

오답분석

ㄷ. 대결의 경우 원결재자가 문서의 시행 이후 결재하며, 이를 후결이라 한다.

02

정답 ④

홍보용 보도 자료 작성은 홍보팀의 업무이며, 물품 구매는 총무팀의 업무이다. 즉, 영업팀이 아닌 홍보팀이 홍보용 보도 자료를 작성해야 하며, 홍보용 사은품 역시 직접 구매하는 것이 아니라 홍보팀이 총무팀에 업무협조를 요청하여 총무팀이 구매하도록 하여야 한다.

03

정답 ③

김과장의 개인 주간 스케줄 및 업무 점검을 보면 홍보팀, 외부 디자이너와의 미팅이 기재되어 있다. 즉, 김과장은 이번 주에 내부 미팅과 외부 미팅을 모두 할 예정이다.

04

정답 ③

㉠ 전결권자인 전무가 출장 중인 경우 대결권자가 이를 결재하고 전무가 후결을 하여야 한다.
㉡ 부서장이 전결권자이므로, 해당 직원을 채용하는 부서(영업부, 자재부 등)의 부서장이 결재하여야 한다.
㉣ 교육훈련 대상자 선정은 이사에게 전결권이 있으므로, 이사가 결재하여야 한다.

대표기출유형 04 기출응용문제

01

정답 ③

ㄱ. 세계화는 조직 구성원들의 근무환경 등 개인의 삶에도 직·간접적으로 영향을 주기 때문에 구성원들은 의식 및 태도, 지식 습득에 있어서 적응이 필요하다. 따라서 기업의 대외적 경영 측면뿐 아니라 대내적 관리에도 영향을 준다.
ㄷ. 이문화 이해는 언어적 소통 및 비언어적 소통, 문화, 정서의 이해를 모두 포괄하는 개념이다. 따라서 이문화 이해가 곧 언어적 소통이 되는 것은 아니다.
ㄹ. 문화란 장시간에 걸쳐 무의식적으로 형성되는 영역으로 단기간에 외국 문화를 이해하는 것은 한계가 있으므로 지속적인 학습과 노력이 요구된다.

오답분석

ㄴ. 대상 국가의 법규 및 제도 역시 기업이 적응해야 할 경영 환경이다.

02

정답 ③

명함을 건네는 관습은 동양의 관습 중 좋은 관습이라고 인정되고 있기 때문에 명함을 자신 있게 건네주어도 된다. 다만, 영문 명함이 아니라면 자신의 이름, 전화번호 등을 외국인이 알아볼 수 있게 표기한다.

03

정답 ③

'기축통화'는 국제 간 결제나 금융거래에서 기본이 되는 화폐로, 미국 예일대학의 로버트 트리핀 교수가 처음 사용한 용어이다. 대표적인 기축통화로는 미국 달러화가 있으며, 유럽에서는 유로화가 통용되고 있다.

오답분석

① 나스닥, 자스닥, 코스닥 등은 각 국가에서 운영하는 전자 주식 장외시장이다.
② MSCI 지수(Morgan Stanley Capital International index)는 미국의 모건스탠리캐피털사가 작성해 발표하는 세계 주가지수이다. 글로벌펀드의 투자 기준이 되는 지표이자 주요 기준으로 사용되고 있다.
④ 이머징마켓은 개발도상국 가운데 경제성장률이 높고 빠른 속도로 산업화가 진행되는 국가의 시장으로 한국, 브라질, 폴란드 등 여러 국가들이 속해 있다.

CHAPTER

06 기술능력

대표기출유형 01 기출응용문제

01

정답 ④

문화 및 제도적인 차이에 대한 부분을 통해 글로벌 벤치마킹을 설명함을 알 수 있다.

오답분석

① 내부 벤치마킹 : 같은 기업 내의 다른 지역, 타 부서, 국가 간의 유사한 활용을 비교 대상으로 한다. 이 방법은 자료 수집이 용이하며, 다각화된 우량기업의 경우 효과가 큰 반면, 관점이 제한적일 수 있고, 편중된 내부 시각에 대한 우려가 있다는 단점을 가지고 있다.
② 경쟁적 벤치마킹 : 동일 업종에서 고객을 직접적으로 공유하는 경쟁기업을 대상으로 한다. 이 방법은 경영성과와 관련된 정보 입수가 가능하며, 업무 / 기술에 대한 비교가 가능한 반면 윤리적인 문제가 발생할 소지가 있으며, 대상의 적대적 태도로 인해 자료 수집이 어렵다는 단점이 있다.
③ 비경쟁적 벤치마킹 : 제품, 서비스 및 프로세스의 단위 분야에 있어 가장 우수한 실무를 보이는 비경쟁적 기업 내의 유사 분야를 대상으로 하는 방법이다. 이 방법은 혁신적인 아이디어의 창출 가능성은 높은 반면 다른 환경의 사례를 가공하지 않고 적용할 경우 효과를 보지 못할 가능성이 높은 단점이 있다.

02

정답 ②

기술관리자의 능력

- 기술을 운용하거나 문제 해결을 할 수 있는 능력
- 기술직과 의사소통을 할 수 있는 능력
- 혁신적인 환경을 조성할 수 있는 능력
- 기술적 · 사업적 · 인간적인 능력을 통합할 수 있는 능력
- 시스템적인 관점
- 공학적 도구나 지원방식에 대한 이해 능력
- 기술이나 추세에 대한 이해 능력
- 기술팀을 통합할 수 있는 능력

03

정답 ③

기술 발전에 있어 환경 보호를 추구하는 점을 볼 때, 지속가능한 개발의 사례로 볼 수 있다. 지속가능한 개발은 경제 발전과 환경 보전의 양립을 위하여 새롭게 등장한 개념으로 볼 수 있으며, 미래세대가 그들의 필요를 충족시킬 수 있는 가능성을 손상시키지 않는 범위에서 현재 세대의 필요를 충족시키는 개발인 것이다.

오답분석

① 개발독재 : 개발도상국에서 개발이라는 이름으로 행해지는 정치적 독재를 말한다.
② 연구개발 : 자연과학기술에 대한 새로운 지식이나 원리를 탐색하고 해명해서 그 성과를 실용화하는 일을 말한다.
④ 개발수입 : 기술이나 자금을 제3국에 제공하여 미개발자원 등을 개발하거나 제품화하여 수입하는 것을 말한다.

04

정답 ③

A사가 활용한 벤치마킹은 경쟁관계에 있지 않은 기업 중 마케팅이 우수한 곳을 찾아가 벤치마킹을 했기 때문에 비경쟁적 벤치마킹이다. 반면에 B사가 활용한 벤치마킹은 동일 업종이지만 외국에 있어 비경쟁적 기업을 대상으로 벤치마킹을 했기 때문에 글로벌 벤치마킹이다.

오답분석

- 경쟁적 벤치마킹 : 동일 업종이면서 경쟁관계에 있는 기업을 대상으로 하는 벤치마킹이다.
- 직접적 벤치마킹 : 벤치마킹 대상을 직접 방문하여 수행하는 벤치마킹이다.
- 간접적 벤치마킹 : 인터넷 및 문서 형태의 자료를 통해서 수행하는 벤치마킹이다.

05

정답 ②

기술교양을 지닌 사람들의 특징

- 기술학의 특성과 역할을 이해한다.
- 기술체계가 설계되고, 사용되고, 통제되는 방법을 이해한다.
- 기술과 관련된 이익을 가치화하고 위험을 평가할 수 있다.
- 기술에 의한 윤리적 딜레마에 대해 합리적으로 반응할 수 있다.

06

정답 ②

전기산업기사, 건축산업기사, 정보처리산업기사 등의 자격 기술은 구체적 직무수행능력 형태를 의미하는 기술의 협의의 개념으로 볼 수 있다.

오답분석

① 기술은 하드웨어를 생산하는 과정이며, 하드웨어는 소프트웨어에 대비되는 용어로, 건물, 도로, 교량, 전자장비 등 인간이 만들어 낸 모든 물질적 창조물을 뜻한다.
③ 사회가 기술 개발에 영향을 준다는 점을 볼 때, 산업혁명과 같은 사회적 요인은 기술 개발에 영향을 주었다고 볼 수 있다.
④ 컴퓨터의 발전으로 개인이 정보를 효율적으로 활용 / 관리하게 됨으로써 현명한 의사결정이 가능해졌음을 알 수 있다.

대표기출유형 02 기출응용문제

01

정답 ②

제품사양에 따르면 에듀프랜드는 내장 500GB, 외장 500GB 총 1TB의 메모리를 지원하고 있다. 1TB까지 저장이 가능하므로 500GB를 초과하더라도 추가로 저장할 수 있다.

오답분석

① 학습자 관리 기능으로 인적사항을 등록할 수 있다.
③ 교사 스케줄링 기능으로 일정을 등록할 수 있고, 중요한 일정은 알람을 설정할 수 있다.
④ GPS를 지원하여 학습자 방문지와의 거리 및 시간 정보와 경로를 탐색할 수 있다.

02

정답 ④

주의사항에 따르면 기기에 색을 칠하거나 도료를 입히면 안 되며, 이를 위반하였을 경우 제품손상이 발생할 수 있다. 그러나 ④와 같이 기기가 아닌 보호 커버 위에 매직펜으로 이름을 쓰는 것은 제품손상과 관계없다.

오답분석

① 자성을 이용한 제품을 가까이 두어서는 안 된다.
② 물 또는 빗물에 던지거나 담그는 것은 고장의 원인이 될 수 있다.
③ 기기를 떨어뜨리는 것은 고장의 원인이 될 수 있다.

03

정답 ④

문제발생 시 확인사항의 '찬바람이 지속적으로 나오지 않습니다.', '실내기', '실외기' 등의 단서를 통해 에어컨의 사용설명서라는 것을 알 수 있다.

04

정답 ④

에어컨 응축수가 잘 빠지지 않을 경우 곰팡이 냄새가 나므로, 배수호스를 점검해야 한다.

05

정답 ③

A/S센터로 연락하기 전에 리모컨 수신부가 가려져 있는지도 확인해 봐야 한다.

PART 2

최종점검 모의고사

제1회 최종점검 모의고사

| 01 | 공통 영역

01	02	03	04	05	06	07	08	09	10	11	12	13	14	15	16	17	18	19	20
③	④	④	②	④	①	①	④	③	④	②	①	③	③	②	③	②	①	④	②
21	22	23	24	25	26	27	28	29	30	31	32	33	34	35	36	37	38	39	40
①	④	④	②	①	④	④	③	①	④	②	④	③	④	①	②	④	④	①	③

01 문서 내용 이해 정답 ③

두 번째 문단을 통해 종합심사제에서 건설인력 고용 심사 항목의 배점이 확대되고 고용개선 심사 항목이 신설되었음은 알 수 있으나, 특정 심사 항목이 삭제되었다는 내용은 확인할 수 없다.

오답분석

① 국가철도공단의 개정된 계약기준은 공단 홈페이지 및 전자조달시스템 사이트에서 확인할 수 있다.
② 국가철도공단의 개정된 계약기준은 2024년 10월 4일 입찰 공고한 '신안산선 건설사업관리용역'부터 적용한다.
④ 용역 분야의 경력·실적 평가의 만점 기준이 각각 15년과 10건으로 완화되었음을 알 수 있다.

02 경청 정답 ④

좋은 경청은 상대방과 상호작용하고, 말한 내용에 관해 생각하고, 무엇을 말할지 기대하는 것을 의미한다. 질문에 대한 답이 즉각적으로 이루어질 수 없다고 하더라도 질문을 하려고 하면 오히려 경청하는 데 적극적인 태도를 갖게 되고 집중력이 높아질 수 있다.

03 문서 작성 정답 ④

ㄴ. 정보제공의 경우, 시각적 자료가 있으면 문서의 이해를 도울 수 있으므로 적절히 포함시키는 것이 좋다.
ㄹ. 제안서나 기획서의 경우, 객관적 사실뿐만 아니라 제안자의 주관적 판단과 계획도 반영되어야 한다.

04 맞춤법 정답 ②

제시된 문장에서 '본디보다 더 길어지게 하다.'라는 의미로 쓰였으므로 '늘이다'로 쓰는 것이 옳다.

오답분석

① 바램 → 바람
③ 알맞는 → 알맞은
④ 담구니 → 담그니

05 글의 주제 **정답** ④

제시문은 통계 수치의 의미를 정확하게 이해하고 도구와 방법을 올바르게 사용해야 하며, 특히 아웃라이어의 경우를 생각해야 한다고 주장하고 있다. 따라서 중심 내용으로 가장 적절한 것은 '통계 수치의 의미와 한계를 정확히 인식하고 사용할 필요가 있다.'이다.

오답분석

①·② 집단을 대표하는 수치로서의 '평균' 자체가 숫자 놀음과 같이 부적당하다고는 언급하지 않았다.
③ 아웃라이어가 있는 경우에는 평균보다는 최빈값이나 중앙값이 대푯값으로 더 적당하다.

06 빈칸 삽입 **정답** ①

제시문의 빈칸 뒤가 '따라서'로 연결되어 있으므로, '사회적 제도의 발명이 필수적이다.'를 결론으로 도출할 수 있는 논거가 들어가야 한다. 따라서 빈칸에 들어갈 내용으로 가장 적절한 것은 ①이다.

07 문단 나열 **정답** ①

제시문의 문맥상 먼저 속담을 제시하고 그 속담에 얽힌 이야기가 순서대로 나와야 하므로 (라) 문단이 가장 먼저 와야 한다. 다음으로 '앞집'과 '뒷집'의 다툼이 시작되는 (가) 문단이 와야 하고, 적반하장격으로 뒷집이 앞집에 닭 한 마리 값을 물어주게 된 상황을 설명하는 (다) 문단이 이어져야 한다. 또한, 이야기를 전체적으로 요약하고 평가하는 (나) 문단이 마지막에 와야 한다. 따라서 문단을 순서대로 바르게 나열하면 (라) – (가) – (다) – (나)이다.

08 어휘 **정답** ④

단감이 감기 예방과 피로 해소에 좋다는 앞의 내용에 이어 숙취 해소에도 도움을 준다는 내용을 추가로 이야기하고 있으므로 빈칸에는 '또한'이 알맞다.

09 의사 표현 **정답** ③

상대방에게 잘못을 지적하며 질책을 해야 할 때는 '칭찬의 말+질책의 말+격려의 말' 순서인 샌드위치 화법으로 표현하는 것이 좋다. 즉, 칭찬을 먼저 한 다음 질책의 말을 하고, 끝에 격려의 말로 마무리한다면 상대방은 크게 반발하지 않고 질책을 받아들이게 될 것이다.

오답분석

① 상대방의 잘못을 지적할 때는 지금 당장의 잘못에만 한정해야 하며, 추궁하듯이 묻지 않아야 한다.
② 상대방의 말이 끝나기 전에 어떤 답을 할까 궁리하는 것은 좋지 않다.
④ 상대방을 설득해야 할 때는 일방적으로 강요하거나 상대방에게만 손해를 보라는 식으로 대화해서는 안 된다. 먼저 양보해서 이익을 공유하겠다는 의지를 보여주는 것이 좋다.

10 문서 수정 **정답** ④

'비춰'는 '비추+어'의 준말로, '비추다'는 '어떤 것과 관련하여 견주어 보다.'의 의미를 지닌다. 따라서 ㉣은 '선진국들에 견주어 보면'의 의미로 문맥의 흐름상 적절하게 사용되었다. '비쳐'는 '비치+어'의 준말로, '비치다'는 '빛이 나서 환하게 되다.', '빛을 받아 모양이 나타나 보이다.' 등의 의미를 지닌다.

11 응용 수리

정답 ②

철수와 영희가 처음 만날 때까지 걸린 시간을 x분이라고 하자.
x분 동안 철수와 영희의 이동거리는 각각 $70x$m, $30x$m이므로 다음 식이 성립한다.

$70x+30x=1,000$

$\therefore x=10$

따라서 철수와 영희가 처음 만날 때까지 걸린 시간은 10분이다.

12 응용 수리

정답 ①

내일 날씨가 화창하고 사흘 뒤 비가 올 모든 경우는 다음과 같다.

내일	모레	사흘
화창	화창	비
화창	비	비

- 첫 번째 경우의 확률 : $0.25\times0.30=0.075$
- 두 번째 경우의 확률 : $0.30\times0.15=0.045$

따라서 주어진 사건의 확률은 $0.075+0.045=0.12=12\%$이다.

13 수열 규칙

정답 ③

홀수 항은 −3이고, 짝수 항은 +1인 수열이다.
따라서 (　)=5−3=2이다.

14 자료 이해

정답 ③

연평균 무용 관람횟수가 가장 많은 시·도는 4.9회로 강원도이며, 연평균 스포츠 관람횟수가 가장 높은 시·도는 3.9회로 서울특별시이다.

오답분석

① 모든 시·도는 연평균 무용 관람횟수보다 연평균 영화 관람횟수가 더 많다.
② 경상남도에서 영화 다음으로 연평균 관람횟수가 많은 항목은 스포츠이다.
④ 대구광역시의 연평균 박물관 관람횟수는 2.5회로, 제주특별자치도의 연평균 박물관 관람횟수 2.9회의 $\frac{2.5}{2.9}\times100\fallingdotseq86.2\%$이므로 80% 이상이다.

15 자료 계산

정답 ②

- 평균 통화시간이 6 ~ 9분인 여자의 수 : $400\times\frac{18}{100}=72$명
- 평균 통화시간이 12분 초과인 남자의 수 : $600\times\frac{10}{100}=60$명

따라서 $\frac{72}{60}=1.2$배이다.

16 응용 수리

정답 ③

둘레의 길이가 20cm이고, 넓이가 24cm^2이므로 다음 식이 성립한다.

$2(x+y)=20 \rightarrow x+y=10 \cdots$ ㉠

$xy=24 \cdots$ ㉡

직사각형의 가로 길이와 세로 길이를 각각 3cm씩 늘였을 때, 늘어난 직사각형의 넓이는 다음 식과 같다.

$(x+3)(y+3)=xy+3x+3y+9$

따라서 $xy+3x+3y+9=xy+3(x+y)+9=24+3\times10+9=63\text{cm}^2$ 이다.

17 자료 이해

정답 ②

전년 대비 매출액 영업 이익률이 하락한 업종은 식음료·담배, 목재·종이·인쇄, 가구 및 기타 업종이다.

오답분석

① 2023년 식음료·담배 업종의 매출액 영업 이익률은 2022년에 비해 하락하였으나, 매출액 세전 순이익률은 상승하였다.

③ 전년 대비 2023년 매출액 영업 이익률이 상승한 업종을 상승폭이 큰 순서대로 나열하면 '운송장비 – 금속제품 – 기계·전기전자 – 석유화학 – 비금속광물제품 – 섬유·의복·가죽' 순이다.

④ 2022년 매출액 세전 순이익률이 제조업 평균치를 초과한 업종은 총 3개이며, 초과하지 못한 업종은 총 6개이다.

18 응용 수리

정답 ①

A, B, C가 하루 동안 할 수 있는 일의 양은 각각 $\frac{1}{15}$, $\frac{1}{10}$, $\frac{1}{30}$ 이다.

$\left(\frac{1}{15}+\frac{1}{10}+\frac{1}{30}\right)\times x=1$

$\rightarrow \frac{1}{5}\times x=1$

$\therefore x=5$

따라서 A, B, C가 함께 일하면 5일이 걸린다.

19 응용 수리

정답 ④

B를 거치는 A와 C의 최단 경로는 A와 B 사이의 경로와 B와 C 사이의 경로를 나눠서 구할 수 있다.

- A와 B의 최단 경로의 경우의 수 : $\frac{5!}{3!\times2!}=10$가지
- B와 C의 최단 경로의 경우의 수 : $\frac{3!}{1!\times2!}=3$가지

따라서 B를 거치는 A와 C의 최단 경로의 경우의 수는 $3\times10=30$가지이다.

20 자료 이해

정답 ②

2021년과 2024년 처리 건수 중 인용 건수 비율은 2021년은 $\frac{3,667}{32,737}\times100≒11.20\%$, 2024년은 $\frac{3,031}{21,080}\times100≒14.38\%$이다. 2024년과 2021년 처리 건수 중 인용 건수 비율의 차이는 $14.38-11.20=3.18\%p$이다. 따라서 처리 건수 중 인용 건수 비율은 2024년이 2021년에 비해 3%p 이상 높다.

오답분석

ㄱ. 기타처리 건수의 전년 대비 감소율은 다음과 같다.

- 2022년 : $\frac{12,871-16,674}{16,674}\times100≒-22.81\%$
- 2023년 : $\frac{10,166-12,871}{12,871}\times100≒-21.02\%$
- 2024년 : $\frac{8,204-10,166}{10,166}\times100≒-19.30\%$

ㄷ. 처리 건수 대비 조정합의 건수의 비율은 2022년은 $\frac{2,764}{28,744}\times100≒9.62\%$로, 2023년의 $\frac{2,644}{23,573}\times100≒11.22\%$보다 낮다.

ㄹ. 조정합의 건수 대비 의견표명 건수 비율은 2021년에는 $\frac{467}{2,923} \times 100 \fallingdotseq 15.98\%$, 2022년에는 $\frac{474}{2,764} \times 100 \fallingdotseq 17.15\%$, 2023년에는 $\frac{346}{2,644} \times 100 \fallingdotseq 13.09\%$, 2024년에는 $\frac{252}{2,567} \times 100 \fallingdotseq 9.82\%$이다. 조정합의 건수 대비 의견표명 건수 비율이 높은 순서로 나열하면 2022년 → 2021년 → 2023년 → 2024년이다. 또한, 평균처리일이 짧은 순서로 나열하면 2022년 → 2024년 → 2021년 → 2023년이다. 따라서 평균처리일 기간과 조정합의 건수 대비 의견표명 건수 비율의 순서는 일치하지 않는다.

21 명제 추론

정답 ①

세 번째 조건에 따라 A는 청소기를 제외한 프리미엄형 가전을 총 2개 골랐는데, 네 번째 조건에 따라 B가 청소기를 가져가지 않으므로 A는 청소기 일반형, C는 청소기 프리미엄형을 가져가야 한다. 또한, 다섯 번째 조건을 만족시키기 위해 A가 가져가는 프리미엄형 가전 종류의 일반형을 B가 가져가야 하며, 여섯 번째 조건을 만족시키기 위해 전자레인지는 C가 가져가야 한다. 이를 표로 정리하면 다음과 같다.

구분	A	B	C
경우 1	냉장고(프), 세탁기(프), 청소기(일)	냉장고(일), 세탁기(일), 에어컨(프 or 일)	에어컨(프 or 일), 청소기(프), 전자레인지
경우 2	세탁기(프), 에어컨(프), 청소기(일)	세탁기(일), 에어컨(일), 냉장고(프 or 일)	냉장고(프 or 일), 청소기(프), 전자레인지
경우 3	냉장고(프), 에어컨(프), 청소기(일)	냉장고(일), 에어컨(일), 세탁기(프 or 일)	세탁기(프 or 일), 청소기(프), 전자레인지

㉠ C는 반드시 전자레인지를 가져간다.
㉢ B는 반드시 일반형 가전 2개를 가져가며, 나머지 1개는 프리미엄형일 수도, 일반형일 수도 있다.

오답분석

㉡ A는 반드시 청소기를 가져간다.
㉣ C는 청소기 프리미엄형을 가져간다.

22 문제 유형

정답 ④

ㄱ. 탐색형 문제 : 현재의 상황을 개선하거나 효율을 높이기 위한 문제이다. 눈에 보이지 않는 문제로, 이를 방치하면 뒤에 큰 손실이 따르거나, 결국 해결할 수 없는 문제로 확대되기도 한다.
ㄴ. 발생형 문제 : 우리 눈앞에 발생되어 당장 걱정하고 해결하기 위해 고민하는 문제로, 어떤 기준을 일탈함으로써 생기는 일탈문제와 기준에 미달하여 생기는 미달문제로 대변되며 원상복귀가 필요하다.
ㄷ. 설정형 문제 : 미래상황에 대응하는 장래 경영전략의 문제로 '앞으로 어떻게 할 것인가'에 대한 문제이다. 지금까지 해오던 것과 전혀 관계없이 미래 지향적으로 새로운 과제 또는 목표를 설정함에 따라 일어나는 문제로서, 목표지향적 문제이기도 하다.

23 창의적 사고

정답 ④

ㄱ. 하드 어프로치 : 하드 어프로치에 의한 문제해결 방법은 상이한 문화적 토양을 가지고 있는 구성원을 가정하고, 서로의 생각을 직설적으로 주장하고 논쟁이나 협상을 통해 서로의 의견을 조정해 가는 방법이다.
ㄴ. 퍼실리테이션 : 퍼실리테이션이란 '촉진'을 의미하며, 어떤 그룹이나 집단이 의사결정을 잘하도록 도와주는 일을 의미한다. 퍼실리테이션에 의한 문제해결 방법은 깊이 있는 커뮤니케이션을 통해 서로의 문제점을 이해하고 공감함으로써 창조적인 문제해결을 도모한다.
ㄷ. 소프트 어프로치 : 소프트 어프로치에 의한 문제해결 방법은 대부분의 기업에서 볼 수 있는 전형적인 스타일로 조직 구성원들을 같은 문화적 토양을 가지고 이심전심으로 서로를 이해하는 상황을 가정한다.

24 창의적 사고

정답 ②

A사원은 자사의 수익과 성과가 적은 이유를 단순히 영업에서의 문제로 판단하고, 타사의 근무하는 친구의 경험만을 바탕으로 이에 대한 해결방안을 제시하였다. 따라서 문제를 각각의 요소로 나누어 판단하는 분석적 사고가 부족한 사례로 볼 수 있다. 그러므로 A사원은 먼저 문제를 각각의 요소로 나누고, 그 요소의 의미를 도출한 후 우선순위를 부여하여 구체적인 문제해결 방법을 실행해야 한다.

25 창의적 사고

정답 ①

3C 분석에서 고객 분석은 '고객이 자사의 상품 / 서비스에 만족하고 있는지'를, 자사 분석은 '자사가 세운 달성목표와 현상 간에 차이가 없는지'를, 경쟁사 분석은 '경쟁기업의 우수한 점과 자사의 현상과 차이가 없는지'를 질문을 통해 분석하는 방법이다.

오답분석

② STP 전략에 대한 설명이다.
③ 4P(마케팅 믹스)에 대한 설명이다.
④ SWOT 분석에 대한 설명이다.

26 규칙 적용

정답 ④

파일 이름에 주어진 규칙을 적용하여 암호를 구하면 다음과 같다.

1. 비밀번호 중 첫 번째 자리에는 파일 이름의 첫 문자가 한글일 경우 @, 영어일 경우 #, 숫자일 경우 *로 특수문자를 입력한다.
   • 2022매운전골Cset3인기준recipe8 → *
2. 두 번째 자리에는 파일 이름의 총 자리 개수를 입력한다.
   • 2022매운전골Cset3인기준recipe8 → *23
3. 세 번째 자리부터는 파일 이름 내에 숫자를 순서대로 입력한다. 숫자가 없을 경우 0을 두 번 입력한다.
   • 2022매운전골Cset3인기준recipe8 → *23202238
4. 그다음 자리에는 파일 이름 중 한글이 있을 경우 초성만 순서대로 입력한다. 없다면 입력하지 않는다.
   • 2022매운전골Cset3인기준recipe8 → *23202238ㅁㅇㅈㄱㅇㄱㅈ
5. 그다음 자리에는 파일 이름 중 영어가 있다면 뒤에 덧붙여 순서대로 입력하되, a, e, I, o, u만 'a=1, e=2, I=3, o=4, u=5'로 변형하여 입력한다(대문자・소문자 구분 없이 모두 소문자로 입력한다).
   • 2022매운전골Cset3인기준recipe8 → *23202238ㅁㅇㅈㄱㅇㄱㅈcs2tr2c3p2

따라서 주어진 파일 이름의 암호는 '*23202238ㅁㅇㅈㄱㅇㄱㅈcs2tr2c3p2'이다.

27 SWOT 분석

정답 ④

WT전략은 외부 환경의 위협 요인을 회피하고 약점을 보완하는 전략을 적용해야 한다. ④는 강점(S)을 강화하는 전략이므로 적절하지 않다.

오답분석

① SO전략은 기회를 활용하면서 강점을 더욱 강화시키는 전략이므로 적절하다.
② WO전략은 외부의 기회를 사용해 약점을 보완하는 전략이므로 적절하다.
③ ST전략은 외부 환경의 위협을 회피하며 강점을 적극 활용하는 전략이므로 적절하다.

28 창의적 사고

정답 ③

창의적 사고 개발 방법

• 자유연상법 : 어떤 생각에서 다른 생각을 계속해서 떠올리는 작용을 통해 어떤 주제에 대해 생각나는 것을 계속해서 열거해 나가는 방법 예 브레인스토밍
• 강제연상법 : 각종 힌트에서 강제적으로 연결지어서 발상하는 방법 예 체크리스트
• 비교발상법 : 주제와 본질적으로 닮은 것을 힌트로 하여 새로운 아이디어를 얻는 방법 예 NM법, Synetics법

29 자료 해석

정답 ①

ⓑ 화장품은 할인 혜택에 포함되지 않는다.
ⓒ 침구류는 가구가 아니므로 할인 혜택에 포함되지 않는다.

30 명제 추론

정답 ④

세 번째 조건에 의해 윤부장이 가담하지 않았다면, 이과장과 강주임도 가담하지 않았음을 알 수 있다. 이과장이 가담하지 않았다면 두 번째 조건에 의해 김대리도 가담하지 않았으므로 가담한 사람은 박대리뿐이다. 이는 첫 번째 조건에 위배되므로 윤부장은 입찰부정에 가담하였다.

네 번째 조건의 대우로 김대리가 가담하였다면 박대리도 가담하였고, 다섯 번째 조건에 의해 박대리가 가담하였다면 강주임도 가담하였다. 이는 입찰부정에 가담한 사람은 두 명이라는 첫 번째 조건에 위배되는 것이므로, 김대리는 입찰부정에 가담하지 않았다. 따라서 입찰부정에 가담하지 않은 사람은 김대리, 이과장, 박대리이며, 입찰부정에 가담한 사람은 윤부장과 강주임이다.

31 비용 계산

정답 ②

X산지와 Y산지의 배추의 재배 원가에 대하여 각 유통 과정에 따른 판매 가격을 계산하면 다음과 같다.

구분	X산지	Y산지
재배 원가	1,000원	1,500원
산지 → 경매인	1,000원×(1+0.2)=1,200원	1,500원×(1+0.1)=1,650원
경매인 → 도매상인	1,200원×(1+0.25)=1,500원	1,650원×(1+0.1)=1,815원
도매상인 → 마트	1,500원×(1+0.3)=1,950원	1,815원×(1+0.1)=1,996.5≒1,997원

따라서 X산지에서 재배한 배추를 구매해야 하며, 이때 K마트가 배추 한 포기당 얻는 이익은 3,000−1,950=1,050원이다.

32 품목 확정

정답 ④

물품의 분실이란 물품을 실질적으로 분실하여 다시 구입해야 하는 경제적 손실을 의미하는 것으로, A씨의 경우 물건이 집에 어딘가 있지만 찾지 못하는 경우에 해당하므로 분실로 보기는 어렵다.

오답분석

① A씨는 물품을 정리하였다기보다 창고에 쌓아두었으므로 이는 정리하지 않고 보관한 경우로 볼 수 있다.
② A씨는 물건을 아무렇게나 보관하였기 때문에 보관 장소를 파악하지 못해 다시 그 물건이 필요하게 된 상황임에도 찾는 데 어려움을 겪고 그만큼 시간도 지체시켰다.
③ A씨는 커피머신을 제대로 보관하지 않았기 때문에 그로 인해 물품이 훼손되는 경우가 발생하였다.

33 시간 계획

정답 ③

팀원들의 모든 스케줄이 비어 있는 시간대인 16:00 ~ 17:00가 가장 적절하다.

34 시간 계획

정답 ④

ⓒ 개인이 시간을 효율적으로 관리하기 위해서는 위임이 가능한 업무는 적절하게 위임하여 시간 내 감당 가능한 수준에서 업무를 수행해야 한다. 따라서 업무 위임을 자제하는 것은 효율적인 시간관리의 효과로 볼 수 없다.
ⓓ 효율적 시간관리를 통해 기업의 생산성이 향상될 수 있으므로 오히려 인건비가 감소할 수 있다.

오답분석

ⓐ·ⓑ 효율적인 시간관리를 통해 개인은 스트레스를 감소시킬 수 있고, 균형적인 삶을 영위할 수 있다. 한편, 기업은 줄어든 생산 시간으로 시장에 집중할 시간이 늘어나고, 이는 곧 시장 점유율의 증가로 나타난다.

35 인원 선발

정답 ①

현재 갑의 부서배치는 갑의 성격을 고려하지 않은 배치로, 이는 갑의 업무 능력을 감소시킨다. 따라서 팀의 효율성을 높이기 위해 팀원의 능력·성격을 고려해 배치하는 적재적소 배치 방법이 필요하다.

오답분석

② 능력 배치 : 개인에게 능력을 발휘할 수 있는 기회와 장소를 부여한 뒤, 그 성과를 바르게 평가하고 평가된 능력과 실적에 대해 상응하는 보상을 하는 원칙을 말한다.
③ 균형 배치 : 모든 팀원에 대한 평등한 적재적소, 즉 팀 전체의 적재적소를 고려하는 것으로, 팀 전체의 능력향상, 의식개혁, 사기진작 등을 도모하는 의미에서 전체와 개체의 균형을 이루도록 하는 배치이다.
④ 양적 배치 : 작업량과 조업도, 여유 또는 부족 인원을 감안하여 소요 인원을 결정, 배치하는 것을 말한다.

36 인원 선발

정답 ②

면접평가 결과를 점수로 변환하면 다음과 같다.

(단위 : 점)

구분	A	B	C	D	E
의사소통능력	100	100	100	80	50
문제해결능력	80	75	100	75	95
조직이해능력	95	90	60	100	90
대인관계능력	50	100	80	60	85

변환된 점수에 최종 합격자 선발기준에 따른 평가비중을 반영하여 최종 점수를 구하면 다음과 같다.

- A : $(100\times0.4)+(80\times0.3)+(95\times0.2)+(50\times0.1)=88$점
- B : $(100\times0.4)+(75\times0.3)+(90\times0.2)+(100\times0.1)=90.5$점
- C : $(100\times0.4)+(100\times0.3)+(60\times0.2)+(80\times0.1)=90$점
- D : $(80\times0.4)+(75\times0.3)+(100\times0.2)+(60\times0.1)=80.5$점
- E : $(50\times0.4)+(95\times0.3)+(90\times0.2)+(85\times0.1)=75$점

따라서 최종 합격자는 상위자 2명이므로 B, C가 선발된다.

37 비용 계산

정답 ④

사원 수를 a명, 사원 1명당 월급을 b만 원이라고 가정하면, 월급 총액은 $(a\times b)$가 된다.

두 번째 정보에서 사원 수가 10명 늘어나면 월급은 100만 원 작아지고, 월급 총액은 기존의 80%로 준다고 하였으므로, 이를 식으로 정리하면 다음과 같다.

$(a+10)\times(b-100)=(a\times b)\times0.8$ … ㉠

세 번째 정보에서 사원이 20명 줄어들면 월급은 동일하고 월급 총액은 60%로 준다고 했으므로 사원 20명의 월급 총액은 기존 월급 총액의 40%임을 알 수 있다. 이를 식으로 정리하면 다음과 같다.

$20b=(a\times b)\times0.4$ … ㉡

㉡에서 사원 수 a를 구하면

$20b=(a\times b)\times0.4$

$\rightarrow 20=a\times0.4$

$\therefore a=\frac{20}{0.4}=50$

㉠에 사원 수 a를 대입하여 월급 b를 구하면

$(a+10)\times(b-100)=(a\times b)\times0.8$

$\rightarrow 60\times(b-100)=40b$

$\rightarrow 20b=6{,}000$

$\therefore b=300$

따라서 사원 수는 50명이며, 월급 총액은 $(a\times b)=50\times300=$1억 5천만 원이다.

38 품목 확정

정답 ④

C안마의자는 가격이 최대 예산을 초과하였을 뿐만 아니라 온열기능이 없으므로 제외하고, B안마의자는 색상이 블랙이 아니므로 고려 대상에서 제외한다. 남은 A안마의자와 D안마의자 중 프로그램 개수가 많으면 많을수록 좋다고 하였으므로 K공단은 D안마의자를 구매할 것이다.

39 시간 계획

정답 ①

조건에 따라 비행기별 비행 정보를 정리하면 다음과 같다.

구분	A비행기	B비행기	C비행기	D비행기
한국과의 시차	3−9=−6	0	−8−9=−17	−8−9=−17
비행시간	9시간	2시간 10분	13시간	11시간 15분
출발 시각 기준 현지 도착 시각	+3시간	+2시간 10분	−4시간	−5시간 45분

C비행기와 A비행기는 출발 시각 기준으로 현지 도착 시간이 7시간 차이가 난다. 그러나 두 번째 조건에서 두 비행기가 도착 시 현지 시각이 같다고 했으므로, A비행기는 C비행기보다 7시간 빨리 출발한다. 또한 세 번째 조건에 의해서 B비행기는 A비행기보다 6시간 늦게 출발한다. 네 번째 조건에 의해서 D비행기는 C비행기보다 15분 빨리 출발한다. 즉, A비행기보다 6시간 45분 늦게 출발한다. 따라서 비행기는 A−B−D−C의 순서로 출발하고, 출발 시각이 가장 빠른 비행기는 A비행기이다.

40 품목 확정

정답 ③

다음은 R대리가 각 교통편 종류를 택할 시 왕복 교통비용이다.

- 일반버스 : 24,000원×2=48,000원
- 우등버스 : 32,000원×2×0.99=63,360원
- 무궁화호 : 28,000원×2×0.85=47,600원
- 새마을호 : 36,000원×2×0.8=57,600원
- KTX : 58,000원(단, 선택지에 제시되지 않았으므로 계산하지 않아도 됨)

따라서 무궁화호가 47,600원으로 가장 저렴하다.

| 02 | 조직이해능력(사무직)

41	42	43	44	45	46	47	48	49	50										
④	②	④	④	②	③	①	④	②	④										

41 업무 종류

정답 ④

K주임이 가장 먼저 해야 하는 일은 오늘 2시에 예정된 팀장 회의 일정을 P팀장에게 전달하는 것이다. 다음으로 내일 진행될 언론홍보팀과의 회의 일정에 대한 답변을 오늘 내로 전달해달라는 요청을 받았으므로 먼저 익일 업무 일정을 확인한 후 회의 일정에 대한 답변을 전달해야 한다. 이후 회의 전에 미리 숙지해야 할 자료를 확인해야 한다. 따라서 K주임은 ④의 순서로 업무를 처리하는 것이 가장 적절하다.

42 경영 전략

정답 ②

목표관리(Management By Objectives)란 조직의 상하 구성원들이 참여의 과정을 통해 조직 단위와 구성원의 목표를 명확하게 설정하고, 그에 따라 생산 활동을 수행하도록 한 뒤, 업적을 측정·평가하는 포괄적 조직관리 체제를 말한다. 목표관리는 종합적인 조직운영 기법으로 활용될 뿐만 아니라 근무성적평정 수단, 예산 운영 및 재정관리의 수단으로 다양하게 활용되고 있다.

43 국제 동향

정답 ④

다른 국가들의 국제 동향을 파악하기 위해서는 그 국가의 현지인의 의견이 무엇보다 중요하다.

국제 동향의 파악 방법
- 관련 분야의 해외 사이트를 방문하여 최신 이슈를 확인한다.
- 매일 신문의 국제면을 읽는다.
- 업무와 관련된 국제 잡지를 정기 구독한다.
- 고용노동부, 한국산업인력공단, 산업통상부, 중소벤처기업부, 상공회의소, 산업별 인적자원개발협의체 등의 사이트를 방문해 국제 동향을 확인한다.
- 국제학술대회에 참석한다.
- 업무과 관련된 주요 용어의 외국어를 알아둔다.
- 해외 서점 사이트를 방문해 최신 서적 목록과 주요 내용을 파악한다.
- 외국인 친구를 사귀고 대화를 자주 나눈다.

44 조직 구조

정답 ④

영리조직의 사례로는 이윤 추구를 목적으로 하는 다양한 사기업을 들 수 있으며, 비영리조직으로는 정부조직, 병원, 대학, 시민단체, 종교단체 등을 들 수 있다.

45 업무 종류

정답 ②

오답분석

①·④ 전결권자는 상무이다.
③ 대표이사의 결재가 필수이다(전결 사항이 아님).

46 조직 구조

정답 ③

ㄴ. 기계적 조직의 조직 내 의사소통은 비공식적 경로가 아닌 공식적 경로를 통해 주로 이루어진다.
ㄷ. 유기적 조직은 의사결정권한이 조직 하부구성원들에게 많이 위임되어 있으나, 업무내용은 기계적 조직에 비해 가변적이다.

오답분석

ㄱ. 기계적 조직은 위계질서 및 규정, 업무분장이 모두 명확하게 확립되어 있는 조직이다.
ㄹ. 유기적 조직에서는 비공식적인 상호의사소통이 원활히 이루어지며, 규제나 통제의 정도가 낮아 변화에 따라 쉽게 변할 수 있는 특징을 가진다.

47 경영 전략

정답 ①

일반적으로 코칭은 문제 및 진척 상황을 직원들과 함께 자세하게 살피고 지원을 아끼지 않으며, 지도 및 격려를 하는 활동을 의미한다. 직원들을 코칭하는 리더는 직원 자신이 권한과 목적의식을 가지고 있는 중요한 사람이라는 사실을 느낄 수 있도록 이끌어 주어야 한다. 또한, 직원들이 자신만의 장점과 성공 전략을 활용할 수 있도록 적극적으로 도와야 한다.

오답분석

② 티칭 : 학습자에게 지식이나 기술을 전달하고, 제능력(諸能力)이나 가치관을 형성시키는 교육활동이다.
③ 멘토링 : 경험과 지식이 풍부한 사람이 지도와 조언을 하여 받는 사람의 실력과 잠재력을 개발하는 것이다.
④ 컨설팅 : 어떤 분야에 전문적인 지식을 가진 사람이 고객을 상대로 상세하게 상담하고 도와주는 것이다.

48 조직 구조

정답 ④

㉠ 조직의 변화는 조직의 내부 관리뿐 아니라 대외적 경영 등 조직의 모든 방면에서 이루어질 수 있다.
㉢ 조직의 목적을 달성하고 효율성을 높이기 위해서는 서비스 품질 개선보다는 경영전략을 변화시키는 것이 더 적합하다. 서비스 품질 개선은 거시적인 조직 목적의 달성보다는 시장 개척 등을 위해 필요하다.
㉣ 문화의 변화는 구성원들의 사고방식이나 가치체계를 변화시키는 것을 말한다.

오답분석

㉡ 새로운 시장 개척에 직결되는 변화전략은 제품이나 서비스의 변화이다. 기술변화는 생산성 향상 등에서 중요한 전략이다.

49 국제 동향

정답 ②

체크리스트 항목의 내용을 볼 때, 국제감각 수준을 점검할 수 있는 체크리스트임을 알 수 있다. 따라서 국제적인 법규를 이해하고 있는지를 확인하는 ②가 가장 적절하다.

국제감각 수준 점검항목

- 다음 주에 혼자서 해외에 나가게 되더라도, 영어를 통해 의사소통을 할 수 있다.
- VISA가 무엇이고 왜 필요한지 잘 알고 있다.
- 각종 매체(신문, 잡지, 인터넷 등)를 활용하여 국제적인 동향을 파악하고 있다.
- 최근 미달러화(US$), 엔화(￥)와 비교한 원화 환율을 구체적으로 알고 있다.
- 영미권, 이슬람권, 중국, 일본 사람들과 거래 시 주의해야 할 사항들을 숙지하고 있다.

50 업무 종류

정답 ④

인·적성검사 합격자의 조 구성은 은경씨가 하지만, 합격자에게 몇 조인지 미리 공지하는지는 알 수 없다.

| 03 | 기술능력(기술직)

41	42	43	44	45	46	47	48	49	50										
③	④	②	④	③	④	④	③	④	④										

41 기술 이해

정답 ③

전문 연수원을 통해 기술과정을 연수하는 방법에 대한 설명이다.

42 기술 이해

정답 ④

하인리히의 법칙은 큰 사고로 인해 산업재해가 일어나기 전에 작은 사고나 징후인 '불안전한 행동 및 상태'가 보인다는 주장이다.

43 기술 이해

정답 ②

기술 시스템의 발전 단계

발명(Invention)・개발(Development)・혁신(Innovation)의 단계 → 기술 이전(Transfer)의 단계 → 기술 경쟁(Competition)의 단계 → 기술 공고화(Consolidation) 단계

44 기술 이해

정답 ④

기술 시스템의 발전 단계별 중요 역할자

단계	중요 역할자
발명・개발・혁신의 단계	기술자
기술 이전의 단계	기술자
기술 경쟁의 단계	기업가
기술 공고화 단계	자문 엔지니어, 금융 전문가

45 기술 이해

정답 ③

기술선택 방식

- 상향식 기술선택(Bottom Up Approach) : 기업 전체 차원에서 필요한 기술에 대한 체계적인 분석이나 검토 없이 연구자나 엔지니어들이 자율적으로 기술을 선택하는 것이다.
- 하향식 기술선택(Top Down Approach) : 기술경영진과 기술기획담당자들에 의한 체계적인 분석을 통해 기업이 획득해야 하는 대상기술과 목표기술수준을 결정하는 것이다.

46 기술 이해

정답 ④

내부역량 분석은 기술능력, 생산능력, 마케팅 및 영업능력, 재무능력 등에 대한 분석으로, 제시문에 따르면 이미 분석하였다.

기술선택을 위한 절차	내용
외부환경 분석	수요 변화 및 경쟁자 변화, 기술 변화 등 분석
중장기 사업목표 설정	기업의 장기비전, 중장기 매출목표 및 이익목표 설정
내부역량 분석	기술능력, 생산능력, 마케팅 및 영업능력, 재무능력 등 분석
사업전략 수립	사업 영역 결정, 경쟁 우위 확보 방안 수립
요구기술 분석	제품 설계 및 디자인 기술, 제품 생산공정·원재료 및 부품 제조기술 분석
기술전략 수립	기술 획득 방법 결정, 핵심기술 선택

47 기술 이해

정답 ④

선택한 기술을 분석하고 가공하여 활용하는 경우 그대로 받아들여 적용하는 것보다는 시간적인 부담이 있을 수 있다.

48 기술 적용

정답 ③

가정에 있을 경우 전력수급 비상단계를 신속하게 극복하기 위해 전력기기 등의 전원을 차단하거나 사용을 중지하는 것이 필요하나, 4번 항목에 따르면 안전, 보안 등을 위한 최소한의 조명까지 모두 소등할 필요는 없다.

오답분석

① 가정에 있을 경우, TV, 라디오 등을 통해 재난상황을 파악하여 대처하라고 하였으므로, 전력수급 비상단계 발생 시 대중매체를 통해 재난상황에 대한 정보를 파악할 수 있다는 것을 알 수 있다.
② 사무실에 있을 경우, 즉시 사용이 필요하지 않은 사무기기의 전원을 차단하여야 한다.
④ 공장에서는 비상발전기의 가동을 점검하여 가동을 준비해야 한다.

49 기술 적용

정답 ④

ⓒ 사무실에서의 행동요령에 따르면 본사의 중앙보안시스템은 긴급한 설비로 볼 수 있다. 따라서 3번 항목의 예외에 해당하므로 중앙보안시스템의 전원을 즉시 차단해버린 이주임의 행동은 적절하지 않다고 볼 수 있다.
ⓔ 상가에서의 행동요령에 따르면 식재료의 부패와 관련 없는 가전제품의 가동을 중지하거나 조정하도록 설명되어 있다. 하지만 최사장은 횟감을 포함한 식재료를 보관 중인 모든 냉동고의 전원을 차단하였으므로 이는 적절하지 않은 행동이다.

오답분석

ⓐ 집에 있던 중 세탁기 사용을 중지하고 실내조명을 최소화한 김사원의 행동은 행동요령에 따른 적절한 행동이다.
ⓒ 공장에 있던 중 공장 내부 조명 밝기를 최소화한 박주임의 행동은 행동요령에 따른 적절한 행동이다.

50 기술 이해

정답 ④

벤치마킹 데이터를 수집하고 분석하는 과정에서는 여러 보고서를 동시에 보고, 붙이고 자르는 작업을 용이하게 해 주는 문서 편집 시스템을 이용하는 것이 매우 유용하다.

제2회 최종점검 모의고사

| 01 | 공통 영역

01	02	03	04	05	06	07	08	09	10	11	12	13	14	15	16	17	18	19	20
③	②	③	②	②	③	①	④	②	③	②	④	①	③	③	②	③	③	④	②
21	22	23	24	25	26	27	28	29	30	31	32	33	34	35	36	37	38	39	40
②	①	①	①	③	④	④	③	④	①	④	③	③	④	④	③	①	④	②	①

PART 2

01 문서 작성 　정답 ③

보고서의 '출장의 배경 및 세부 일정' 항목을 통해 해외 출장 세부 일정 관련 정보가 포함되어야 함을 알 수 있다. 또한, '출장 배경'에 따르면 1998년 이후 2년 주기로 협력 회의를 개최해 오고 있으므로 과거 협력 회의 시 다루었던 내용도 함께 포함되어야 한다. 따라서 보고서에 반드시 포함되어야 할 내용으로 ③이 적절하다.

02 빈칸 삽입 　정답 ②

아리스토텔레스에 따르면 스스로 결정하는 일에 참여할 때 교육적 효과가 가장 두드러진다. 따라서 빈칸에는 도덕적 결정의 상황에 실제로 참여해 보는 직접적 경험이 중요하다는 내용이 들어가야 한다.

03 경청 　정답 ③

상대방의 마음상태를 이해하며 듣는 것은 올바른 경청방법으로, 방해요인에 해당하지 않는다.

04 문서 작성 　정답 ②

한자를 통한 의미 전달이 중요하지 않은 경우에는 한자 사용을 자제하도록 하며, 상용한자의 범위 내에서 사용하여야 상대방의 문서이해에 도움이 된다.

05 문서 내용 이해 　정답 ②

드론의 야간 비행은 2017년 7월에 항공안전법 개정안이 통과되면서 허가를 받을 경우 야간 비행이 가능하도록 규제가 완화됐다.

06 문서 작성

정답 ③

전결이란 행정기관의 장으로부터 업무의 내용에 따라 결재권을 위임받은 자가 행하는 결재를 말하며, 결재권자가 결재할 수 없을 때 그 직무를 대리하는 자가 행하는 결재는 대결에 해당한다.

오답분석

① 의사결정이 지연되거나 결재 과정이 형식적인 확인 절차에 그치는 등 결재의 역기능을 해소하기 위해 안건에 따라서는 상위자가 직접 기안하거나 처리지침을 지시할 수 있다.
② 일반적으로 해당 행정기관의 장의 결재를 받아야 하나, 보조 기관의 명의로 발신하는 문서는 그 보조 기관의 결재를 받아야 한다.
④ 대결한 문서 중 내용이 중요하다고 판단되는 문서는 결재권자에게 사후에 보고하여야 한다.

07 맞춤법

정답 ①

기자 → 기재

08 문서 내용 이해

정답 ④

문서는 많고 그 안에서 나타내는 내용도 각기 다 다르다. 따라서 문서를 이해할 때는 그 내용이 옳은 것인지 그른 것인지 판단하는 능력 또한 중요하다. 따라서 정보의 이해는 물론 옳고 그름의 판단 역시 하는 것이 중요하다.

오답분석

① 문서이해능력에서는 문서의 내용 파악에 그치는 것이 아니라 문서에서 전달하는 정보를 바탕으로 업무와 관련하여 요구되는 정보가 무엇인지 적절하게 추론할 수 있어야 한다.
② 문서이해능력에서는 문서를 읽고 필요하다면 도표나 기호를 통해 그 내용을 요약·정리할 수 있는 능력을 포함한다.
③ 문서이해능력에서는 문서에서 전달하는 정보를 이해하고 더불어 그 정보의 출처를 파악하는 것도 중요하다.

09 글의 제목

정답 ②

제시문에서는 유명 음악가 바흐와 모차르트에 대해 알려진 이야기들과 이와는 다르게 밝혀진 사실을 대비하여 이야기하고 있다. 또한, 사실이 아닌 이야기가 바흐와 모차르트의 삶을 미화하는 경향이 있으므로 제시문의 제목으로는 '미화된 음악가들의 이야기와 그 진실'이 가장 적절하다.

10 문단 나열

정답 ③

제시문은 정부가 제공하는 공공 데이터를 활용한 앱 개발에 대한 설명으로, 먼저 다양한 앱을 개발하려는 사람들을 통해 화제를 제시한 (라) 문단이 오는 것이 적절하며, 이러한 앱 개발에 있어 부딪히는 문제들을 제시한 (가) 문단이 그 뒤에 오는 것이 적절하다. 다음으로 이러한 문제들을 해결하기 위한 방법으로 공공 데이터를 제시하는 (나) 문단이 오고, 공공 데이터에 대한 추가 설명으로 공공 데이터를 위한 정부의 노력을 제시하는 (다) 문단이 마지막으로 오는 것이 적절하다. 따라서 문단을 순서대로 바르게 나열하면 (라) – (가) – (나) – (다)이다.

11 수열 규칙

정답 ②

홀수 항은 $\times 2+1$, 짝수 항은 $\times 2$인 수열이다.
따라서 (　)$=12\times 2=24$이다.

12 자료 계산

정답 ④

구매하려는 라면의 개수를 x개라 하면, 온라인에서 라면을 구매할 때 드는 비용은 $(900x+2,500)$원이고, 소형매장에서 라면을 구매할 때 드는 비용은 $1,000x$원이다.

소형매장에서 구매하는 것보다 온라인에서 구매하는 것이 더 저렴하려면 다음 식이 성립해야 한다.

$900x+2,500<1,000x$

$\rightarrow 100x>2,500$

$\therefore x>25$

즉, 라면을 25개보다 많이 구매할 때, 온라인에서 구매해야 비용을 최소화할 수 있다.

따라서 A와 B는 소형매장, C는 온라인에서 구매해야 한다.

13 응용 수리

정답 ①

A소금물과 B소금물의 소금의 양을 구하면 각각 300×0.09=27g, 250×0.112=28g이다.

이에 따라 C소금물의 농도는 $\frac{27+28}{300+250}\times100=\frac{55}{550}\times100=10\%$이다.

소금물을 덜어내도 농도는 변하지 않으므로 소금물은 550×0.8=440g이고, 소금의 양은 44g이다.

따라서 소금을 10g 더 추가했을 때의 소금물의 농도는 $\frac{44+10}{440+10}\times100=\frac{54}{450}\times100=12\%$이다.

14 자료 계산

정답 ③

타일별로 필요한 타일 개수와 이에 대한 가격을 정리하면 다음과 같다.

구분	필요한 타일 개수(개)	가격(원)
A타일	(8m÷20cm)×(10m÷20cm)=2,000	2,000×1,000+50,000=2,050,000
B타일	(8m÷250mm)×(10m÷250mm)=1,280	1,280×1,500+30,000=1,950,000
C타일	(8m÷25cm)×(10m÷20cm)=1,600	1,600×1,250+75,000=2,075,000

따라서 가장 저렴한 타일은 B타일이고, 총가격은 1,950,000원이다.

※ 1m=1,000mm=100cm

15 자료 계산

정답 ③

2020년 직장 어린이집의 교직원 수는 3,214명이고, 2023년 직장 어린이집의 교직원 수는 5,016명이다. 따라서 2020년 대비 2023년 교직원의 증가율은 $\frac{5,016-3,214}{3,214}\times100\fallingdotseq56\%$이다.

16 자료 계산

정답 ②

미술과 수학을 신청한 학생의 비율 차이는 16−14=2%p이고, 신청한 전체 학생은 200명이므로 수학을 선택한 학생 수는 미술을 선택한 학생 수보다 200×0.02=4명 더 적다.

17 응용 수리

정답 ③

열차의 길이를 xm라고 하자.

열차가 다리 또는 터널을 지날 때의 이동거리는 (열차의 길이)+(다리 또는 터널의 길이)이다.

열차의 속력은 일정하므로 다리를 통과할 때의 속력과 터널을 통과할 때의 속력은 같다.

$$\frac{(x+240)}{16}=\frac{(x+840)}{40}$$

→ $5(x+240)=2(x+840)$

→ $3x=480$

∴ $x=160$

따라서 열차의 길이는 160m이다.

18 응용 수리

정답 ③

K공단의 전 직원을 x명이라고 하자. 찬성한 직원은 $0.8x$명이고, 그중 남직원은 $0.8x\times0.7=0.56x$명이다.

구분	찬성	반대	합계
남자	$0.56x$	$0.04x$	$0.6x$
여자	$0.24x$	$0.16x$	$0.4x$
합계	$0.8x$	$0.2x$	x

따라서 여직원을 뽑았을 때, 그 사람이 유연근무제에 찬성한 사람일 확률은 $\frac{0.24x}{0.4x}=\frac{3}{5}$이다.

19 자료 이해

정답 ④

ㄴ. 2022년 대비 2023년 외국인 관람객 수의 감소율 : $\frac{3,849-2,089}{3,849}\times100≒45.73\%p$

따라서 2023년 외국인 관람객 수는 전년 대비 43%p 이상 감소하였다.

ㄹ. 제시된 그래프를 보면 2021년과 2023년 전체 관람객 수는 전년보다 감소했으며, 증가폭은 2020년이 2022년보다 큼을 확인할 수 있다. 그래프에 제시되지 않은 2017년, 2018년, 2019년의 전년 대비 전체 관람객 수 증가폭과 2020년의 전년 대비 전체 관람객 수 증가폭을 비교하면 다음과 같다.

- 2017년 : (6,805+3,619)−(6,688+3,355)=381천 명
- 2018년 : (6,738+4,146)−(6,805+3,619)=460천 명
- 2019년 : (6,580+4,379)−(6,738+4,146)=75천 명
- 2020년 : (7,566+5,539)−(6,580+4,379)=2,146천 명

따라서 전체 관람객 수가 전년 대비 가장 많이 증가한 해는 2020년이다.

오답분석

ㄱ. 제시된 자료를 통해 확인할 수 있다.

ㄷ. 제시된 그래프를 보면 2020 ~ 2023년 전체 관람객 수와 유료 관람객 수는 증가 – 감소 – 증가 – 감소의 추이를 보인다.

20 자료 이해

정답 ②

- 2024년 예상 유료 관람객 수 : 5,187×1.24≒6,431천 명
  2024년 예상 무료 관람객 수 : 3,355×2.4=8,052천 명
  ∴ 2024년 예상 전체 관람객 수 : 6,431+8,052=14,483천 명
- 2024년 예상 외국인 관람객 수 : 2,089+35=2,124천 명

21 SWOT 분석

정답 ②

ㄱ. 기술개발을 통해 연비를 개선하는 것은 막대한 R&D 역량이라는 강점으로 휘발유의 부족 및 가격의 급등이라는 위협을 회피하거나 최소화하는 전략에 해당하므로 적절하다.

ㄹ. 생산설비에 막대한 투자를 했기 때문에 차량모델 변경의 어려움이라는 약점이 있고, 레저용 차량 전반에 대한 수요 침체 및 다른 회사들과의 경쟁이 심화되고 있으므로 생산량 감축을 고려할 수 있다.

ㅁ. 생산 공장을 한 곳만 가지고 있다는 약점이 있지만 새로운 해외시장이 출현하고 있는 기회를 살려서 국내 다른 지역이나 해외에 공장들을 분산 설립할 수 있을 것이다.

ㅂ. 막대한 R&D 역량이라는 강점을 이용하여 휘발유의 부족 및 가격의 급등이라는 위협을 회피하거나 최소화하기 위해 경유용 레저 차량 생산을 고려할 수 있다.

오답분석

ㄴ. 소형 레저용 차량에 대한 수요 증대라는 기회 상황에서 대형 레저용 차량을 생산하는 것은 적절하지 않은 전략이다.

ㄷ. 차량모델 변경의 어려움이라는 약점을 보완하는 전략도 아니고, 소형 또는 저가형 레저용 차량에 대한 선호가 증가하는 기회에 대응하는 전략도 아니다. 또한, 차량 안전 기준의 강화와 같은 규제 강화는 기회 요인이 아니라 위협 요인이다.

ㅅ. 내수 확대에 집중하는 것은 새로운 해외시장의 출현과 같은 기회를 살리는 전략이 아니다.

22 문제 유형

정답 ①

• ㉠·㉢ : 현재 직면하고 있으면서 해결 방법을 찾기 위해 고민하는 발생형 문제에 해당한다.
• ㉡·㉣ : 현재 상황은 문제가 아니지만, 상황 개선을 통해 효율을 높일 수 있는 탐색형 문제에 해당한다.
• ㉤·㉥ : 새로운 과제나 목표를 설정함에 따라 발생할 수 있는 설정형 문제에 해당한다.

23 문제 유형

정답 ①

• (가) 사실 지향의 문제 : 일상 업무에서 일어나는 상식, 편견을 타파하여 객관적 사실로부터 사고와 행동을 출발한다.
• (나) 가설 지향의 문제 : 현상 및 원인 분석 전에 지식과 경험을 바탕으로 일의 과정이나 결과 및 결론을 가정한 다음, 검증 후 사실일 경우 다음 단계의 일을 수행한다.
• (다) 성과 지향의 문제 : 기대하는 결과를 명시하고 효과적으로 달성하는 방법을 사전에 구성하고 실행에 옮긴다.

24 창의적 사고

정답 ①

브레인스토밍은 자유연상법의 한 유형으로, 어떤 문제의 해결책을 찾기 위해 여러 사람이 생각나는 대로 아이디어를 제안하는 방식으로 진행된다. 보령시에서 개최한 보고회는 각 부서의 업무에 국한하지 않고 가능한 한 많은 양의 아이디어를 자유롭게 제출하는 방식으로 진행되었으므로 브레인스토밍 방법이 사용되었음을 알 수 있다.

오답분석

② SCAMPER 기법 : 아이디어를 얻기 위해 의도적으로 시험할 수 있는 대체, 결합, 적용, 변경, 제거, 재배치, 다른 용도로 활용 등의 7가지 규칙이다.

③ NM법 : 비교발상법의 한 유형으로, 대상과 비슷한 것을 찾아내 그것을 힌트로 새로운 아이디어를 생각해 내는 방법이다.

④ Synectics법 : 비교발상법의 한 유형으로, 서로 관련이 없어 보이는 것들을 조합하여 새로운 것을 도출해 내는 아이디어 발상법이다.

25 명제 추론

정답 ③

세 번째 조건과 네 번째 조건을 기호로 나타내면 다음과 같다.

• D → ~E
• ~E → ~A

각각의 대우 E → ~D와 A → E에 따라 A → E → ~D가 성립하므로 A를 지방으로 발령한다면 E도 지방으로 발령하고, D는 지방으로 발령하지 않는다. 이때, 회사는 B와 D에 대하여 같은 결정을 하고, C와 E에 대하여는 다른 결정을 하므로 B와 C를 지방으로 발령하지 않는다. 따라서 A가 지방으로 발령된다면 지방으로 발령되지 않는 직원은 B, C, D 총 3명이다.

26 자료 해석

정답 ④

정규직의 주당 근무시간을 비정규직 1과 같이 줄여 근무 여건을 개선하고, 퇴사율이 가장 높은 비정규직 2에게 직무교육을 시행하여 퇴사율을 줄이는 것이 가장 적절하다.

오답분석

① 설문조사 결과에서 연봉보다는 일과 삶의 균형을 더 중요시한다고 하였으므로 연봉이 상승하는 것은 퇴사율에 영향을 미치지 않음을 알 수 있다.
② 정규직을 비정규직으로 전환하면 고용의 안정성을 낮추어 퇴사율을 더욱 높일 수 있다.
③ 직무교육을 하지 않는 비정규직 2보다 직무교육을 하는 정규직과 비정규직 1의 퇴사율이 더 낮기 때문에 적절하지 않다.

27 자료 해석

정답 ④

대리와 이사장은 2급 이상 차이 나기 때문에 A대리는 이사장과 같은 호텔 등급의 객실에서 묵을 수 있다.

오답분석

① 비행기 요금은 실비이기 때문에 총비용은 변동이 있을 수 있다.
② 숙박비 5만 원, 교통비 2만 원, 일비 6만 원, 식비 4만 원으로 C차장의 출장비는 17만 원이다.
③ 같은 조건이라면 이사장과 이사는 출장비가 같다.

28 자료 해석

정답 ③

우선 아랍에미리트에는 해외 EPS센터가 없으므로 제외한다. 또한, 한국 기업이 100개 이상 진출해 있어야 한다는 두 번째 조건으로 인도네시아와 중국으로 후보를 좁힐 수 있으나 '우리나라 사람들의 해외취업을 위한 박람회'이므로 성공적인 박람회 개최를 위해선 취업까지 이어지는 것이 중요하다. 중국의 경우 청년 실업률은 높지만 경쟁력 부분에서 현지 기업의 80% 이상이 우리나라 사람을 고용하기를 원하므로 중국 청년 실업률과는 별개로 우리나라 사람들의 취업이 쉽게 이루어질 수 있음을 알 수 있다. 따라서 중국이 박람회 장소로 가장 적절하다.

29 SWOT 분석

정답 ④

오답분석

① 자사의 유통 및 생산 노하우가 부족하다는 분석이 있었으므로 적절하지 않다.
② 디지털마케팅 전략을 구사하기에 역량이 미흡하다는 분석이 있었으므로 적절하지 않다.
③ 파격적인 가격정책을 펼치고 있는 것은 하위업체가 아니라 상위업체이므로 적절하지 않다.

30 규칙 적용

정답 ①

소형버스인 RT코드를 모두 찾으면 다음과 같다.
RT－25－KOR－18－0803, RT－16－DEU－23－1501, RT－25－DEU－12－0904, RT－23－KOR－07－0628, RT－16－USA－09－0712
소형버스는 총 5대이며, 이 중 독일에서 생산된 것은 2대이다. 따라서 이는 소형버스 전체의 40%를 차지하므로 ①은 옳지 않다.

31 시간 계획

정답 ④

10월 20～21일은 주중이며, 출장 혹은 연수 일정이 없고, 부서이동 전에 해당되므로 김대리가 경기본부의 정기점검을 수행할 수 있는 일정이다.

오답분석

① 10월 6～7일은 김대리의 연수 참석 기간이므로 정기점검을 진행할 수 없다.
② 10월 11～12일은 주말인 11일을 포함하고 있다.
③ 10월 14～15일 중 15일은 목요일로, 김대리가 경인건설본부로 출장을 가는 날짜이다.

32 품목 확정

정답 ③

비품과 기자재를 일괄 구매하면서 매년 수십억 원의 예산이 사장되는 결과를 볼 때, 활용하지 않는 물품, 즉 물적자원을 구입해놓고 창고에 방치하고 있는 것을 확인할 수 있다.

33 인원 선발

정답 ③

균형주의란 모든 팀원에 대한 평등한 적재적소, 즉 팀 전체의 적재적소를 고려하는 것으로, 팀 전체의 능력향상, 의식개혁, 사기진작 등을 도모하는 것이다. C기업의 사례에서는 직원들의 능력향상이 팀 전체의 능력을 향상시킬 뿐 아니라 시간의 경과를 통해서가 아니라 열심히 할수록 진급할 수 있다는 기회를 제공해 직원들의 의식을 개혁하고 사기를 진작시켰다.

오답분석

① A기업은 개인에게 능력을 발휘할 수 있는 기회와 장소를 부여한 뒤, 그 성과를 바르게 평가하고 평가된 능력과 실적에 대해 상응하는 보상을 하는 것으로, 능력주의에 해당하는 사례이다.
② B기업은 팀원을 그의 능력이나 성격 등과 가장 적합한 위치에 배치하여 팀원 개개인의 능력을 최대로 발휘해 줄 것을 기대하는 것으로, 적재적소주의에 해당하는 사례이다.
④ D기업은 근로자의 인권을 존중하고 공헌도에 따라 노동의 대가를 공정하게 지급하는 공정보상의 원리에 해당하는 사례이다.

PART 2

34 시간 계획

정답 ④

전 직원이 이미 확정된 스케줄의 변동 없이 1시간을 사용할 수 있는 시간은 10:00 ~ 11:00와 14:00 ~ 15:00의 시간대이다. 본부장이 가능한 한 빨리 완료할 것을 지시하였으므로 10:00 ~ 11:00가 가장 적절하다.

35 비용 계산

정답 ④

입사 예정인 신입사원이 총 600명이므로 볼펜 600개와 스케줄러 600권이 필요하다.
A, B, C 모두 스케줄러의 구매가격에 따라 특가상품 구매 가능 여부를 판단할 수 있으므로 스케줄러의 가격을 먼저 계산해야 한다.

- A도매업체 : 25만 원×6=150만 원
- B도매업체 : 135만 원
- C도매업체 : 65만 원×2=130만 원

A ~ C 모두 특가상품 구매 조건을 충족하였으므로 특가상품을 포함해 볼펜의 구매가격을 구하면 다음과 같다.

- A도매업체 : 25.5만 원(볼펜 300개 특가)+(13만 원×2SET)=51.5만 원
- B도매업체 : 48만 원(볼펜 600개 특가)
- C도매업체 : 23.5만 원(볼펜 300개 특가)+(8만 원×3SET)=47.5만 원

업체당 전체 구매가격을 구하면 다음과 같다.

- A도매업체 : 150만 원+51.5만 원=201.5만 원
- B도매업체 : 135만 원+48만 원=183만 원
- C도매업체 : 130만 원+47.5만 원=177.5만 원

따라서 가장 저렴하게 구매할 수 있는 업체는 C도매업체이며, 구매가격은 177.5만 원이다.

36 인원 선발

정답 ③

설문조사 비율의 합이 100%이고, K사 사원들도 100명이므로 이를 토대로 연령 분석 결과를 정리하면 다음과 같다.

구분	합계	20대	30대	40대
복사기	15명	10명		
냉장고	26명			13명
안마의자	6명	–	–	6명
복합기	24명	12명		
커피머신	7명			
정수기	13명	–	13명	–
기타용품	9명	3명	3명	3명

사원 중 20대가 총 25명이라면 복사기, 복합기, 기타용품을 원하는 20대 인원이 25명이므로 냉장고를 원하는 20대는 없음을 알 수 있다.

오답분석

① 냉장고를 원하는 20대 인원수를 알 수 없으므로 옳지 않다.
② 기타용품을 원하는 40대는 3명이고, 안마의자를 원하는 40대는 6명이다.
④ 20대를 제외할 경우 복합기를 원하는 남은 인원은 12명이므로, 복합기를 원하는 30대는 냉장고를 원하는 40대의 13명보다 많을 수 없다.

37 품목 확정

정답 ①

B과장의 과목별 의무 교육이수 시간은 다음과 같다.

구분	글로벌 경영	해외사무영어	국제회계
의무 교육 시간	$\frac{15점}{1점/h}$=15시간	$\frac{60점}{1점/h}$=60시간	$\frac{20점}{2점/h}$=10시간

이제까지 B과장이 이수한 시간을 계산해 보면, 글로벌 경영과 국제회계의 초과 이수 시간은 2+14=16시간이며, 해외사무영어의 부족한 이수 시간은 10시간이다. 초과 이수 시간을 점수로 환산하여 부족한 해외사무영어 점수 10점에서 16×0.2=3.2점을 제외하면 6.8점이 부족하다. 따라서 미달인 과목은 해외사무영어이며, 부족한 점수는 6.8점임을 알 수 있다.

38 품목 확정

정답 ④

유사물품 역시 동일물품과 마찬가지로 인접한 장소에 보관해야 정확한 위치를 모르더라도 대략의 위치를 알 수 있으며, 사용 시에 물품을 찾는 시간을 단축할 수 있다.

오답분석

①·② 사용물품과 보관물품에 대해 물품을 정리하고 보관하고자 할 때, 해당 물품을 앞으로 계속 사용할 것인지, 그렇지 않은지를 구분하는 것이 먼저 이루어져야 한다. 그렇지 않을 경우 가까운 시일 내에 활용하게 될 물품을 창고나 박스 등에 넣어두었다가 다시 꺼내야 하는 경우가 발생하게 된다.
③ 동일물품은 같은 물품은 같은 장소에 보관한다는 동일성의 원칙에 따라 보관함으로써 사용 시에 물품을 찾는 시간을 단축할 수 있다.

39 비용 계산

정답 ②

인건비란 제품 생산에 직접적으로 소비된 것으로 직접비에 해당하며, 출장비 역시 제품 생산 또는 서비스를 창출하기 위해 출장이나 타 지역으로의 이동이 필요한 경우와 기타 과제 수행상에서 발생하는 다양한 비용을 포함하며, 이는 제품 생산을 위해 직접적으로 소비된 것에 해당한다.

오답분석

① 통신비 : 회사의 업무 용도로 개인 휴대폰을 이용하였을 경우 지급되는 사용료로, 제품 생산을 위해 간접적으로 소비된 간접비에 해당한다.

③ 광고비 : 광고활동을 위해 사용되는 비용으로 광고 선전비라고도 불리며, 이는 제품 생산에 직접적으로 소비되지 않는 간접비에 해당한다.

④ 보험료 : 보험계약자가 보험계약에 의거하여 보험자에게 지급하는 요금으로, 제품 생산에 직접적으로 소비되지 않는 간접비에 해당한다.

40 품목 확정

정답 ①

조건에 따라 가중치를 적용한 각 후보 도서의 점수를 나타내면 다음과 같다.

(단위 : 점)

도서명	흥미도 점수	유익성 점수	1차 점수	2차 점수
재테크, 답은 있다	6×3=18	8×2=16	34	34
여행학개론	7×3=21	6×2=12	33	33+1=34
부장님의 서랍	6×3=18	7×2=14	32	–
IT혁명의 시작	5×3=15	8×2=16	31	–
경제정의론	4×3=12	5×2=10	22	–
건강제일주의	8×3=24	5×2=10	34	34

1차 점수가 높은 3권은 '재테크, 답은 있다', '여행학개론', '건강제일주의'이다. 이 중 '여행학개론'은 해외저자의 서적이므로 2차 선정에서 가점 1점을 받는다. 이때, 1차 선정된 도서 세 권의 2차 점수가 34점으로 모두 동일하므로, 유익성 점수가 가장 낮은 '건강제일주의'가 탈락한다. 따라서 최종 선정될 도서는 '재테크, 답은 있다'와 '여행학개론'이다.

| 02 | 조직이해능력(사무직)

41	42	43	44	45	46	47	48	49	50										
①	④	④	④	③	④	②	①	②	③										

41 업무 종류

정답 ①

A씨의 행동을 살펴보면, 무계획적인 업무처리로 인하여 일이 늦어지거나 누락되는 경우가 많다는 것을 알 수 있다. 이러한 행동에 대한 피드백으로는 업무를 계획적으로 진행해야 한다는 ①이 가장 적절하다.

42 조직 구조

정답 ④

조직은 영리성을 기준으로 영리조직과 비영리조직으로 구분할 수 있다.
㉠ 영리조직 : 재산상의 이익을 목적으로 활동하는 조직을 의미한다.
㉡ 비영리조직 : 자체의 이익을 추구하지 않고 공익을 목적으로 하는 조직을 의미한다.

43 업무 종류

정답 ④

회사와 팀의 업무 지침은 변화하는 환경 속에서 그 일의 전문가들에 의해 확립된 것이므로, 기본적으로 지켜야 할 것은 지키되 그 속에서 자신의 방식을 발견해야 한다. 따라서 본인이 속한 팀의 업무 지침이 마음에 들지 않는다는 이유로 이를 지키지 않고 본인만의 방식을 찾겠다는 D대리의 행동전략은 적절하지 않다.

44 조직 구조

정답 ④

안정적이고 확실한 환경에서는 기계적 조직이, 급변하는 환경에서는 유기적 조직이 적합함을 알 수 있다.

기계적 조직과 유기적 조직의 특징

기계적 조직	유기적 조직
• 구성원들의 업무가 분명하게 정의된다. • 많은 규칙과 규제들이 있다. • 상하 간 의사소통이 공식적인 경로를 통해 이루어진다. • 엄격한 위계질서가 존재한다. • 대표적인 기계적 조직으로 군대를 볼 수 있다.	• 의사결정 권한이 조직의 하부구성원들에게 많이 위임되어 있다. • 업무가 고정되지 않고, 공유 가능하다. • 비공식적인 상호의사소통이 원활하게 이루어진다. • 규제나 통제의 정도가 낮아 변화에 따라 의사결정이 쉽게 변할 수 있다.

45 조직 구조

정답 ③

조직이 생존하기 위해서는 급변하는 환경에 적응하여야 한다. 이를 위해서는 원칙이 확립되어 있고 고지식한 기계적 조직보다는 운영이 유연한 유기적 조직이 더 적합하다.

46 업무 종류

정답 ④

우선순위를 파악하기 위해서는 먼저 중요도와 긴급성을 파악해야 한다. 즉, 중요도와 긴급성이 높은 일부터 처리해야 하는 것이다. 그러므로 업무 리스트 중에서 가장 먼저 해야 할 일은 내일 있을 당직 근무자 명단 확인이다. 그다음 영업1팀의 비품 주문, 신입사원 면접 날짜 확인, 인사총무팀 회식 장소 예약 확인, 회사 창립 기념일 행사 준비 순으로 진행해야 한다.

47 업무 종류

정답 ②

C주임은 최대 작업량을 잡아 업무를 진행하면 능률이 오를 것이라는 오해를 하고 있다. 하지만 이럴 경우 시간에 쫓기게 되어 오히려 능률이 떨어질 가능성이 있다. 따라서 실현 가능한 목표를 잡고 우선순위를 세워 진행하는 것이 적절하다.

48 업무 종류

정답 ①

사무인수인계는 문서에 의함을 원칙으로 하나 기밀에 속하는 사항은 구두 또는 별책으로 인수인계할 수 있도록 한다.

49 국제 동향

정답 ②

오답분석

① 생선의 머리는 왼쪽을 향하게 한다.
③ 포크와 나이프는 보통 3개씩 나오며 바깥쪽부터 안쪽으로 사용하면 된다.
④ 식사가 끝날 경우 포크는 안쪽, 나이프를 바깥으로 해 접시 오른쪽에 나란히 둔다. 식사 도중엔 중앙에 八자 형태(미국식)나 X자 형태(영국식)로 둔다.

50 경영 전략

정답 ③

OJT에 의한 교육방법의 4단계는 다음과 같다.
㉡ 제1단계 : 배울 준비를 시킨다.
㉢ 제2단계 : 작업을 설명한다.
㉠ 제3단계 : 시켜본다.
㉣ 제4단계 : 가르친 결과를 본다.

PART 2

| 03 | 기술능력(기술직)

41	42	43	44	45	46	47	48	49	50										
④	④	④	①	①	④	②	①	②	②										

41 기술 이해

정답 ④

IT와 융합한 지능형 로봇이 유망한 기술로 전망되는 것을 볼 때, 빈칸에 들어갈 용어로 가장 적절한 것은 전기전자공학임을 알 수 있다.

오답분석

① 토목공학 : 도로·하천·도시계획 등 토목에 관한 이론과 실제를 연구하는 공학의 한 부문으로, 국토를 대상으로 해서 그 보전·개수·개발경영을 맡는 공학이다.
② 환경공학 : 대기·수질·폐기물·토양·해양 등의 오염 예방과 소음 및 진동공해 방지 등의 환경문제를 해결하기 위하여 학문적인 연구를 하는 분야이다.
③ 생체공학 : 생체의 기구·기능을 공학적으로 연구해서 얻은 지식을 기술적 문제에 응용하는 학문이다.

전기전자공학

국가 기간산업의 근간을 이룸으로써 최근 전자와 정보(컴퓨터) 그리고 정보통신공학의 기본이 되는 공학이다. 전기전자공학과에서는 전기 에너지의 생산, 수송 및 변환, 반도체 소자와 컴퓨터를 계측기화할 수 있는 각종 컴퓨터 언어와 하드웨어 그리고 컴퓨터를 이용한 디지털 시스템 설계, VHDL 및 VLSI 설계, 시스템의 자동계측, 자동화, 디지털통신 기술 및 영상 신호처리, 고속전기철도 등을 중심으로 기본 원리부터 응용에 이르기까지 기술적인 방법 등을 다룬다.

42 기술 이해

정답 ④

OJT(On the Job Training)는 조직 안에서 피교육자인 종업원이 직무에 종사하면서 받게 되는 교육 훈련 방법이다. 집합교육으로는 기본적·일반적 사항 밖에 훈련시킬 수 없다는 것을 바꾸기 위해 나온 방법으로, 피교육자인 종업원이 '업무수행이 중단되는 일 없이 업무수행에 필요한 지식·기술·능력·태도를 교육훈련 받는 것'을 말하며, 직장훈련·직장지도·직무상 지도 등이라고도 한다.

43 기술 이해

정답 ④

벤치마킹은 비교대상에 따라 내부·경쟁적·비경쟁적·글로벌 벤치마킹으로 분류되며, 네스프레소는 뛰어난 비경쟁 기업의 유사 분야를 대상으로 벤치마킹하는 비경쟁적 벤치마킹을 하고 있다. 비경쟁적 벤치마킹은 아이디어 창출 가능성은 높으나 가공하지 않고 사용하면 실패할 가능성이 높다.

오답분석

① 경쟁적 벤치마킹에 대한 설명이다.
② 글로벌 벤치마킹에 대한 설명이다.
③ 내부 벤치마킹에 대한 설명이다.

44 기술 이해

정답 ①

산업재해 예방 대책은 안전 관리 조직 → 사실의 발견(1단계) → 원인 분석(2단계) → 기술 공고화(3단계) → 시정책 적용 및 뒤처리(4단계) 순이다. 따라서 재해 예방 대책에서 누락된 '안전 관리 조직' 단계를 보완해야 한다.

45 기술 이해

정답 ①

기술 시스템은 과학에서는 볼 수 없는 기술의 독특한 특성이다.

46 기술 이해

정답 ④

연구개발에 참가한 연구원과 엔지니어들이 그 기업을 떠나는 경우 기술과 지식의 손실이 크게 발생하는 점을 볼 때, 기술혁신은 새로운 지식과 경험의 축적으로 나타나는 지식 집약적인 활동으로 볼 수 있다.

기술혁신의 특성
- 기술혁신은 그 과정 자체가 매우 불확실하고 장기간의 시간을 필요로 한다.
- 기술혁신은 지식 집약적인 활동이다.
- 기술혁신 과정의 불확실성과 모호함은 기업 내에서 많은 논쟁과 갈등을 유발할 수 있다.
- 기술혁신은 조직의 경계를 넘나든다.

47 기술 이해

정답 ②

가장 최근에 개발된 기술이라고 해서 기업의 성장에 도움이 된다고 단정 지을 수 없다. 또한 최신 기술이라고 하더라도 빠른 시간 내에 진부화될 수 있다. 따라서 무조건 최신 기술을 도입하기보다는 향후 기업성장에 도움이 되는 기술인지, 진부화될 가능성이 낮은 최신 기술인지를 판단하여 선택하는 것이 옳다.

48 기술 적용

정답 ①

영상이 희미한 경우 리모컨 메뉴창의 초점 조절 기능을 이용하여 초점을 조절하거나, 투사거리가 초점에서 너무 가깝거나 멀리 떨어져 있지 않은지 확인해야 한다.

49 기술 시스템

정답 ②

기술선택을 위한 절차
- 외부환경 분석 : 수요 변화 및 경쟁자 변화, 기술 변화 등 분석
- 중장기 사업목표 설정 : 기업의 장기비전, 중장기 매출목표 및 이익목표 설정
- 내부역량 분석 : 기술능력, 생산능력, 마케팅 및 영업능력, 재무능력 등 분석
- 사업전략 수립 : 사업 영역 결정, 경쟁 우위 확보 방안 수립
- 요구기술 분석 : 제품 설계 및 디자인 기술, 제품 생산 공정, 원재료 / 부품 제조기술 분석
- 기술전략 수립 : 기술획득 방법 결정

50 기술 이해

정답 ②

A씨가 공황장애를 진단받은 원인은 엘리베이터의 고장(시설물 결함)으로 인한 것이므로, 이는 산업재해 중 기술적 원인으로 볼 수 있다.

오답분석

① 해당 산업재해의 원인이 교육적 원인이기 위해서는 해당 산업재해가 안전 지식이나 경험, 작업방법 등에 대해 충분히 교육이 이루어지지 않아 발생한 것이어야 한다.

③ 해당 산업재해의 원인이 작업 관리상 원인이기 위해서는 해당 산업재해가 안전 관리 조직의 결함 또는 안전 수칙이나 작업 준비의 불충분 및 인원 배치의 부적당 등의 이유로 인해 발생한 것이어야 한다.

④ 해당 산업재해의 원인이 불안전한 행동이기 위해서는 재해당사자의 위험 장소 접근, 안전장치 기능 제거, 보호 장비 미착용 또는 잘못된 착용 등의 행위를 함으로써 산업재해가 발생한 것이어야 한다.

M E M O

국가철도공단 필기전형 답안카드

성 명

지원 분야

문제지 형별기재란	
( )형	Ⓐ Ⓑ

수 험 번 호						
⓪	⓪	⓪	⓪	⓪	⓪	⓪
①	①	①	①	①	①	①
②	②	②	②	②	②	②
③	③	③	③	③	③	③
④	④	④	④	④	④	④
⑤	⑤	⑤	⑤	⑤	⑤	⑤
⑥	⑥	⑥	⑥	⑥	⑥	⑥
⑦	⑦	⑦	⑦	⑦	⑦	⑦
⑧	⑧	⑧	⑧	⑧	⑧	⑧
⑨	⑨	⑨	⑨	⑨	⑨	⑨

감독위원 확인
인

1	①	②	③	④	21	①	②	③	④	41	①	②	③	④
2	①	②	③	④	22	①	②	③	④	42	①	②	③	④
3	①	②	③	④	23	①	②	③	④	43	①	②	③	④
4	①	②	③	④	24	①	②	③	④	44	①	②	③	④
5	①	②	③	④	25	①	②	③	④	45	①	②	③	④
6	①	②	③	④	26	①	②	③	④	46	①	②	③	④
7	①	②	③	④	27	①	②	③	④	47	①	②	③	④
8	①	②	③	④	28	①	②	③	④	48	①	②	③	④
9	①	②	③	④	29	①	②	③	④	49	①	②	③	④
10	①	②	③	④	30	①	②	③	④	50	①	②	③	④
11	①	②	③	④	31	①	②	③	④					
12	①	②	③	④	32	①	②	③	④					
13	①	②	③	④	33	①	②	③	④					
14	①	②	③	④	34	①	②	③	④					
15	①	②	③	④	35	①	②	③	④					
16	①	②	③	④	36	①	②	③	④					
17	①	②	③	④	37	①	②	③	④					
18	①	②	③	④	38	①	②	③	④					
19	①	②	③	④	39	①	②	③	④					
20	①	②	③	④	40	①	②	③	④					

※ 본 답안카드는 마킹연습용 모의 답안카드입니다.

〈절취선〉

국가철도공단 필기전형 답안카드

성 명

지원 분야

문제지 형별기재란	
( )형	Ⓐ Ⓑ

수 험 번 호						
⓪	⓪	⓪	⓪	⓪	⓪	⓪
①	①	①	①	①	①	①
②	②	②	②	②	②	②
③	③	③	③	③	③	③
④	④	④	④	④	④	④
⑤	⑤	⑤	⑤	⑤	⑤	⑤
⑥	⑥	⑥	⑥	⑥	⑥	⑥
⑦	⑦	⑦	⑦	⑦	⑦	⑦
⑧	⑧	⑧	⑧	⑧	⑧	⑧
⑨	⑨	⑨	⑨	⑨	⑨	⑨

감독위원 확인
인

1	①	②	③	④	21	①	②	③	④	41	①	②	③	④
2	①	②	③	④	22	①	②	③	④	42	①	②	③	④
3	①	②	③	④	23	①	②	③	④	43	①	②	③	④
4	①	②	③	④	24	①	②	③	④	44	①	②	③	④
5	①	②	③	④	25	①	②	③	④	45	①	②	③	④
6	①	②	③	④	26	①	②	③	④	46	①	②	③	④
7	①	②	③	④	27	①	②	③	④	47	①	②	③	④
8	①	②	③	④	28	①	②	③	④	48	①	②	③	④
9	①	②	③	④	29	①	②	③	④	49	①	②	③	④
10	①	②	③	④	30	①	②	③	④	50	①	②	③	④
11	①	②	③	④	31	①	②	③	④					
12	①	②	③	④	32	①	②	③	④					
13	①	②	③	④	33	①	②	③	④					
14	①	②	③	④	34	①	②	③	④					
15	①	②	③	④	35	①	②	③	④					
16	①	②	③	④	36	①	②	③	④					
17	①	②	③	④	37	①	②	③	④					
18	①	②	③	④	38	①	②	③	④					
19	①	②	③	④	39	①	②	③	④					
20	①	②	③	④	40	①	②	③	④					

※ 본 답안카드는 마킹연습용 모의 답안카드입니다.

2026 최신판 시대에듀 All-New 국가철도공단 통합기본서

개정14판1쇄 발행	2025년 12월 15일 (인쇄 2025년 11월 14일)
초 판 발 행	2016년 11월 25일 (인쇄 2016년 11월 18일)
발 행 인	박영일
책 임 편 집	이해욱
편 저	SDC(Sidae Data Center)
편 집 진 행	여연주 · 구본주
표지디자인	조혜령
편집디자인	양혜련 · 장성복
발 행 처	(주)시대고시기획
출 판 등 록	제10-1521호
주 소	서울시 마포구 큰우물로 75 [도화동 538 성지 B/D] 9F
전 화	1600-3600
팩 스	02-701-8823
홈 페 이 지	www.sdedu.co.kr

I S B N	979-11-434-0443-5 (13320)
정 가	25,000원